# LA TRAME CONJUGALE

AGORA

*Collection dirigée par François Laurent*

JEAN-CLAUDE KAUFMANN

# La trame conjugale

## *Analyse du couple par son linge*

NATHAN

ISBN 2.266.07514.4

# *REMERCIEMENTS*

*Je tiens à remercier François de Singly d'avoir suivi pas à pas l'élaboration de ce livre. Je le remercie surtout, en tant que directeur de mes recherches au C.N.R.S., en tant que collègue de travail, en tant qu'ami, d'avoir su très vite comprendre ce que ma sociologie essayait de dire alors que les mots étaient encore balbutiants.*

*Mes remerciements vont également au Plan Construction et Architecture, qui a financé la recherche, à la revue* Dialogue *et à* Sciences humaines *qui ont publié en articles des textes préparatoires à ce livre.*

*Ils vont enfin à tous ceux qui m'ont aidé par leurs remarques et critiques, à Clotilde Lemarchant, Marie-Jo Menozzi et Carole Niel, qui ont participé aux enquêtes, aux personnes qui ont accepté d'être interrogées et de répondre aux questions les plus indiscrètes et dérangeantes.*

# INTRODUCTION

Le nombre des célibataires et des personnes vivant seules ne cesse d'augmenter. L'importance de l'évolution est même impressionnante, au point qu'elle provoque une erreur d'interprétation largement répandue : nous assisterions sinon à la mort du moins à la marginalisation du couple comme modèle domestique de référence, l'avenir serait aux ménages unipersonnels ou monoparentaux, à la résurgence de la parenté, accessoirement aux familles recomposées. Les chiffres ne disent cependant pas tout et sont parfois trompeurs. Interrogés, les protagonistes des supposées « nouvelles formes familiales » parlent surtout de questions conjugales et rêvent du couple. Les désarticulations marquent les situations de fait, ce qui est observable, statiquement et statistiquement, de l'extérieur. De l'intérieur des histoires de vie et dans la dynamique de leur déroulement, la construction conjugale est au contraire au centre, sans doute plus au centre qu'elle n'a jamais été. Certes les jeunes ne sont pas pressés de s'établir dans le couple. Certes les femmes reportent l'entrée dans la conjugalité et en assouplissent les formes pour se donner plus de chances de s'imposer sur le marché du travail. Certes les exigences grandissantes de qualité conjugale provoquent la multiplication des changements de partenaires, la vie de couple par séquences, les épisodes de solitude. Certes le couple est plus instable. Mais ces déplacements des modalités de sa formation ne doivent pas porter à croire qu'il est mourant ; il est au contraire très vivant. Il est simplement devenu plus difficile, plus complexe à construire. Les recherches sur le couple ne sont donc pas passées de mode. Elles sont même d'une réelle urgence si l'on mesure l'ampleur des transformations en cours. Or l'erreur d'interprétation des chiffres incite actuellement à les négliger quelque peu (de Singly, 1990). Ce livre se propose de contribuer à corriger la perspective, d'indiquer la portée des questions restant à explorer. En montrant notamment quelques aspects de l'extrême complexité des échanges entre conjoints. En soulignant en quoi la construction conjugale devient historiquement plus difficile.

## *Le linge comme analyseur*

Les relations de couple ont cette particularité que l'essentiel est caché, et doit le rester pour les principaux intéressés. Il ne sert donc pas à grand-chose de recueillir leur opinion sans autre protocole méthodologique : il est nécessaire de mettre au point un instrument d'investigation, notamment pour s'infiltrer dans les plis profonds de la trame conjugale. Le linge constitue un tel instrument, sans doute l'instrument idéal. Il est partout, à chaque instant, collant au couple comme il colle à la peau ; partout et à chaque instant porteur de significations très riches. Car il est une mémoire du rôle féminin modifié par l'idée d'égalité. Car il est un marqueur essentiel de l'identité personnelle bousculée par la constitution du nous conjugal. Les vêtements et le linge de maison cristallisent une composante implicite mais fondamentale de la personnalité, par incorporation d'une conception du propre et du rangé sédimentée dans des enchaînements de gestes devenus automatismes, l'ordre des choses étant, à travers la médiation du corps, matrice et reflet de ce que l'on est. La rencontre des partenaires conjugaux déclenche une véritable guerre dans ces fondements identitaires et les gestes qui les signalent, avec ces questions lancinantes, rarement résolues : que maintenir au nom du je ? que réformer au nom du nous ? comment réformer ? Hésitation d'autant moins abstraite que les protagonistes doivent constituer un collectif de travail aux règles unifiées et se répartir des tâches selon ces règles. Partout, à chaque instant, le linge porte les traces laissées par cette guerre, révélant l'intensité des combats, la finesse des stratégies. Il suffit alors de suivre ces traces pour en apprendre beaucoup plus sur le couple qu'on ne le ferait en s'interrogeant ouvertement sur lui.

La piste du linge permet de découvrir un paysage conjugal insolite ; où les gestes disent le contraire des mots et les mots le contraire des pensées ; où la parole est une façon de se taire et le silence une façon de parler ; où le rire et les larmes portent un message identique ; où les compétences se paient au lieu de rapporter, où le don de soi généreux se monnaie ; où la défense des intérêts personnels définit une règle collective ; où seule une part de l'individu est socialisée dans le couple, l'autre part vivant sa propre vie ; où les deux vies de l'homme créent une culpabilité sociale individuellement ressentie ; où les deux vies de la femme construisent le piège qui l'enferme. La piste du linge permet aussi de constater que ce paysage est en pleine recomposition, notamment au début : le couple ne se forme plus comme il y a une ou deux générations, l'intégration conjugale est devenue un processus lent et beaucoup plus complexe. Le rapport au linge est central dans ce changement : ce n'est pas un hasard si le repassage se fait problématique pour raison conjugale, si le port du jean ou l'achat du lave-linge constituent désormais des indicateurs de conjugalité. La piste du linge permet enfin de comprendre pourquoi l'idée de partage égalitaire des tâches domestiques entre homme et femme ne parvient à s'appliquer que de façon limitée, pourquoi les deux conjoints recomposent l'inégalité même quand ils ne le souhaitent pas. Là encore la réponse est dans les gestes qui disent le contraire des mots et des idées. La piste du linge évite d'être trompé par ces masques.

## *L'enquête*

Cette enquête serait difficile, je le savais. Les gestes les plus simples, l'intimité corporelle, les contradictions conjugales ne sont pas des sujets sur lesquels chacun s'exprime aisément. J'avais donc décidé de considérer les personnes interrogées comme des collaborateurs et de marquer symboliquement cette collaboration par une petite rémunération. Ce qui se traduisit par un comportement remarquable des interviewés, cherchant sincèrement à s'exprimer sans limites. Hélas les limites s'avérèrent vite importantes. Peu sur les contradictions conjugales, pas trop non plus sur l'intimité corporelle, mais beaucoup sur les gestes les plus simples : on ne parle pas des gestes. Les habitudes sont une mémoire de l'individu sédimentée hors de la mémoire, dans les rythmes quotidiens, les mouvements du corps, les interactions. Malgré leur bonne volonté, mes informateurs eurent bien du mal à parler. Le matériau recueilli apparaissait donc pauvre, ce qui n'était qu'une apparence : il suffisait en effet de trouver les sens cachés derrière les mots simples, les phrases étaient brèves, mais elles pouvaient dire beaucoup.

L'enquête a duré deux ans. Volontairement, l'échantillon sélectionné était réduit : vingt ménages. Il ne s'agissait pas, en effet, de recueillir une opinion, ce qui autorise l'investigation sur une large échelle, mais de travailler longuement sur les réponses, seule façon de faire « parler » le linge. Il fallait écouter, réécouter dix fois la moindre anecdote, la moindre phrase, pour émettre une hypothèse demandant à être validée par l'écoute d'un autre passage. Il fallait, comme dans une enquête policière, repérer les indices minuscules signalant les idées et les gestes cachés. Il fallait surtout noter toutes les contradictions des propos pour retrouver les logiques sociales en travail derrière l'unité de façade (Kaufmann, 1990), la fragmentation sociale de l'individu derrière l'unité psychologique, isoler les fragments s'inscrivant dans le conjugal et définir à quelles places ils s'y inscrivaient. Le lecteur pourra constater le fruit de cet acharnement sur le minuscule et y goûter : certains contextes conjugaux ont demandé des efforts pour être reconstitués mais ils donnent à voir les processus en action mieux que de longs développements. Les vingt histoires que je raconte par segments ont rarement une simple valeur illustrative du propos théorique comme c'est couramment le cas. Plus souvent, elles font corps avec les hypothèses, les portent en elles par la façon dont elles ont été travaillées et dont elles sont présentées.

La campagne d'entretiens précédant l'analyse de contenu a été menée en deux vagues. Dans un premier temps, homme et femme furent interrogés séparément de façon approfondie. Un premier dépouillement permit alors de relever toutes les incohérences, individuelles et entre partenaires conjugaux : sur de très nombreux points, les réponses étaient différentes, voire contradictoires. Pour chaque couple, une grille personnalisée fut alors rédigée, dans l'espoir affiché de rendre plus harmonique cette cacophonie des mots et des idées au deuxième entretien; dans l'espoir secret de mieux comprendre le sens des divergences. Je pensais dans certains cas pouvoir assister en direct à de petites scènes de ménage et les enregistrer. Je faisais erreur : les couples défendirent leur unité fragilisée par les attaques dont ils étaient l'objet, certains allant jusqu'à remettre en cause ce qu'ils avaient dit précédemment. Pas de scènes de ménage sur cassettes donc, mais à elle seule cette voix conjugale parlant sur un autre ton apprenait beaucoup.

## *Mode d'emploi*

Ce livre peut être consommé de plusieurs façons. Le lecteur désireux de mieux connaître les pratiques d'entretien du linge, les manières de propreté et de rangement peut s'y aventurer. Le point de vue original lui permettra de découvrir des paysages inhabituels. Il risque toutefois d'être déçu par le caractère éclaté et non systématique des informations présentées. Le linge n'est pas en effet le vrai sujet : il a été utilisé comme un instrument, pour atteindre la trame conjugale. Le lecteur pourra glaner de-ci de-là des notations mais il ne devra pas être trop exigeant sur leur continuité. Ainsi averti, il peut se promener dans les pages qui suivent, dont certaines méritent sans doute pour lui le détour.

L'intérêt principal est ailleurs, non dans l'instrument mais dans la cible visée par l'analyse : le couple lui-même. Après la présentation, en toile de fond, de quelques éléments nécessaires à la démonstration, la lecture conseillée peut suivre le chemin indiqué. En commençant par la première partie, où il est montré comment et pourquoi la jeunesse doit refuser les valeurs domestiques et freiner l'intégration ménagère; comment à l'encontre de cette volonté l'intégration se produit malgré tout : comment le maintien des liens avec la mère permet d'inventer son couple; pourquoi les filles doivent s'opposer à leur mère; comment le passé incorporé resurgit et ferme la phase d'invention. Le lecteur pourra s'engager ensuite dans la deuxième partie; où l'on voit que le couple n'est qu'une réalité limitée; que les acteurs restent eux-mêmes et sont donc logiquement affrontés à gérer des contradictions dans leurs échanges; qu'un fragment de l'identité est cependant socialisé dans le conjugal, en dissonance avec le reste de la personne; où l'on voit comment se fabrique l'unité à partir de ce dédoublement. Le lecteur arrivera alors à la troisième partie, qui constitue le cœur de l'ouvrage. L'on y voit comment la mémoire sociale divise les individus entre gestes et idées; pourquoi la force considérable de l'idée égalitaire est écrasée par le poids des gestes minuscules; comment les couples doivent ruser avec cette opposition intériorisée, par eux incompréhensible; pourquoi ils doivent se mentir, se raconter une fable conjugale pour reconstruire leur cohérence; pourquoi seules certaines choses peuvent être dites; pourquoi la façon de les dire n'est pas anodine. Au terme de son voyage, le lecteur pourra, dans la dernière partie, embrasser un horizon plus large en constatant que si les mêmes questions se retrouvent d'un couple à l'autre, c'est parce que des positions sexuelles dans l'univers domestique ont été socialement constituées. Il ne s'agit certes pas là d'une révélation : l'intérêt de cette partie est par contre de montrer comment ces positions évoluent; de souligner que la question ne doit pas tant être posée en termes d'éloignement ou de rapprochement que de changement des configurations.

Un troisième type de lecture est possible, très différente, conseillée pour ceux qui souhaitent aller plus loin en renforçant leur capacité d'utilisation du matériau, en se donnant une partie des moyens d'analyse dont a disposé le chercheur ayant produit cet ouvrage. C'est-à-dire pour ceux qui souhaitent se mettre eux-mêmes plus en position de chercheur que de simple lecteur (ou qui souhaitent contrôler mon exploitation des histoires de vie). Cette méthode consiste à faire des pauses dans la lecture ordinaire en se reportant au « Guide de lecture biographique » situé à la fin du livre. Le lecteur y trouvera un bref portrait de chaque ménage interviewé suivi d'un index des pages où cette vie de couple est étudiée, à chaque fois sous un aspect différent. Cet instrument offre la possibilité d'une lecture transversale dont l'intérêt est d'éviter le défaut inhérent aux citations d'extraits d'interviews, trop souvent manipulatoires et coupées de leur contexte. Les personnages peuvent ainsi prendre vie dans leur complexité, et se construire eux-mêmes peu à peu en véritables objets sociologiques parallèlement à la lecture théorique, permettant d'approfondir cette dernière.

J'ai bien entendu donné un nom d'emprunt à chaque ménage. Pour rendre le « Guide de lecture biographique » plus aisément utilisable, il était nécessaire que ce nom soit unique, y compris pour les femmes souhaitant conserver leur patronyme, y compris pour les couples non mariés. Que Sabine Brastignac, Anne Boniface, Géraldine Le Fecht, Nadia Labarthe et Ninette Rocher-Martin me pardonnent.

# TOILE DE FOND

## *La femme et le linge*

Yvonne Verdier a remarquablement analysé le lien fort unissant l'eau, le linge et la femme dans la société rurale de Minot (Verdier, 1979). Sources et fontaines sont hantées par des fées, dames blanches et autres personnages féminins imaginaires censés aider au passage vers l'au-delà. La laveuse du village est en même temps la « femme-qui-aide » aux deux passages de la naissance et du décès. Elle est celle qui lave les bébés et les morts. Celle qui lave le linge rituel de ces deux événements : les langes et le linceul. La femme est plus généralement la gardienne du linge portant le destin familial et le sien propre. Rien n'illustre mieux cette identification profonde que la place occupée par le trousseau au XIX^e siècle. Dot féminine (Larroque, 1986), il se charge alors d'un sens plus fort : l'armoire bourrée de linge libère les ambitions et les rêves de la jeune fille (Corbin, 1986). Le trousseau accompagne la femme toute son existence. D'abord annonciateur du destin, mode féminin de préparation au mariage. Puis, y compris après la mort, marque de l'honneur de la ménagère, par sa quantité et par la qualité de son entretien. Instrument de promotion sociale enfin, dans la transmission intergénérationnelle par les femmes. Le trousseau symbolise l'omniprésence du linge dans la vie des femmes, il marque la symbiose identitaire de la femme et du linge. La jeune fille qui y brode ses initiales gardera à jamais sur l'étoffe cette trace de son nom de femme. Elle le fait toujours avec du fil rouge, couleur du sang. Et Yvonne Verdier nous apprend qu'à Minot, « marquer » signifie indistinctement avoir ses règles ou broder ses initiales sur le trousseau ; dans les moindres replis du linge, la femme a profondément inscrit son histoire.

Partout où est la femme se trouve le linge et partout où est le linge se trouve la femme. Les jeunes filles apprennent les gestes féminins et leur rôle social par les travaux d'aiguille (Verdier, 1979 ; Lévy, 1984) ; les religieuses utilisent le linge et sa blancheur dans leur « propédeutique du corps et de l'âme » (Corbin, 1986, p. 305) ; les prostituées sont rééduquées par de dures journées de couture. Lorsqu'au XIXe siècle, la conjonction de l'accumulation du linge et d'une exigence plus grande de l'hygiène impose la mobilisation d'une véritable armée de travailleurs salariés, personne n'est étonné de constater qu'excepté quelques postes de direction, tous ces travailleurs sont des travailleuses. Laveuses, blanchisseuses, repasseuses, lingères, couturières, en communautés de femmes ou ouvrières à domicile, fournissent les bras de la nouvelle industrie. En aucun domaine, le linge n'est et ne peut être une affaire d'hommes.

Vient ensuite l'époque du repli sur le foyer. Ce mouvement suit de près les progrès de l'eau courante (Heller, 1979). La lessiveuse de ménage en tôle galvanisée, qui se diffuse après la guerre de 14-18, installe le nouvel ordre domestique de l'entretien du linge (Goubert, 1986). Commence alors une nouvelle phase de l'épopée. Après le grand siècle du linge, ses communautés de femmes aux lavoirs (Perrot, 1981) et ses blanchisseries industrielles (Riffault, 1980), la femme au foyer se voit chargée d'une nouvelle mission. Maison, eau, propreté, linge : il était inconcevable que la femme ne fût pas l'actrice unique de cette nouvelle scène domestique. Comme il a inventé le rôle social de la mère au foyer (Knibielher, Fouquet, 1977) et en parfaite cohérence avec celui-ci, le XIXe siècle imagine donc le rôle de la ménagère. Les vertus féminines sont réanalysées en fonction de cet objectif. La femme est censée être naturellement dévouée à la famille et douée d'un sens pratique pour les choses de l'intérieur (Heller, 1979). Dans la première moitié du XXe siècle, des millions de ménagères entrent dans le cadre rêvé par les idéologues et le concrétisent : le corps à corps domestique de la femme et du linge devient une évidence.

Jusqu'aux années 60-70, celles où, pour reprendre l'expression de Louis Roussel (1987) « les sismographes démographiques commencent à s'affoler ». Alors que les femmes accentuent leur présence sur le marché du travail, les structures familiales brusquement se déstabilisent. En une génération, les rôles domestiques, qui semblaient solidement établis (Rocheblave-Spenlé, 1964), deviennent plus ouverts, négociables entre les partenaires, notamment dans les groupes sociaux à fort capital culturel. L'homme apparaît dans l'univers ménager. Timidement, mais ces quelques pas suffisent pour que vacillent les évidences socialement construites depuis des siècles. Bien que la prise en charge réelle des tâches soit faible, seuls quelques éléments ne sont pas atteints par le brouillage des positions sexuelles. Parmi eux, le linge et son long passé de féminité. Ou plus précisément, certains des travaux du linge : le tri, la couture, le repassage. Car la machine a favorisé l'accoutumance de l'homme au lavage et la domestication s'est parfois élargie à d'autres tâches comme l'étendage. Contre sa propre volonté, la femme ne peut s'empêcher de freiner cette évolution, encore limitée mais qui semble inexorable. Comme si elle craignait de perdre une partie d'elle-même.

## *L'évidence des gestes*

### *La différence infinie des manières*

La définition de la saleté est une construction sociale (Douglas, 1981) ; des manières de propreté très différentes se sont succédé dans l'histoire (Vigarello, 1985 ; Mikaïloff, 1990), vécues à chaque époque comme évidentes malgré leur spécificité. Nous héritons de cette histoire sociale un cadre général de référence pour nos pratiques : nous savons grosso modo ce que doit être la propreté et comment faire pour y parvenir. L'essentiel de l'évidence guidant nos gestes nous est donc donné. L'essentiel mais pas la totalité. Il ne viendrait plus à l'idée de personne de se nettoyer sans eau ainsi qu'il était d'usage il y a quelques siècles ; cependant une infinité de modes d'action sont possibles. Le choix laissé à l'individu n'est pas libre. Il est notamment régi par le jeu social de classement des uns par les autres : je peux vivre une journée avec une tache sur ma chemise mais cette tache risque de me déconsidérer. Il est également contraint par l'histoire familiale de chacun et le contexte présent de l'interaction. Il n'en reste pas moins que la marge de choix est très large. Seul le cadre général de l'évidence des gestes est donné. Au niveau microsocial, ces derniers sont, sur nombre de détails, à construire par le couple et l'individu. Ainsi que l'évidence dans laquelle ils s'oublient.

Le minimum absolu, le principe inquestionnable, est l'affirmation que l'on est propre. Il n'existe pas de construction identitaire sans affirmation du propre : être soi, être en propre, c'est être propre (Clavel, 1986). Ayant avoué une pratique habituellement classée comme non correcte, Amélie Marmandais sent immédiatement la nécessité de se défendre : « Du moment que c'est propre ! » La réalité du propre et du sale est variable selon chacun. Ce qui importe toutefois, et de façon presque égale pour tous, c'est l'affirmation en elle-même : être propre. L'exigence du rangé n'a pas la même force d'imposition. Car le rangement est davantage défini par le jeu social de distinction et de classement que par un principe identitaire. C'est pourquoi les personnes les plus gagnées à l'idée de l'importance du rangement tendent à décrire celui-ci comme partie prenante de la propreté pour renforcer son évidence, comme Agnès Archambaud : « Je ne pourrais pas entrer dans une maison sale. Or quand on nettoie, on range forcément, ça va de pair. » Au contraire, la faible prise en compte du rangement pousse à le distinguer de la propreté stricto sensu. Didier Shimmer décrit son ancien logement : « C'était propre et fouillis », signifiant ainsi que pour lui le non-rangement n'interdit pas la propreté. Sa femme confirme la distinction en décrivant Didier : « La propreté, question de ça, il est vachement propre. Mais le rangement il ne connaît pas. Vraiment il range rien ; alors je gueule. » Car pour Valérie, le rangement est essentiel et intrinsèque de la propreté. Ils sont donc quotidiennement en butte à cette insoluble contradiction. Dans le couple Labarthe, c'est l'inverse : Nadia, très exigeante concernant la propreté de sa personne, s'accommoderait du plus grand des désordres (« Tant que c'est propre, le bordel ça me dérange pas ») ; alors que Bruno, plus décontracté sur l'hygiène, est devenu un fanatique du rangement. Les couples peuvent très bien vivre (sinon vivre bien) avec de telles divergences majeures. La méthode consiste à les intégrer dans un cadre conjugal plus large qui leur donne un sens. Tel geste du conjoint peut ainsi être fondé sur une éthique différente de la sienne et malgré tout être perçu comme évident. L'intégration des pratiques conjugales n'est cependant pas facilitée par la gestion de différences. Les couples tendent donc à unifier autant que faire se peut leur idée du propre et du rangé.

Le processus d'unification est d'une complexité extrême, mobilisant une énergie dont n'ont guère conscience les acteurs. L'harmonisation parfaite ne pouvant être réalisée, des enchaînements de gestes se stabilisent, en apparence incohérents. Nadia Labarthe se dit elle-même « bordélique » et refuse de s'occuper de la lessive. Mais si un torchon tombe par terre, elle le met immédiatement à laver : « C'est viscéral. » Le couple doit « faire avec » ces innombrables différences, ces pratiques dissonantes et parfois inexplicables. L'hétérogénéité, conséquence d'une histoire composite, est en outre aggravée par le jeu contradictoire des interactions et la variation des repères selon les contextes. Ainsi les Boniface repassent leurs tee-shirts l'été (car ils se voient) mais pas l'hiver. Marc Rizzolino garde le souvenir des vêtements séparés en trois dans son enfance : ceux du dimanche, ceux de l'école et le « linge de tous les jours », chaque catégorie renvoyant à un mode d'entretien spécifique et à un comportement adéquat exigé des enfants (qui pouvaient jouer avec les vêtements de « tous les jours » et les salir, mais pas avec ceux d'école et encore moins avec ceux du dimanche). Ces différences complexifient la gestion du quotidien, n'interdisant pas toutefois la construction de l'évidence des gestes. L'art conjugal consistant entre autre à vivre sans questions les usages aux normes hétéroclites. Il n'en va pas de même de la définition du sale. Car la moindre hésitation sur cette question fragilise les évidences acquises : si la philosophie des gestes peut être souple et changeante, cela ne saurait être le cas pour la définition du propre et du sale sur laquelle elle s'appuie. La frontière entre les deux domaines doit être la plus nette possible : sinon tout l'édifice des usages peut perdre sa raison et son équilibre. Anne-Sophie Delmony le sait : elle va douter au moment de décider si le linge est propre ou sale. À chaque fois monte alors en elle un sentiment mêlé d'agacement et de ce qui n'est autre que de l'angoisse. « Ce qui me fait le plus horreur, c'est les habits qui traînent et qui ne sont ni propres ni sales. » Elle les prend, les « inspecte sous toutes les coutures », et surtout les sent. Puis les remet parfois dans l'armoire, peu sûre de son jugement, envahie par un malaise tenace : « Mais, ah ! j'aime pas ça, j'aime pas ça. » Elle souhaiterait mettre davantage à laver. Elle en est cependant empêchée par la perspective désagréable du repassage. Elle reste alors avec son doute, les vêtements ni propres ni sales dans l'armoire, un peu déstabilisée. La chaise placée près du lit des Labarthe commence aussi à les énerver. Au début, ils n'en avaient guère conscience. Ils y mettaient leurs vêtements, en les pliant, ce qui s'intégrait très acceptablement dans leur ordre du rangé. Mais Bruno peu à peu augmente ses exigences. Et la chaise lui apparaît différente. Il la perçoit désormais comme dérangeante, donc non rangée, notamment lorsqu'ils en ont besoin pour s'asseoir.

Les ménages fabriquent inlassablement leurs valeurs communes, y compris celles guidant les gestes les plus simples. Construction fragile quand elle ne se répercute guère en écho au-delà des frontières de la famille, d'autant plus inquestionnable qu'elle est autarcique. Ce qui explique les réactions toujours catégoriques et passionnelles lorsque nous avons évoqué des manières de procéder différentes : il est inacceptable de remettre en cause ce qui n'a pas de justification, et même de parler de ce qui ne peut être pensé. À la question du pourquoi, la réponse a maintes fois été : « parce que c'est comme ça ». L'enquête a fourni l'occasion d'effectuer un voyage dans ces fragments éclatés de culture intolérante. Chacun protège son dogme secret concernant le plus banal usage, le moindre objet. Le décrivant sans hésitation lorsqu'il pense naïvement qu'il est universellement partagé (« De toute façon, tout le monde fait comme ça »). Ou tentant au contraire de le dissimuler quand il a conscience qu'il est excentrique. Comme Anne-Sophie Delmony, cherchant avec difficulté des justifications après avoir avoué, au détour de la conversation, qu'elle a toujours sur elle un flacon d'alcool quand elle promène ses enfants, pour leur nettoyer les mains dès qu'ils touchent « des endroits pas très propres ».

L'analyse des détails ménagers révèle l'infinité des manières de faire. Si par exemple l'habitude est actuellement répandue de ranger à proximité chaussettes et slips, voire de les mettre ensemble, l'étude plus fine fait ressortir bien des différences. Certains mélangent les sous-vêtements de l'homme et de la femme ; d'autres les rangent séparément. Y compris dans ce cas, les critères structurant l'ordre du rangement sont divers (fréquences d'utilisation, types d'usage, nature du textile, etc.). Les slips sont repassés ou non, pliés ou non. Les chaussettes sont repassées ou non, retournées par paires ou en vrac. Yvette Delafontaine repasse « très très peu de choses ». L'ordre de ses priorités en est d'autant plus surprenant : d'abord les mouchoirs, puis les taies d'oreiller, puis les chemises. Les interviewés s'expriment sans trop de difficultés sur les exemples touchant au rangement, expliquant les particularités de leur méthode. Ils deviennent plus circonspects concernant les manières de propreté. Non tant par pudeur que parce que ces petits gestes-là fondent l'indicible de la personnalité. Le lavage fréquent des serviettes de bain est souvent en relation avec une non-affectation personnelle. C'est le cas chez les Le Fecht, qui les mettent au lavage tous les deux jours. Les serviettes sont également utilisées indifféremment par l'un ou l'autre chez les Delmony, qui les lavent tous les jours. Par contre, à la différence des Le Fecht, leurs gants de toilette sont personnels. Évidemment, la parole est plus prolixe lorsque le locuteur pense se situer au-dessus de la norme moyenne. Dans l'autre hypothèse, le silence règne, et doit être interprété. Alors qu'ils ont chacun leur serviette de table, les Sourisseau n'ont qu'une seule serviette de toilette, commune. Par une réponse vague, ils détournent la question sur la fréquence de lavage. Couple jeune, on pourrait penser que la serviette unique corresponde à un haut degré d'hygiène corporelle. Mais il ne semble pas que ce soit le cas. Certains indices donnent au contraire à penser qu'elle témoigne ici du maintien d'une ancienne pratique familiale peu exigeante. Ils ne souhaitent pas s'expliquer davantage. On les comprend : non seulement ils seraient montrés du doigt mais l'évidence guidant leurs gestes pourrait être déstabilisée.

Les Rizzolino et les Rocher-Martin utilisent souvent les mêmes mouchoirs, les mêmes serviettes de table et de toilette, ce communisme linger ne leur posant pas le moindre problème. D'autres grimacent et sursautent de dégoût à cette seule évocation. Chez les Vilot, chacun a sa serviette et son mouchoir. Mêmes propres, les linges ne se mélangent pas : « Ah je ne me vois pas me moucher dans le mouchoir de mon mari, ah non alors. » Les Nitournelle ont des serviettes de couleur différente, pour être sûrs de ne pas les mélanger. Quant à Agnès Archambaud, elle pousse très loin la double exigence du propre et de la séparation : bien qu'ils se changent « tous les jours de la tête aux pieds », que serviettes et gants de toilette soient quotidiennement lavés, chacun a son mouchoir et sa serviette. Cela lui paraît tellement évident qu'elle répond dans un éclat, comme si l'enquêteur avait tenu des propos inconvenants ou incongrus. On imagine quelle serait sa réaction si elle avait connaissance des manières des Brastignac. Ces derniers ont résolu le problème des serviettes par la méthode papier : le rouleau essuie-tout est posé sur la table. Deux ou trois fois par an cependant, une invitation les oblige à « mettre les petits plats dans les grands » et à sortir leurs serviettes de tissu. Passé la fête, le stock de serviettes n'est pas mis à laver : « Ça serait trop bête. Elles ne sont pas sales parce que les gens ont craché une fois dedans. » Le lavage des serviettes pose le problème des taches et de son rapport avec la définition du sale. Carine Chouchern est catégorique : les taches sur une serviette sont inacceptables car « ça fait tout de suite sale, c'est vrai ». Alors qu'elle déclare à propos d'un torchon taché : « Il est propre puisqu'il sort de la machine. » Amélie Marmandais a la même phrase pour les torchons et la même horreur que Carine Chouchern pour les taches sur les vêtements. Elle ne sait toutefois que penser des serviettes : définir la frontière à la rencontre d'évidences contraires n'est pas toujours chose aisée.

Nous protégeons nos petits gestes et nos petites idées comme les parties de nous-mêmes qu'ils sont réellement. Nous les protégeons des questions qui pourraient les détruire. Il en va par exemple ainsi des critères régissant le tri du linge à laver. Question presque technique (quels types de linge pour quels programmes de lavage) : l'on pourrait donc penser que ces critères font partie du cadre d'évidences partagées par tous. Or il n'en est rien. L'enquête (confirmée par les travaux de Sylvette Denèfle) révèle que les idées (donc les pratiques) sont des plus variées. Certains (ou plutôt certaines, car le tri est une spécialité féminine) utilisent la distinction traditionnelle blanc-couleur, d'autres préfèrent séparer suivant la nature des textiles, d'autres suivant leur fragilité supposée (Denèfle, 1990). À ces critères principaux il convient d'ajouter toutes les catégories de linge qui pour mille raisons sont lavées à part (trop sale, contenant un type de saleté particulier, appartenant à une personne extérieure à la famille, les jeans, etc.). Plusieurs femmes nous ont déclaré faire un sort particulier à une pièce de vêtement précis, les chaussettes de leur mari, trop odorantes selon elles pour être mélangées : critère de tri bien éloigné de la technique.

*L'injonction, la pénibilité, le plaisir*

Chaque geste n'implique pas une décision d'action, ni une définition explicite du propre. Sinon la vie ménagère serait un enfer. Nous sommes portés par nos habitudes, mémoire hors de la mémoire des évidences qui nous constituent, « ouvrage de la raison pratique et individuelle » (Mauss, 1950) sédimenté dans l'infinité des entrelacements avec les êtres et les objets familiers. Notre propre passé social guide le présent des mouvements du corps, sans que nous en ayons conscience, ou très peu. L'action à accomplir ne surgit dans les pensées que si le corps est indécis, trop lent à se mettre en branle. La représentation prend alors la forme du devoir à accomplir : « Il faut le faire et on le fait. » Cette phrase, répétée par tous dans l'enquête, traduit comment s'impose avec simplicité l'indubitable.

C'est ce que j'appelle l'injonction, construction sociale (historique, familiale, personnelle) ayant produit le cadre d'évidence qui pousse à l'action : il faut le faire. L'injonction parfaite est sédimentée hors de la pensée, dans les automatismes acquis, les « chaînes opératoires machinales » (Leroi-Gourhan, 1965) et les interactions. Elle est silencieuse, invisible. Le sentiment du devoir à accomplir est paradoxalement le premier signe de son affaiblissement. Car cette représentation de l'évidence n'apparaît que parce qu'un doute a surgi, que le corps s'est fait lourd et indocile. La pénibilité des tâches ménagères prend place et se développe à partir de cette représentation et de cette mise en question de l'évidence socialement construite. Et inversement, en réponse à l'émergence de la pénibilité l'injonction accentue son changement de forme. De processus caché définissant le cadre de pratiques automatiques, elle se transforme progressivement en représentation. Représentation d'un devoir agir qui correspond exactement au cadre de pratiques automatiques. Mais la place de l'injonction a changé, elle est sur la scène, soumise aux questions sur la légitimité : le corps peut résister face à ce qui prend la forme d'une corvée ménagère. Marie-Hélène Nitournelle parvient à refouler les questions, à maintenir l'injonction dans l'évidence donnée : « Ça doit être fait et il faut que ce soit fait. S'il faut repasser le soir devant la télé, eh bien tant pis, il faut que ce soit repassé, il faut que ça se fasse. » Brigitte Rizzolino n'y parvient pas. Ce qu'elle a appris la pousse spontanément à moins ranger que ne le souhaiterait son mari. Elle doit donc faire sans cesse effort sur elle-même, s'appuyer sur l'interaction pour tenter d'incorporer les nouveaux repères du devoir agir. Henri la critique rarement (« Je sais qu'elle n'aime pas ça, qu'elle le fait par obligation »). Elle s'imagine pourtant qu'il le fait en silence, cette pression l'aidant à construire son effort. Mais ce subterfuge est insuffisant, l'effort reste effort, la nouvelle évidence étant trop superficiellement intériorisée pour que les gestes s'inscrivent dans des automatismes.

L'injonction parfaite, la plus fortement structurante des pratiques, est silencieuse et invisible. L'organisation domestique est donc principalement fondée sur la tendance à l'inscription des gestes ménagers loin des pensées, dans la mémoire hors de la mémoire consciente qui est conservée par les habitudes. La rébellion du corps, la sensation de pénibilité poussent cependant à changer radicalement de tactique, à se répéter inlassablement les principes guidant l'action pour s'autoconvaincre et déclencher les gestes sinon retrouver les automatismes. La lutte intérieure est souvent serrée, d'autant plus indécise et délicate à mener que la mise en scène des motifs de l'action peut à tout moment produire l'effet inverse de celui qui est recherché en soumettant ces motifs à l'analyse critique : faut-il vraiment que je le fasse, pour quelles raisons ? L'indécision ne se situe pas entre deux opinions, il ne s'agit pas d'un débat intellectuel abstrait. Elle est le résultat d'une histoire sociale complexe concrétisée dans l'héritage de gestes d'un individu : c'est le corps qui arbitre. Il le fait par la soumission qui permet d'oublier les questions, ou la résistance qui accentue la pénibilité. Pour se prémunir contre cette dernière éventualité, il est de bonne guerre d'allumer des contre-feux, en intensifiant les sensations physiques contraires, en excitant le plaisir éprouvé à faire les tâches ménagères. Parler de plaisir dans ce domaine peut surprendre. L'enquête a pourtant révélé combien le mot revenait souvent sur les lèvres, traduisant qu'inconsciemment le plaisir est bien recherché. Ou plutôt les plaisirs, car ils sont d'origines diverses. Il peut s'agir d'une sensation purement physique, sensuelle, provenant d'une perception ou d'un contact. Carine Chouchern éprouve une émotion de ce type, en été, quand elle ramasse dehors le linge « tout chaud et qui sent bon ». Le plaisir peut aussi provenir d'une association d'activités. Le repassage devrait être pénible pour Marie-Hélène Nitournelle. Mais elle s'est organisée de telle manière qu'elle « l'aime bien ». Car c'est la seule occasion où elle peut écouter, seule, ses disques préférés. L'habitude est désormais tellement bien structure que l'idée du repassage évoque aussitôt le plaisir de la musique. Le plaisir le plus important est toutefois d'une autre nature : il provient de la fierté, de la compétence, de l'idée du travail bien fait, du devoir accompli. Les autres plaisirs, comme ceux ressentis par Carine Chouchern et Marie-Hélène Nitournelle, sont d'ailleurs intégrés à ce dernier, qui leur confère leur intensité. « J'aime bien, j'aime bien, ça me plaît, alors pour moi c'est pas pénible. Par exemple ranger, changer le linge de côté, j'aime bien. Je dis : c'est mieux : encore une étape de faite. » Thérèse Pérez parvient mal à définir ce sentiment vague de satisfaction. Pour une raison simple : l'injonction devant rester non représentée pour être efficace, il est impossible de trop l'expliciter. Il suffit de se laisser porter par la satisfaction. Par l'automatisme des gestes et la satisfaction : le plaisir fonctionne comme un renforcement de l'habitude. Il ne s'affronte pas directement à la pénibilité : il est en amont, au cœur de l'habitude silencieuse. La pénibilité apparaît au contraire quand l'injonction ne peut se maintenir dans les profondeurs. Elle rompt le silence intérieur. La pénibilité n'est pas seule à rompre le silence intérieur. Les gestes ne se répètent pas en effet à l'identique, dans des contextes inchangés : d'incessantes décisions sont à prendre. L'art consiste alors à réfléchir juste ce qu'il est nécessaire, sans se représenter tous les principes de l'action. Comme l'art conjugal consiste à ne penser et ne discuter que ce qui doit l'être.

*Première partie*

# LA FORMATION DU COUPLE

# I

# LA TRANSMISSION DES MANIÈRES

## *L'enfance*

L'histoire de l'enfance est marquée, en mille étapes, par l'autonomisation de l'individu concernant le propre et le rangé. Certains apprentissages, au plus près du biologique, commencent tôt. D'autres sont au contraire très lents, au point de ne pas être acquis lors de l'entrée dans la vie d'adulte. Il n'est pas rare que ce soit le cas pour de nombreux aspects ayant trait à l'entretien du linge. Régis Sourisseau se souvient de sa prise de conscience lorsque, jeune homme, il s'installa dans son premier appartement : « C'est alors que j'ai compris », « Quand on est enfant on ne comprend pas. » Pour l'enfant, les nécessités de la propreté et du rangement sont reçues comme une discipline que les parents tentent d'appliquer et qu'il accepte avec plus ou moins de bonne volonté. Il acquiert des habitudes par les gestes plus qu'il ne saisit le sens de son action, il ne réfléchit guère à l'intérêt de ce qu'il fait (ou de ce que ses parents voudraient qu'il fasse). Antoine Jaillou résume ainsi son seul souvenir d'enfance concernant la propreté et le rangement : « Je faisais ce que ma mère me disait de faire. » Marc Rizzolino a des souvenirs plus précis : sa mère et ses sœurs l'entouraient si étroitement, multipliant suggestions et remarques, que sous la pression, il prit peu à peu l'habitude d'agir (par exemple de changer ses vêtements) avant que l'ordre en fût explicitement donné. Ce qui ne constituait pas le début d'une véritable autonomie de comportement : le petit

Marc se contentait de faire ce qu'on lui avait demandé sans le dire. Y compris pour la propreté corporelle : « C'était pas mon problème. Quand j'avais envie de prendre un bain, c'était pour me rafraîchir, pas me laver, ou alors je savais que j'allais prendre une beigne si je ne prenais pas mon bain le week-end. » Il se souvient aussi de son incompétence malgré sa bonne volonté. Ainsi, il avait réussi à prendre l'habitude de changer régulièrement ses vêtements, mais il ne remarquait pas la saleté occasionnelle qui nécessitait de précipiter le rythme : « C'étaient mes frangines ou ma mère qui s'en apercevaient. »

L'histoire de l'enfance est aussi marquée par la résistance à la discipline que les parents veulent inculquer. À mesure de l'avancée en âge, cette résistance soit perd en intensité (le sens des contraintes étant peu à peu incorporé) soit se transforme en révolte, le refus étant revendiqué et légitimé. Régis Sourisseau obéissait à sa mère, sans que cela lui posât trop de problème. Jusqu'au jour où elle demanda aux enfants de ranger chacun leur armoire. La pénibilité des gestes à accomplir se traduisit alors au niveau conscient en volonté d'opposition. C'est souvent ainsi, à partir d'une résistance du corps, que se cristallise une révolte des adolescents contre leurs parents.

## *Parcours féminin : apprentissage et révolte*

La transmission des manières de faire, de mère en fille, telle qu'elle s'est structurée au XIXe siècle, nous est relativement bien connue, notamment dans les classes bourgeoises (Lévy, 1984). Les matériaux manquent pour affirmer que n'existaient pas certaines résistances aux apprentissages ménagers. Mais, quelles qu'aient pu être ces dernières, il est évident que se dégage globalement un modèle d'imitation et de reproduction assez fidèle, d'une génération à l'autre, des gestes du propre et du rangé, inscrits dans une coutume et dans une définition stable des rôles domestiques. Les entretiens réalisés auprès de femmes de plus de quarante ou cinquante ans, d'origine rurale et de milieu populaire, permettent d'ailleurs de mettre en évidence les traces persistantes de ce modèle passé. La biographie de Madeleine Goulinec en donne une illustration particulière. Elle a reproduit avec exactitude les gestes et les rythmes de sa mère, redéveloppé le rapport sacré au linge aligné en piles impeccables dans l'armoire et hérité une part de la fierté liée à cet enchaînement d'habitudes. Elle nous parle de son amour pour le linge, le beau linge. Peu à peu, l'association d'idées se fait avec le trousseau, même si elle n'emploie pas explicitement le terme. « À l'époque c'était une richesse, on était fière de son linge la première fois où on l'installait bien. C'est l'ancien système : j'avais acheté mes draps, des couvertures, même de beaux mouchoirs en fil, quand j'étais jeune, avant de me marier. C'était le souci de partir en ménage avec tout ce qu'il fallait. » Cette accumulation avait été réalisée en étroite connivence avec sa mère. Elle avait été l'occasion de l'incorporation du sens profond attaché aux gestes du ligne. Elle préparait le contenu du rôle domestique qui allait définir l'interaction conjugale.

Sur la question des rapports mère-fille, l'enquête a révélé une surprise. La connaissance acquise sur le maintien des liens intergénérationnels après la mise en couple nous apprend en effet que ce rapport est central (Bott, 1971 ; Daune-Richard, 1984 ; Dechaux, 1990). Or, les entretiens réalisés auprès de femmes (surtout les plus jeunes) ont mis en évidence une volonté proclamée d'opposition des filles contre leur mère concernant l'entretien du linge, et plus largement, les pratiques ménagères du propre et du rangé. Le mouvement est socialement inégalement développé (de moins en moins net à mesure que l'on se rapproche des milieux populaires). Mais globalement, il atteint une régularité et des proportions notables. Le vocabulaire employé pour qualifier les mères est extrêmement réduit, les mêmes termes se répétant d'une personne interrogée à l'autre (« hyper » ou « super-nickel », « hyper » ou « super-maniaque »). Une telle étroitesse du lexique dans les entretiens est toujours révélatrice d'un processus social fort et nettement dessiné. Les variations sont cependant importantes entre celles qui par ces mots veulent simplement signaler l'existence d'une divergence (qui pourra ne s'être que très rarement exprimée) et celles qui expriment une véritable révolte. Comme Anne Boniface, qui garde le souvenir horrifié des samedis après-midi de son enfance, où, en compagnie de ses sœurs et de sa grand-mère maternelle, elle devait inlassablement astiquer les meubles sous le commandement de sa mère. Contre cette discipline, elle entra dans une opposition radicale : « J'ai une mère qui est super-maniaque, ça devient une obsession, ça relève de la pathologie. Quand j'étais ado, ma chambre c'était un vrai bazar, exprès pour l'emmerder je crois. » Cette critique parfois violente ne signifie pourtant pas que les relations mère-fille soient distendues : elle est pour l'essentiel indépendante de la nature du lien social qui, tant en ce qui concerne la circulation des affects que celle des services, est rarement perturbée par la critique des gestes ménagers. Car, à mesure qu'elle dépasse le simple refus d'une discipline, elle devient avant tout une critique pour soi, agissante dans la définition de son propre futur. En proclamant leur distance par rapport à certaines pratiques, indicatrices d'un rôle ménager qu'elles veulent refuser, les jeunes femmes (surtout dans les milieux culturellement dotés) cherchent à inscrire des repères qu'elles souhaitent ne pas dépasser dans l'avenir. La révolte de Nadia Labarthe s'est construite depuis longtemps, dès l'enfance. Mais elle ne s'est jamais vraiment opposée à sa mère (qui d'ailleurs ne chercha guère à lui imposer une discipline de rangement). C'est contre le rôle domestique tenu, presque pour défendre sa mère, qu'elle se révoltait : « Je la trouvais chiante avec le ménage, parce que je trouvais qu'elle en faisait trop. » Au-delà des mots pour qualifier la mère, l'opposition se concrétise et prend du poids dans certains gestes (ou dans l'absence de gestes) : il y a mise en pratique immédiate, pour renforcer une conception, une position. Ce qui est d'autant plus fort quand cette opposition s'enracine dans la révolte structurelle de l'enfant contre l'acquisition de la discipline. Peu à peu, la simple résistance passive à l'apprentissage se développe et s'organise en trouvant des arguments nouveaux qui la légitiment.

Le mélange d'apprentissage des pratiques ménagères et d'opposition aux gestes porteurs d'un rôle domestique produit des effets divers lorsque la jeune fille quitte le domicile de ses parents pour s'installer (seule ou en couple) dans son premier logement. Les filles vont beaucoup moins loin que les garçons dans l'acceptation du désordre ou l'inattention à l'entretien du linge

(Rousse, Roy, 1981). Les variations n'en sont pas moins importantes. Alors que Valérie Shimmer reproduit très fidèlement les habitudes de sa mère (« Je suis sa trace »), Anne Boniface, en rupture radicale, n'hésite pas, outre le désordre, à tolérer l'absence de propreté (« À cette époque-là j'étais assez sale, pas le linge de corps, mais les pulls, les vestes, tout ça »). Comme dans une parenthèse dans le cycle de vie, les jeunes femmes les plus engagées dans l'extrémisme anti-ménager doivent rompre avec des évidences largement admises, risquant de ce fait stigmatisation et marginalisation sociales. Comme dans une parenthèse, car après la révolte et l'expérimentation d'une vie ménagère réduite à l'essentiel vient le temps de la reconstruction des habitudes du propre et du rangé : « Elle était hypermaniaque, ça m'horripilait, c'était abominable. À tel point que je me disais : quand je serai chez moi, ce sera tout l'inverse. Finalement, je m'aperçois qu'on reproduit exactement les mêmes comportements : j'ai du mal à supporter d'avoir une maison en désordre. » Puis le temps d'une nouvelle opposition, en tant que parents cette fois, face à des enfants résistant à leur tour à la discipline ménagère. Agnès Archambaud a vécu une crise d'adolescence sérieuse, tout entière tournée contre la « maniaquerie » de sa mère. Aujourd'hui, face à ses deux grandes filles, elle ne comprend pas les raisons de l'étonnante répétition du conflit à une génération de distance. Elle cherche des arguments pour trouver des différences dans les deux situations historiques. Mais doit bien se résoudre à constater qu'elle ne parvient pas à en trouver. « Je me disais quand j'étais gamine que ma mère était pénible mais mes filles doivent se dire la même chose. Les voisins vous diront peut-être qu'ils m'entendent crier après. »

La transmission des manières de faire entre mère et fille semble donc désormais s'opérer dans des conditions complexes. Le plus apparent est le conflit, exprimé parfois avec une certaine violence. Mais au-delà, après le temps de la prime jeunesse et de l'installation domestique, la « réinvention » de l'ordre ménager ne s'improvise pas sans la marque du passé familial. Agnès Archambaud s'interroge en vue de comprendre pourquoi elle a reproduit les gestes tant critiqués autrefois : « Je ne sais pas, peut-être que finalement on a ça en soi. » La transmission mère-fille prend des formes nouvelles, mais son aspect parfois tumultueux ne doit pas masquer que, fondamentalement, elle conserve toute son efficacité.

## *Parcours masculin : la mère*

Dans le cadre des rôles domestiques construits par la société du XIXe et de la première partie du XXe siècle, nous avons communément l'image d'un homme totalement extérieur aux travaux ménagers. Ce qui est sans doute exact pour l'essentiel. Les entretiens menés auprès des ménages les plus âgés et d'origine rurale nous en donnent d'ailleurs encore aujourd'hui des preuves. Pourtant, l'essentiel ne dit pas les détails, et ceux-ci peuvent parfois ne pas être dénués d'importance. Nous apprendrions ainsi sans doute beaucoup à mieux connaître quelle était la sphère d'activité masculine liée au linge personnel (qui de l'homme ou de la femme définissait la saleté des vêtements et décidait de les mettre au lavage ? qui pendait la veste dans l'armoire ? etc.) ou l'étendue des « coups de main » masculins.

Nous apprendrions aussi beaucoup, par exemple, à étudier l'entretien du linge par les hommes à l'armée et ses effets conjugaux. Il y a sur ce point quelques paradoxes. L'armée se constituant en tant que « grande famille » rompant avec la famille d'origine, il est logique que les hommes endossant l'uniforme aient à s'occuper eux-mêmes de leur linge. Mais le paradoxe est que ce corps, fondé sur des valeurs de masculinité virile, soit justement amené pour s'affirmer davantage à prendre en charge les gestes les plus féminins qui soient, non sans un certain goût de la compétence et de la perfection (complexité vestimentaire de la marine, pliage au carré). L'autre étonnement est le fait que cette parenthèse laisse très peu de traces, que les gestes appris soient vite oubliés. Mais les raisons sont ici aisément imaginables. Parlant de leurs collègues à l'armée, plusieurs hommes interrogés ont signalé que les plus amoureux du linge étaient des militaires de carrière célibataires, donc non dépendants d'une femme. Alors qu'eux-mêmes avaient vécu très péniblement cette obligation ménagère. Ce fut la seule fois où Marcel Delafontaine s'occupa du linge, et il en garde un très mauvais souvenir. Ce fut encore plus désagréable pour Léon Goulinec : cette corvée représenta le plus mauvais moment de son service militaire : « J'ai connu des problèmes à l'armée : fallait laver ses chaussettes dans le lavabo. » Et il donne aussitôt l'explication de cette pénibilité : « C'est ma conception, c'est une tâche qui revenait à ma femme. » L'inversion des rôles avait créé l'inacceptabilité du geste.

Pour intéresante qu'elle soit, la question de l'armée ne doit cependant pas nous faire oublier l'essentiel : entre le linge et l'homme, la présence forte de la mère. À ce que nous connaissons de la société du XIXe et des débuts du XXe siècle, l'homme était dépendant des femmes en ce qui concerne le linge. Et au jour du mariage, passait de sa mère à son épouse, d'une femme à l'autre. Il est relativement moins dépendant aujourd'hui à l'intérieur du couple. Mais avant que celui-ci ne soit vraiment stabilisé et formé, pendant une période souvent assez longue après le départ du domicile parental, il reste fortement dépendant de sa mère, y compris dans les débuts de la vie à deux. Dans cette conjoncture particulière, le lien mère-fils ne représente pas un archaïsme, mais semble en développement. Logiquement, car les deux partenaires ont à y gagner. Le fils bien entendu. Mais aussi la mère, qui, grâce au linge et en échange d'un peu de travail, maintient la relation affective. « Ça la dérangeait pas ma mère. Au contraire c'était un lien, c'était l'occasion de venir toutes les semaines » (Olivier Delmony). L'exemple de Bruno Labarthe permet de comprendre le rôle tenu par ce maintien de l'entretien maternel du linge. Il a quitté une première fois le foyer parental, mais revenait régulièrement (presque chaque week-end), surtout pour faire laver son linge. La règle d'échange entre la mère et le fils était claire. Pour la mère, le service rendu était l'occasion de maintenir une relation qui sinon se serait considérablement relâchée. Pour le fils, le service reçu était la condition lui permettant d'apprendre à se suffire (presque) à lui-même, de vivre sa vie dans son premier logement. Mais cette première expérience ne fut guère concluante : il perdit son emploi, et la chambre qu'il occupait, particulièrement délabrée, ne l'incitait guère à rester. Il retourna donc chez ses parents, totalement pris en charge comme dans son enfance, avant un nouveau départ. Il rencontra Nadia et le jeune couple s'installa juste à côté d'un lavomatique. Bruno cessa alors de ramener son linge à sa mère et de rendre visite à ses parents le week-end. Il avait expérimenté à son rythme l'autonomisation domestique et les débuts du couple, réagissant avec souplesse aux circonstances, grâce au maintien du lien maternel.

Il est particulièrement difficile pour la mère de ne pas utiliser sa position de pouvoir pour tenter d'élargir son emprise, y compris lorsque son garçon est entré dans une expérience de vie conjugale (surtout si sa jeune compagne s'occupe « mal » de son linge). Romain Brastignac raconte comment vers quinze ans il s'était révolté contre le fait d'aller avec sa mère acheter ses vêtements dans les magasins. La discussion révèle cependant que ce n'était pas vraiment le fait que sa mère s'occupât de tout qui le révoltait : c'était simplement d'être accompagné, d'être vu accompagné par elle dans la rue. Il ne s'opposa d'ailleurs jamais à ce que ce soit elle qui choisisse quand elle ne lui demandait pas de l'accompagner. Lorsqu'il rencontra Sabine et qu'ils commencèrent à vivre ensemble, les liens maternels se distendirent. Il constata alors avec une certaine honte, face à Sabine, qu'il était ignorant au point de ne pas savoir quelle était la marque et la taille de ses sous-vêtements, l'endroit où il pourrait les acheter. Il en conçut un tel sentiment d'incompétence que cela détermina pour une part non négligeable la position occupée dans l'échange conjugal (il se fit docilement élève de sa compagne). Sa mère avait par ailleurs mal accepté d'être mise à l'écart. Prétextant des anniversaires et autres occasions de cadeaux, elle tenta de nombreuses fois de continuer à lui choisir ses vêtements. Même type de comportement pour la mère de Pascal Rocher-Martin : elle continue à lui choisir ses vêtements, plusieurs mois après les débuts de la vie en couple avec Ninette. Mais cette dernière se révolte. Contre l'ingérence, et contre le style vestimentaire « vieux jeu ». Sous son influence, Pascal opte rapidement pour un style « bab », jeans et pulls. La rivalité est d'autant plus forte entre les deux femmes que leur idée du rôle ménager de la femme est à l'opposé : fée du logis contre femme libérée.

La force du lien mère-fils n'empêche pas que des thèmes de révolte se cristallisent. Commes les filles, les garçons résistent en tant qu'enfants à l'inculcation d'une discipline de rangement. Cette résistance débouche à l'adolescence sur une façon aussi critique que celle des filles de qualifier les pratiques de la mère. Les mêmes termes sont d'ailleurs employés (« hyper-maniaque », « hyper-nickel »). Comme pour les filles, cette critique est avant tout développée pour soi, pour refuser des gestes pénibles et ne pas enfermer son avenir. Ainsi Bruno Labarthe, dont nous avons vu à quel point il était dépendant de sa mère, critique ses excès de rangement (« hyper-stricte, hyper-nickel, le ménage tous les jours »), précisant aussitôt les raisons pratiques de cette critique : « Voilà un des trucs avec lesquels je me ferai pas chier, c'est le rangement. » Entre garçons et filles, la différence est cependant considérable, le poids de l'avenir ménager n'ayant pas la même importance selon le sexe. Pour les garçons, la critique est beaucoup plus verbale, n'engageant pas le destin.

Les filles arrivant dans leur premier logement sont partagées entre les gestes appris, l'injonction incorporée à laver et à ranger et la révolte contre le rôle ménager concrétisé par leur mère. Les pratiques concernant l'entretien du linge, et plus largement la tenue du logement, sont donc très diverses. Pour les garçons au contraire, la non-préparation aux gestes ménagers et l'éventuelle critique des excès de rangement cumulent leurs effets : ils improvisent leur première expérience d'autonomie domestique dans le cadre d'un désordre notable et habituellement revendiqué. Son père et ses frères étaient « très pointilleux », Daniel Marmandais affirme avec une tranquille assurance : « Moi ce serait plutôt l'inverse. » Alors qu'il vivait seul, il a su s'organiseer, mais autour de principes très rudimentaires : « le lavomatique en tas » (le sac de linge propre était vidé dans un coin de la pièce) et « un rangement chaque printemps ». Didier Shimmer est plus exigeant. Il a d'abord ramené son linge à sa mère, puis s'est équipé d'un lave-linge. Il repassait même certains vêtements. Pourtant, y compris dans son cas, l'investissement ménager était calculé au minimum. Les motivations ayant présidé à l'achat du lave-linge sont éclairantes sur ce point : « Pour le grand lavage, le jour où vraiment j'avais plus rien à me mettre sur le dos. » Bruno Labarthe, en révolte contre sa mère « hyper-nickel » et ses excès de rangement, alla jusqu'à s'engager dans la remise en cause de la propreté, ce qui est plus rare. « J'aurais tendance à être un peu crad', si j'étais seul, je serais beaucoup plus sale que ça. » Et sa copine de renchérir : « Quand il vivait chez lui, c'était dégueulasse, il y avait même des os de poulet sous son lit. C'était vraiment un boui-boui. »

## II

## LA JEUNESSE CONTRE LE DOMESTIQUE

Dans les premiers logements qu'ils occupent, les jeunes gens passent un temps réduit au nettoyage et au rangement, ainsi qu'à l'entretien du linge. Pour ces tâches, quelques minutes chaque jour suffisent (Galland, Garrigues, 1989). Chacun a sa méthode pour contenir ce temps dans d'étroites limites, les uns faisant par exemple appel aux services de la mère, les autres acceptant de vivre dans un certain désordre, souvent légitimité alors comme un style de vie revendiqué, d'autres encore utilisant toutes les ressources des substituts papier du linge (serviettes de table et torchons sont rares).

Il est nécessaire de distinguer propreté et rangement. L'attitude « antiménagère » de la jeunesse porte essentiellement sur ce dernier, auquel on doit ajouter le repassage. La propreté des vêtements, et surtout la propreté corporelle sont rarement remises en cause. Au contraire, les nouvelles générations tendant à élever les normes, certains jeunes au style très « décontracté » sont plus exigeants sur la propreté que leurs aînés. Il en résulte d'ailleurs un comportement assez cohérent du point de vue de l'entretien du linge. Les tâches les plus importantes sont en effet l'étendage, le repassage et le rangement. Le fait que le lavage ne les implique que dans une faible mesure libère donc la possibilité d'augmenter ce dernier sans grosses conséquences sur le temps passé.

Se limiter à l'analyse des travaux ménagers ne permet cependant pas de comprendre le comportement particulier de la jeunesse par rapport au domestique. Il est nécessaire d'élargir le champ. Ce comportement s'inscrit en effet à la fois dans un processus générationnel et dans un mouvement propre à une classe d'âge, à un moment du cycle de vie. La socialité de la jeunesse se distingue nettement de celle des autres périodes de la vie, notamment dans son rapport à tout ce qui touche au domestique. Pour reprendre l'expression de Michel Bozon, « les loisirs forment la jeunesse » (Bozon, 1990) : en dehors du temps consacré au travail ou aux études et à ce que l'INSEE appelle le « temps physiologique » (manger, dormir...), les jeunes passent l'essentiel de leurs journées à l'extérieur du domicile : sorties, loisirs (Galland, Garrigues, 1989). Chez les plus jeunes, l'attention est centrée sur les relations amicales dans le groupe des pairs, les copains. Puis sur des activités permettant plus sélectivement la rencontre (et le choix du futur conjoint). Les loisirs des jeunes sont de ce point de vue construits sur un paradoxe. Car ils ne se résument pas à la détente : ils dissimulent une activité intense de recherche du partenaire à un moment clé de l'existence. Le temps de la jeunesse, derrière ses apparences de décontraction, est celui d'une mobilisation qui va décider pour une large part du futur (choix du partenaire, études, premières expériences professionnelles). On comprend que dans ces conditions l'investissement dans le ménager ne soit guère attirant. Géraldine Le Fecht exprime bien cette répulsion : « Quand j'entends les bonnes femmes d'un certain âge, quarante ans, qui dès qu'elles discutent c'est  : oh ! mon linge va sécher, il fait beau. Moi c'est : il fait beau dehors, je vais pouvoir aller me bronzer. On n'a plus du tout la même attitude vis-à-vis de ces tâches. » Le « certain âge » situé très bas, à quarante ans, exprime une position dans une classe d'âge (et la position de cette classe d'âge). Le « on n'a plus du tout la même attitude » tend à faire glisser cette position vers un comportement de génération, pour lui donner plus de poids (sous-entendu : nous penserons toujours ainsi). Le « je vais pouvoir aller me faire bronzer » est l'apparence décontractée, la valeur de surface, qui recouvre les activités propres à la jeunesse. Ainsi replacée dans son contexte, la phrase de Géraldine exprime parfaitement le comportement de la jeunesse : réduire le ménager au minimum et ne pas hésiter à se présenter de cette façon.

Pour tout ce qui concerne le domestique, la jeunesse représente une parenthèse dans le cycle de vie, ou, pour reprendre l'expression d'Olivier Galland (1990), une « phase moratoire ». Avant, pendant l'enfance et même l'adolescence, chacun s'inscrit dans l'espace domestique des parents et accepte plus ou moins leurs valeurs. Ensuite, chacun reconstruit pour soi, et à sa manière, un espace familial plus fort. Mais durant cette période très particulière, le groupe des pairs attire hors du chez-soi. C'est en effet dans le rapport aux copains que se construisent une contre-culture et une interaction permettant que soient reportés les engagements familiaux. Plus cette contre-culture et cette interaction ont de poids, plus la rupture avec les valeurs parentales pourra être importante et aisée. Plus l'investissement ménager des parents, et particulièrement de la mère, est extrême (« hyper maniaque »), plus le groupe des pairs joue un rôle essentiel dans la rupture forte qui s'impose alors. Les copains permettent donc non seulement de trouver une référence positive, une légitimité, mais aussi de régler l'intensité de l'opposition à la génération précédente.

## *Les dessous d'une mode vestimentaire*

Les habitudes vestimentaires, comme toutes les habitudes, ne s'inventent pas librement, hors des systèmes de contraintes socialement préconstruits. La place sociale, la situation conjugale, les relations avec les parents, avec les copains, déterminent le cadre de formation des gestes les plus simples, qui à leur tour sédimentent par leur répétition une culture particulière. La sensation et le mouvement les plus personnels, le choix d'une étoffe, le plaisir de son toucher ne sont jamais anodins, ils s'intègrent dans cette vaste mécanique. Le micro-social le plus fin se mélange au macro-social le plus large pour construire les habitudes de tous les jours.

« La mode d'un jeune, c'est de ressembler aux autres. Les grandes personnes ne s'habillent vraiment pas comme nous » (lycéenne, *in* Herpin, 1988). Les jeans, sweets, pulls et autres cuirs marquent à l'évidence l'identification collective d'un groupe d'âge : s'habiller ainsi, c'est être reconnu par le groupe, à la différence et contre ceux qui n'en font pas partie. La force de la contre-culture du groupe permet que cette « décontraction », y compris dans ses versions extrêmes, ne soit pas stigmatisante : les repères de ce qui est bien et de ce qui est mal, du correct et de l'incorrect, du propre et du sale, sont bouleversés par l'autoproduction normative du groupe d'âge. Or la caractéristique de ces vêtements est qu'ils peuvent se satisfaire d'un temps d'entretien très réduit. Il est même dans certains cas de bon ton de les arborer ostensiblement fripés. La mode « jeune » met en valeur des vêtements nécessitant peu d'entretien et ce n'est pas un hasard : elle est étroitement liée au refus des valeurs domestiques. Le choix du jean et du cuir ne renvoient bien entendu pas à chaque instant à une volonté explicite de s'investir le moins possible dans les tâches ménagères. Il est plutôt commandé par le goût inscrit dans la contre-culture du groupe d'âge : on achète tel vêtement tout simplement parce qu'il plaît. Mais la construction sociale de ce goût est étroitement conditionnée par la position occupée par rapport au domestique : la mode ne peut s'inventer qu'à partir d'un type de vêtements précis. Bruno Labarthe se souvient encore de ce jour où il n'avait pu s'empêcher de ressentir un coup de cœur pour un superbe pantalon. Il l'avait acheté. « Super class' : j'ai frimé tout l'été. » Le plaisir de la frime fut pourtant rapidement terni par les tristes nécessités de l'entretien : le seul pantalon lui demandait autant d'efforts que tout le reste de ses vêtements. Il l'abandonna dès l'automne et revint avec soulagement à son uniforme : jeans, tee-shirts, pulls. L'espace d'un été, une autre référence à la mode lui était passée par la tête. Mais elle n'avait pu s'imposer.

La construction sociale de la mode vestimentaire des jeunes ne se résume pas bien sûr à ce seul facteur explicatif. Elle entre par exemple parfaitement en cohérence avec leur situation financière : la plupart de ces vêtements (excepté les cuirs) sont peu onéreux. L'uniformité du style permet aussi de réduire la garde-robe au minimum. Bruno Labarthe, deux ans après son épopée estivale, ne possède en tout et pour tout que deux chemises et deux pantalons. « Et ça l'amuse », précise Nadia. Anne Boniface « tourne depuis cinq ans avec le même pantalon et depuis trois ans avec la même chemise ». « Et je m'en fous », ajoute-t-elle. Car ce dénuement est autant revendiqué que subi, la contre-culture du groupe permettant de retourner la stigmatisation. La vogue actuelle des vêtements volontairement déchirés constitue un signe de cette capacité de retournement de la stigmatisation. L'opposition avec les parents et la génération à laquelle ils appartiennent, symboliquement très forte, débouche pourtant rarement sur des conflits dans la vie concrète. Passé les grands moments innovateurs, qui ont suivi 1968, le contraste des styles tend en effet à s'inscrire dans un jeu de rôles largement reconnu, chacun adoptant la culture vestimentaire correspondant à la place occupée dans le cycle de vie et ne considérant pas les conduites différentes comme des divergences interpersonnelles. Il n'est pas rare même que certains parents soutiennent discrètement leurs enfants dans leur mouvement d'opposition. Les incitant par exemple à quitter le domicile et s'installer dans leur premier logement. Ou ne critiquant pas leur tenue « décontractée » : les mères évaluant ce qu'elles peuvent retirer (en allégement des tâches) de la mode, et tendant alors à se montrer moins hostiles.

« Il existe un langage vestimentaire » (Herpin, 1984, p. 37), le vêtement « parle » sur les rapports intergénérationnels, comme il parle sur les rapports conjugaux : il suffit de se promener dans la rue et d'observer pour glaner des informations sur les liens parentaux et la vie conjugale. Si le vêtement ne dit pas tout et peut même mentir, il donne souvent des indications importantes, pour l'observateur, mais aussi pour les acteurs eux-mêmes. Ainsi il joue un rôle certain dans le choix du conjoint, à partir d'une harmonie des goûts (qui ressemble s'assemble), qui participe à la construction de l'homogamie. Au-delà du goût, le style vestimentaire révèle une position ménagère, essentielle pour le futur échange conjugal. En schématisant : le jean témoigne d'un refus du domestique présupposant que le couple (et surtout la femmc) ne sera pas soumis à des pressions ménagères trop fortes, alors que l'homme parfaitement encravaté affiche une position domestique radicalement différente et souvent une attente de rôle féminin lié à cette position. Le vêtement parle aussi sur le social. Mais il est frappant de constater combien, historiquement, il parle de moins en moins sur le social et de plus en plus sur le style et le goût personnel (Herpin, 1984), qui renvoient à une position familiale. Il y a trente ou quarante ans, la qualité des habits et leur degré de propreté indiquaient encore avec une relative précision la place occupée dans la hiérarchie sociale. Aujourd'hui, l'ampleur prise par la mode décontractée brouille les cartes : il est toujours possible de lire la place sociale, mais cela nécessite une plus grande finesse d'observation (et une connaissance actualisée des derniers soubresauts de la mode). Alors que le familial, qui ne se donnait pas à voir dans les vêtements (les rôles domestiques étant socialement définis avec une grande rigidité), tend à s'exposer toujours plus clairement.

## *Incertitude et pâleur du foyer*

L'installation des jeunes est désormais progressive et il est difficile de décider à partir de quel moment est vraiment constitué leur chez-soi. Cette constitution présuppose la rupture avec le foyer parental, qui est longue à se dessiner. Le détachement commence tôt, mais entre ce dernier et la rupture complète, les demi-mesures et les retours en arrière marquent souvent le parcours hésitant de la séparation (Battagliola, Jaspard, 1987). Le premier logement est rarement un vrai chez-soi. Il est plutôt un lieu de passage et de simple hébergement pour quelques jours de la semaine, un « espace de transition » (Battagliola, Jaspard, 1987, p. 14), l'idée du chez-soi restant encore vaguement fixée autour du logis des parents. Les débuts de la vie à deux provoquent une nouvelle hésitation résidentielle : l'on vit chez l'un ou chez l'autre, en visite prolongée, avant de décider de vraiment « s'installer » (Battagliola, 1988).

« S'installer » doit être pris dans son sens le plus faible. La visite, lors de la campagne d'entretiens, des premiers logements occupés par des jeunes (seuls ou en couple) a été particulièrement illustrative du rapport particulier à l'espace (on pourrait presque dire du non-rapport à l'espace) de ce groupe d'âge. Simple boîte à habiter, le logement n'est pas vraiment investi. Quand il se remplit, c'est plutôt d'objets décoratifs que de meubles ou d'appareils électroménagers (Chalvon-Demersay, 1983). Ces derniers sont en nombre très limité : un lit, une table, quelques chaises, un réfrigérateur, une gazinière. Et le « sac » (sac à dos, de sport ou de voyage, généralement en plastique), objet hautement symbolique, significatif de l'hésitation et du faible investissement domiciliaires. Omniprésent, il permet à la fois le transport du linge sale et du linge propre ainsi que son rangement. Il convient d'ajouter à cette courte liste les meubles imaginaires que sont les « coins », affectation de sens à de micro-espaces. Ainsi Bruno Labarthe mit un jour son linge sale dans un sac placé sous son bureau. Depuis, cet endroit est devenu « le coin du linge sale ». À la différence des vrais meubles, les coins prêtent à une interprétation contradictoire et seul le contexte biographique permet de comprendre leur signification principale. Ils peuvent en effet autant indiquer la faiblesse de l'intégration domestique qu'un début de marquage de l'espace allant dans le sens d'une plus forte intégration.

## *L'inégal développement social*

Le mouvement de la jeunesse contre le domestique est fortement marqué socialement. Il est le plus fort là où le jeu de classement social des uns par les autres permet qu'il le soit, c'est-à-dire dans les milieux moyens et supérieurs, là où n'existe pas le risque que le style « décontracté » soit confondu avec un quelconque marquage social négatif. Les milieux populaires au contraire s'inscrivent dans un long combat historique contre ce marquage, combat passant notamment par une présentation de soi irréprochable et une démonstration des compétences acquises en matière de propreté et de rangement. La marge pour que se développe la contre-culture du groupe d'âge est donc étroite et parfois nulle, car elle entre en contradiction frontale avec ce long mouvement historique. Dans quelques cas, comme celui de Régine Sourisseau, la place sociale et le comportement ménager des parents conduisent même à ce que l'opposition à ces derniers se développe dans le sens d'une exigence plus forte de rangement. Sa mère lavait et séchait le linge, puis le mettait en tas sur une table, où chacun se servait. « Les principes de rangement ? Il n'y en avait pas beaucoup, à la campagne on n'est pas fier. »

À l'adolescence, Régine découvrit les nécessités d'une fierté plus exigeante. Elle remarqua que ses copines avaient des vêtements repassés qui contrastaient avec les siens. C'est alors qu'elle se forgea une volonté inébranlable d'action ménagère, pour atteindre la respectabilité par le vêtement. Le groupe des pairs joue un rôle de régulateur, corrigeant les écarts dans un sens ou dans l'autre. Il est lui-même situé socialement, et la norme qu'il impose dépend de la place occupée : les copines de Régine Sourisseau l'incitèrent à augmenter ses efforts, celles de Géraldine Le Fecht lui permettent au contraire de se maintenir dans son refus du domestique. Les copains, groupe de référence, interviennent dans un jeu triangulaire (avec la transmission parentale et le conjugal). Les habitudes s'inscrivent au croisement de ces trois pôles d'influence, dans les multiples interactions qui structurent l'histoire personnelle.

L'opposition de la jeunesse au domestique est inégale suivant les milieux, le rapport au propre et au rangé s'inscrivant dans un processus de jugement et de classement des uns par les autres. Le schéma général ne peut donc pas rendre compte de nombreuses situations particulières. Comme la non-remise en cause du modèle ancien dans certaines familles de la grande bourgeoisie. Comme l'exigence paradoxale d'un ordre plus strict adressée à des mères décontractées ayant déjà mis en pratique la révolte contre leur propre mère. Cette dernière position m'a été signalée par des collègues féminines et féministes ayant lu les textes préparatoires à ce livre. Elle est intéressante en ce qu'elle montre que la révolte de la fille contre sa mère devient une donnée structurelle de la formation de l'identité, quelles qu'en soient les modalités d'expression, définies par le contexte d'interaction. Il est toutefois à remarquer que ces filles demandent du linge mieux entretenu à leur mère mais qu'elles joignent peu elles-mêmes le geste à la parole : il n'est donc pas impossible qu'elles s'intègrent elles aussi dans le conjugal avec une certaine opposition aux valeurs domestiques.

Pour l'essentiel, la variation des situations s'inscrit cependant sur une échelle sociale, en rapport avec les contraintes pesant sur certains groupes en ce qui concerne la construction des rôles. Les jeunes des milieux culturellement et socialement les mieux dotés corrigent généralement peu leur comportement « décontracté » lorsqu'ils se mettent en couple. L'indécision concernant la définition des rôles les pousse au contraire à s'engager le moins possible dans les tâches ménagères. Alors que les jeunes filles d'origine populaire, placées en situation d'occuper un rôle relativement bien délimité, sont poussées à développer plus rapidement des pratiques fortes de propreté et de rangement. Jusqu'à l'âge de dix-huit ans, Éliane Vilot ne s'était pas occupée de son linge. Elle apprenait sans le savoir, en regardant les gestes accomplis par sa mère, mais n'avait en fait pas été préparée. Lorsqu'elle quitta le foyer parental pour travailler, et s'installa dans une chambre, l'organisation ménagère fut très approximative (« J'étais un peu bordélique »). Éliane ressemblait alors à beaucoup de jeunes d'autres milieux. Mais la parenthèse dans laquelle elle s'inscrivait était plus étroite. La perspective du mariage, rapidement dessinée, changea immédiatement son rapport aux choses du domestitque. Les premiers jours de la vie à deux ne furent pas une réussite complète concernant l'entretien du linge, notamment en regard de l'attente de rôle de son mari. Mais elle rattrapa rapidement son manque de préparation (« avec les moyens du bord ») et s'évertua à devenir une bonne ménagère, construisant des repères du propre et du rangé n'ayant plus rien de comparable avec sa brève parenthèse adolescente. Le cas d'Éliane Vilot est d'autant plus intéressant que la définition sociale du rôle a produit des effets alors même qu'elle n'avait pas été préparée à l'occuper. Or, généralement, une telle préparation est au contraire de mise dans les milieux populaires, l'évolution dans le sens d'une éducation domestique sexuellement moins marquée étant très lente : le contraste reste frappant, dans la participation aux tâches ménagères, entre jeunes filles et jeunes garçons salariés vivant chez leurs parents (Maurin, 1989). Marie-Hélène Nitournelle garde fortement en mémoire les scènes d'adolescence où ses cinq frères laissaient leurs vêtements « comme ça, en tas », ostensiblement, sinon avec un brin de mépris et de provocation. « Et nous, les filles, on faisait les chambres et on ramassait. »

Les rôles sexuels restent fortement marqués dans les milieux modestes, notamment ouvriers. Il ne s'agit pas d'un simple héritage de la tradition. Olivier Schwartz analyse comment hommes et femmes résistent à toute menace de brouillage de ces rôles et pourquoi l'évidence de la place « naturelle » de la femme auprès des enfants et au foyer est essentielle. Car le rôle sexuel est « à la fois un domaine d'appropriation réservé et une identité légitime reconnue » (Schwartz, 1990, p. 206). Alain et Yolande Fayet ont vingt-trois ans. Ils sont en couple depuis deux mois, avec un jeune bébé. L'équipement du logement est rudimentaire, mais cela n'a rien à voir avec la contre-culture décontractée : les seules raisons sont financières. La honte se ressent face au regard qui dresse l'inventaire : un lit, une table, quelques chaises, un réfrigérateur, une gazinière, une petite machine à laver Calor et un vieux fer à repasser. Pas un seul meuble de rangement : le linge est soigneusement empilé, par terre, sur des sacs en plastique. Car Yolande, comme son mari, est très exigeante : le travail du linge est omniprésent, écrasant (elle essore à la main), le XIXe siècle n'est pas loin. Considérés le manque d'équipement, ses exigences de propreté et de rangement, l'importance du linge à laver à cause du bébé et la faiblesse de ses compétences, sa journée se trouve être totalement prise par les tâches ménagères. Paradoxalement, le problème le plus grave se posant à elle n'est cependant pas cette masse de travail mais l'attitude potentiellement ouverte d'Alain. Ce dernier a une histoire particulière : sa mère lui a appris les gestes du linge et il n'est pas sans avoir un certain goût pour les effectuer, il est sans cesse tenté de repasser, de coudre. Ce qui aurait pu constituer une bonne surprise pour d'autres femmes en est une mauvaise pour Yolande. Fragilisée à l'extrême, y compris dans l'interaction conjugale, elle cherche avant tout à construire une légitimité lui permettant de se regarder avec estime. Or, elle ne peut construire cette légitimité ailleurs que dans le domestique, que dans le rôle de bonne ménagère et la définition sexuelle des tâches, qu'elle est amenée à réinventer de toutes ses forces. Au besoin contre Alain, notamment en ce qui concerne la symbolique sexuelle des domaines et des matières : ne pouvant repousser toutes les offres de coups de main, elle résiste cependant à ses tentatives pour s'ingérer dans le domaine du linge. Dans les situations où n'existent pas d'autres perspectives de valorisation personnelle, les femmes continuent à se précipiter dans le mariage (ou au moins à tenter de le faire) le plus rapidement possible. Et à conforter cette installation dans l'état adulte et dans un rôle sexuel par une maternité précoce (Pissart, Poncelet, Voisin, 1990). C'est-à-dire qu'à la réussite professionnelle féminine, corrélée avec le report des engagements familiaux (de Singly, 1987a ; Battagliola, 1988), s'oppose le pôle de l'engagement familial immédiat des femmes dans un rôle sexuel marqué, corrélé avec l'absence d'insertion professionnelle et le risque de marginalisation sociale.

D'une manière générale, les jeunes issus des classes populaires cherchent à définir rapidement leur statut familial et professionnel. La précarité est subie et honnie, vécue sous ses aspects négatifs. Alors que dans les classes moyennes, les formes de vie précaire (ce n'est bien entendu pas la même précarité) sont plus ou moins volontaires, le fait de différer les engagements permettant l'inventivité (Galland, 1984). La force du mouvement particulier à la jeunesse pousse cependant certains jeunes des milieux populaires à s'accommoder de l'absence de définition rapide de statut, voire à s'en emparer, pour tenter de déjouer leur destin social (Galland, 1984). Il est très révélateur à cet égard que ce soient ceux qui sont parvenus à acquérir les moyens leur permettant d'espérer atteindre leurs objectifs professionnels qui diffèrent l'établissement familial (Galland, 1990). La précarité domestique subie ne serait donc pas propre aux milieux populaires mais à leur seule frange marginalisée. À cela s'ajoute le fait que, subies ou voulues, les formes de conjugalité précaire et de report des engagements familiaux sont quantitativement en développement, sur une période longue du cycle de vie. Vécues différemment suivant les milieux sociaux (plus ou moins volontaires, avec des rôles sexuels plus ou moins marqués), elles correspondraient donc à un phénomène d'ensemble, touchant toute la jeunesse.

## *Révolte et transmission des manières*

L'opposition de la jeunesse aux excès du rangement est relativement indépendante de la transmission des manières de faire. Elle se développe sur une autre scène, celle des interactions où se construit l'identité. La transmission se joue en deçà, dans la discrétion et le silence des habitudes. Si les deux processus ne sont pas sans liens, ces derniers sont complexes, étirés dans le temps. La jeune fille qui accepte le rôle tenu par sa mère imite les gestes de cette dernière. Mais celle qui le refuse peut cependant, un jour ou l'autre, reproduire les manières de faire observées dans l'enfance.

Tout ne vient pas de l'enfance. Les entretiens révèlent au contraire combien il est possible d'« improviser », d'apprendre rapidement les pratiques ménagères, et combien un tel apprentissage « sur le tas » est fréquent. Au moment précis où l'on se sent enjoint à savoir faire, la capacité d'attention et d'observation est considérable, les supports permettant de se former variés et nombreux : télévision, publicités, magazines, notices d'utilisation, livres pratiques, scènes vues dans le quotidien, discussions avec des copains, avec le conjoint, etc. Et même : regard plus attentif posé pour la première fois sur les pratiques maternelles. Ainsi le fils aîné de Madeleine Goulinec n'avait-il jamais porté attention au travail effectué par sa mère, inattention cohérente avec son refus radical d'incorporation de la discipline domestique. Jusqu'au jour où il décida de vivre « à mi-temps », selon son expression, avec « sa petite amie » (l'autre « mi-temps » hebdomadaire se déroulant dans le foyer parental). Madeleine Goulinec fut alors très surprise de voir son fils observer les moindres de ses gestes ménagers et lui poser mille questions : le changement d'attitude avait été immédiat et complet. La « petite amie » en question est en effet exigeante sur le rangement (ainsi que sur le partage des tâches), et le décalage des conceptions et manières acquises n'est pas sans poser problème dans le jeune couple. Dans de telles circonstances, la capacité d'apprentissage est très grande et ce dernier peut être rapide.

Georges Menahem (1989) signale que si l'intériorisation, dans l'enfance, d'un type particulier de rapports entre hommes et femmes est essentielle, les voies de cette intériorisation sont multiples et peuvent même prendre la forme de l'opposition. Il est difficile d'évaluer dans quelle mesure les manières acquises (ou simplement entrevues) dans l'enfance et l'adolescence jouent un rôle plus tard. Il semble que les variations soient considérables d'une histoire de vie à l'autre. Il semble également que l'opposition dans la période de la jeunesse ne constitue pas un indicateur absolu d'une transmission faible des habitudes. Si tout ne vient pas de l'enfance, beaucoup peut en venir, et une transmission faible à un moment du cycle de vie ne préfigure pas qu'elle restera toujours ainsi. Comme si nous portions en nous-mêmes un capital dormant, constitué de schémas de manières susceptibles à tout instant d'être réactivées (ou de servir de référence en vue d'« inventer » de nouvelles pratiques adaptées à une situation donnée). Cet héritage passif, secrètement sédimenté hors de la mémoire consciente, hors des interactions sociales et hors des habitudes constituées, peut ne jamais se révéler ou au contraire apparaître au grand jour, parfois brusquement, à la faveur de circonstances propices. Les chapitres suivants illustreront des cas de revirements spectaculaires n'ayant pu se produire que par la magie de cet héritage caché.

## *Le cycle de vie*

Le cycle de vie des ménages se transforme. Il y a trente ans, il commençait par un moment inaugural conjuguant idéalement mariage, installation dans un logement indépendant et emploi stable. Ces débuts étaient suivis de conjonctures de mobilisation, notamment autour de la naissance des enfants et de l'accession à la propriété (Cuturello, Godard, 1980). Puis la retraite était l'occasion d'une chute, parfois considérable, des ressources et des dépenses. Si les conjonctures de mobilisation n'ont guère changé, la pente descendante de la retraite s'est faite plus douce. Et surtout : le temps inaugural groupé est remplacé par un temps plus ou moins long et incertain, marqué par l'opposition aux valeurs domestiques. Le début du cycle change radicalement : les jeunes couples se forment autour du sentiment amoureux et des relations interpersonnelles avant de penser à la fondation et à l'installation du ménage. L'étude attentive révèle toutefois que le cycle de vie n'est pas totalement bouleversé. L'intégration ménagère est certes désormais progressive, mais essentiellement aux débuts du couple. Cette phase étant généralement suivie d'un rattrapage rapide : une mobilisation intensive succède à l'absence d'intérêt pour le domestique. Le cycle de vie est ainsi rythmé par d'importants contrastes. Si l'on s'en tient à l'indicateur constitué par l'acquisition de meubles et d'appareils électroménagers, nous avons vu le fréquent dénuement des jeunes couples. La suite de leur existence n'est pas caractérisée par une accumulation continue et régulière, mais par un moment fort d'équipement, qui dépasse rarement quarante-quarante-cinq ans (Mormiche, 1990). Un schéma semblable est observable concernant la structuration des habitudes. D'abord ouvertes et instables, négociables, elles tendent ensuite rapidement à se figer (Denèfle, 1990). Comme pour l'acquisition de meubles, l'évolution n'est pas régulière, la rigidification ayant lieu assez vite, dans un « deuxième temps » du ménage.

Concernant la conception du rangement et la définition d'un mode d'organisation presque définitif, le contexte décisif (quand il ne s'est pas développé avant) est celui de la naissance du premier enfant (souvent associé au mariage ; Léridon, Villeneuve-Gokalp, 1988). Les apparences peuvent tromper, le poids des tâches à accomplir incitant à laisser s'installer un certain désordre. Mais dans le même temps, la volonté est de parvenir à des gestes à la fois plus efficaces et exigeants. Il est certes possible d'observer des évolutions inverses, notamment dans les couples très tôt installés, suivant le modèle ancien. Pour ceux qui au contraire ont pris le temps, la naissance du premier enfant marque souvent la fin de la période des débuts, de l'improvisation et de la légèreté. « Avec les enfants il a fallu une organisation plus rigoureuse pour ne pas laisser la pagaille s'installer » (Antoine Jaillou). L'arrivée de l'enfant bouleverse le fonctionnement domestique, nécessitant mobilisation et perfectionnement des méthodes : « Pendant un mois, un mois et demi, ç'a été la panique partout. Après on s'organise » (Brigitte Rizzolino). À cet aspect fonctionnel s'ajoute une augmentation des exigences d'ordre. Anne-Sophie Delmony s'en « fichait un peu » avant les enfants. Leur naissance a été l'occasion d'un changement d'idées sur les choses ménagères. Jean Archambaud, qui a suivi la même évolution, en détaille longuement les raisons. Il insiste d'abord sur les questions liées à l'éducation : « Mon comportement vis-à-vis de l'ordre s'est renforcé, c'est bien normal. Parce que si on demande aux enfants de faire des efforts pour ranger leur chambre, on est obligés nous-mêmes de faire attention d'avoir de l'ordre, de donner un peu l'exemple. » La suite de ses explications est moins claire, car touchant à un processus plus implicite et complexe. Mais tout à fait central, plus important que l'éducation : le changement de rôle. L'arrivée de l'enfant, comme l'entrée en couple, transforme brusquement le contexte d'interaction et les repères de l'individu : il devient parent. Ce nouveau rôle ne s'ajoute pas sans rien changer aux acquis antérieurs : au contraire il les reformule, en particulier les conceptions ménagères : « Auparavant j'aurais jamais imaginé que j'aurais pu demander à quelqu'un de ranger. Ça a modifié mon sentiment vis-à-vis de l'ordre » (Jean Archambaud).

## III

## L'INTÉGRATION MÉNAGÈRE

### *L'étrangeté invisible*

Le couple est aujourd'hui fondé sur l'amour : telle est la représentation dominante et elle n'est pas sans vérité. Mais il existe une infinité de degrés dans l'amour, des modalités diverses : il ne serait pas injustifié de parler de lui au pluriel. Il y a le flash amoureux des premières rencontres ; il y a ensuite la longue construction de l'attachement et de la familiarité ; il y a également la représentation sociale de l'amour, les mises en scènes, notamment médiatiques, renforçant l'illusion que les diverses composantes amoureuses forment un bloc homogène.

Rien de commun pourtant entre l'attachement, discret tissage d'un lien au quotidien, et le choc amoureux qui nous arrache à l'insipide (Cyrulnik, 1989). La danse interactionnelle des premières paroles et des premiers gestes est rythmée par l'émoi qui infiltre de sensualité le moindre échange (Cyrulnik, 1989). La rencontre qui déclenche en nous l'émotion est le contraire du banal, elle transfigure et subvertit ce banal, brise les règles du quotidien jusqu'alors instituées. Cette émotion (socialement représentée sous la forme du « coup de foudre ») n'est pas toujours présente lors des premières rencontres, ou seulement de façon très atténuée : il est des couples qui se forment sans histoire d'amour. L'enquête a permis d'en rencontrer plusieurs, guère marqués par ce manque des débuts. Il semble même qu'ils n'aient pas conscience de n'avoir pas appliqué le code de

l'amour conjugal exprimé à travers les médias. E
vivent pas différemment des autres couples : l'a
ment est indépendant de l'émotion des origin

Qu'il y ait ou non « coup de foudre » (ou comm
le cas le plus souvent, « petit coup de foudre »), la première rencontre et celles qui suivent, dans leur entrelacement progressif des intimités, est un moment émotionnellement fort. Un moment où les pensées font corps avec des émotions ne ressortissant pas toutes à l'amour. L'interaction est ainsi chargée de peur : de ne pas savoir convaincre, de ne pas savoir faire, de ne pas être à la hauteur. De gêne, parce que l'on se découvre brusquement le produit d'une culture particulière en observant l'autre, que des repères élémentaires s'estompent en conséquence. De culpabilité, comme Romain Brastignac (« Je sentais que j'avais un handicap de départ »), qui portait comme un fardeau de n'avoir pas été préparé. Et de bien d'autres sentiments. Car l'on feint d'ignorer que celui ou celle qui est en face de soi est porteur d'une contradiction (qui ne peut pas ne pas produire de l'émotion) : il reste un complet étranger et est déjà un intime. On fait comme si on se connaissait. Mais on ne se connaît pas. D'où la nécessité de se plaire mutuellement, beaucoup et rapidement. De plaire soi-même à l'autre, et de ne pas voir ce qui pourrait ne pas plaire. C'est ainsi que l'étrangeté se fait invisible. Les comportement les plus étonnants, les plus bizarres, sont ignorés ou analysés sous l'angle du rire, considérés avec « amour ». Rien ou presque rien ne choque. L'histoire du couple sera ensuite celle de la découverte de différences posant problème (et qu'il faudra essayer de résoudre, car elles auront tendance à poser de plus en plus problème). Mais pour l'heure, cette différence fait partie du contrat, elle est intrinsèque de la personnalité de celui que l'on découvre. Bruno Labarthe a été surpris par certaines manières de faire de Nadia. Mais il a « trouvé ça charmant ». Quant à celle-ci, souvenons-nous des os de poulet trouvés sous le lit de Bruno et dont elle ne parle qu'aujourd'hui. Un tel événement aurait vraisemblablement provoqué dix ans plus tard une belle scène de ménage.

### *La typification réciproque*

La découverte de l'autre n'est pas un processus passif mais s'intègre dans une démarche de connaissance qui consiste à le caractériser, à le typifier, pour reprendre le concept de Berger et Luckmann (1986). Le conjoint ne constitue pas un donné objectif qui se révélerait par l'observation. Il ne se découvre en effet que dans l'interaction, dans le rapport au sujet regardant et agissant. Plus : c'est l'interaction qui le construit d'une certaine manière. La catégorisation initiale est donc essentielle pour ce qui va suivre. Peter Berger et Thomas Luckmann prennent l'exemple d'une interaction entre deux personnes ne se connaissant pas. Chacun observe les gestes, les expressions, analyse ce que dit l'autre. Ils peuvent ainsi typifier, déterminer à quel type de personnage ils ont affaire et adopter une attitude en conséquence : l'interaction a servi de matière première à un processus de connaissance, qui à son tour a redéfini les règles de cette interaction. L'exemple pris par les auteurs montre comment le mécanisme de classement mutuel commence très vite dans les échanges, dès la toute première rencontre, même entre des étrangers, les règles de classement se transformant immédiatement en règles de conduites. Ce qui n'a guère de conséquences pour les deux étrangers qui ne se reverront plus. Mais qui en a énormément pour de futurs conjoints. Erving Goffman distingue la relation anonyme et la « relation ancrée », qui aura un développement et qu'il définit comme une « entité structurante » (Goffman, 1973, p. 182). Don D. Jackson indique que dès les premières rencontres, les partenaires ébauchent ce que sera le marché de leurs futurs échanges, la nature (différente) de ce que chacun donnera et recevra (Jackson, 1981). Les tout débuts du couple dessinent les grandes lignes et enferment l'avenir, parfois avec une promptitude et une intangibilité dramatiques. Emmanuel Terray (1988) évoque le plaisir particulier des premières rencontres, où l'on se sent délivré de ses héritages, disponible pour tout avenir qui s'offrirait, où l'on avance en tâtonnant vers l'autre émergeant à peine de la brume. La disparition de ce plaisir aux rencontres suivantes vient du fait que la machine à classer et à définir des règles de comportement se met immédiatement en marche, réduisant à la fois l'angoisse et le charme des premiers temps de la découverte d'un étranger intime, donnant des guides pour savoir comment se comporter, produire la familiarité, et enfermant l'avenir. La familiarité peut se concevoir comme un champ organisé autour d'un centre de densité et de plénitude, opposé au champ organisé autour d'un centre de densité et de plénitude, opposé au champ de l'étrangeté (Schutz, 1987). Les deux individus qui vont former couple avancent vers ce centre en accumulant habitudes et règles d'interaction. Mais ils resteront toujours des étrangers intimes, avec des combinaisons différentes entre étrangeté et intimité au long de leur histoire.

## *Les premières habitudes*

« On n'a pas décidé un jour : on vit ensemble. Ça s'est fait progressivement » (Olivier Delmony). Ils ont vécu les premiers temps si importants du couple sans comprendre, sans voir dans quoi ils s'engageaient. Ils n'en ont eu conscience qu'en remarquant qu'ils avaient pris des habitudes. Celles-ci n'étaient pourtant vraisemblablement pas les premières. La typification réciproque produit en effet instantanément des règles de comportement et des habitudes, dont seule une part infime est représentée, l'illusion des acteurs étant qu'elles apparaissent dans un deuxième temps de la vie du couple. Alors qu'elles se forment dès le début, avec des effets structurants puissants. Cette représentation tronquée est toutefois suffisante pour comprendre le double rôle des habitudes conjugales : guides levant les incertitudes et facilitant le quotidien, mais aussi enfermant l'avenir. C'est pourquoi certains tentent de résister à leur formation. Ils pensent généralement cette résistance en termes de refus de la routine plutôt que de refus de règles d'interaction. Ce sont pourtant ces dernières qui structurent le conjugal, les routines pouvant tout aussi bien les renforcer que constituer l'individu dans ses défenses. Mais, quoique mal exprimée dans les termes, cette résistance se donne bien pour objectif de freiner la conjugalisation.

D'autres observent, en spectateurs, les habitudes se

former. « Au début, c'étaient des paroles en l'air, des résolutions qu'on ne tenait pas. Et puis, petit à petit, c'est devenu des règles de vie, on voyait qu'on prenait telle ou telle habitude » (Sabine Brastignac). Couple où l'on discute beaucoup, ils en discutaient donc. Ou plus exactement : ils se donnaient l'impression d'en discuter. Car il faut une conviction claire et une force de volonté pour parvenir à remettre en cause un système de gestes qui se structure discrètement dans l'interaction. De plus en plus à mesure que s'accumulent les habitudes. Madeleine Goulinec regrette de n'avoir pas eu cette force plus tôt : « Il aurait fallu le faire plus jeunes. Je pense que c'est en se mariant, à l'époque là, qu'il fallait faire quelque chose. Après c'est trop tard : quand les habitudes sont prises, on suit le même train-train et puis terminé ! »

## *Souvenirs des premières rencontres*

Olivier et Anne-Sophie Delmony ne parviennent pas à dater, à se rappeler avec précision les débuts : les premiers échanges ne laissent pas souvent des souvenirs à la hauteur de l'importance de l'événement. Encore moins si l'on considère des questions précises comme le rapport au propre et au rangé ou les premières mesures d'organisation ménagère. Ninette Rocher-Martin fait effort sur elle-même : « Ah, là, il va falloir réfléchir. » Et ne retrouve rien dans sa mémoire. Nadia Labarthe explique : « Je ne peux pas me souvenir : ça s'est fait naturellement, comme ça » (à ce moment de l'interview, elle ne pense pas aux os de poulet). Pourtant, un ou deux souvenirs incongrus parviennent parfois à se dégager. Ils avaient été l'occasion d'une surprise venue du choc des différences entre manières de faire, si forte que l'amour n'avait pu l'effacer et que les anecdotes sont restées inscrites dans les souvenirs. Agnès Archambaud se souvient très bien de son étonnement agacé parce que son mari laissait traîner son linge sale. Trente ans après, Madeleine Goulinec n'a souvenir que d'un seul événement conjugal, qui l'avait profondément marquée : « Il avait des problèmes de chaussettes terribles, qui traînaient et qui sentaient pas bon. »

### *L'effort de présentation de soi*

L'angoisse mêlée à la nécessité de plaire pousse à un effort de présentation de soi, rudiment élémentaire de la séduction, face à l'étranger intime. Il existe donc un effet de la mise en couple produisant un développement des habitudes du propre et du rangé. Les acteurs en ont clairement conscience. Brigitte Rizzolino reconnaît que « spontanément », elle est « désordre » et que seule elle serait « beaucoup plus fouillis ». Didier Shimmer a changé radicalement dès qu'il a commencé à vivre avec Valérie. Quant à Bruno Labarthe, l'homme des os de poulet, il allait devenir en quelques mois la véritable ménagère du foyer. Il reconnaît maintenant qu'il était « très crad' », dans une courte parenthèse entre le moment où il avait vécu chez ses parents et son nouveau couple. Et que seul il serait « beaucoup plus sale que ça ». Le mélange explosif entre intimité et étrangeté est à l'origine de ce sursaut. Chacun est mis à nu face à un autre-qui-compte-plus-que-tout-au-monde alors que l'on reste un inconnu pour cet autre considérable. Il est donc indispensable de se montrer sous un bon jour pour dissiper les gênes. Mais aussi pour reconstituer l'estime de soi, dont les repères sont brusquement déplacés par le nouveau regard porté sur son existence. Le mouvement de séduction et de rééquilibrage psychologique aboutit ainsi à la redéfinition des habitudes personnelles, donc de la personnalité. L'effort de présentation de soi des débuts n'est pas qu'un jeu dans les apparences : il agit profondément sur l'individu.

Les jeunes s'opposent à leurs parents en s'inscrivant dans la contre-culture décontractée, cette rupture leur donnant une marge d'initiative pour construire leur futur couple à leur idée. Mais l'effort de présentation de soi lié aux premiers échanges conjugaux peut briser net ce mouvement, ce que plusieurs cas ont permis d'observer. En règle générale, l'effet est cependant seulement de limiter son ampleur. Avec une différence considérable selon qu'il y a eu ou non expérience de vie solitaire et d'organisation ménagère séparée des parents. Si la rupture ne s'est développée qu'en idée et en gestes inscrits dans l'interaction domestique parentale, la mise en couple peut avoir pour effet de refermer brusquement ce qui n'aura été qu'une brève parenthèse. Si au contraire l'autonomie décontractée s'est suffisamment développée pour que se structurent des habitudes de « minimum ménager », un capital de manières aura été constitué, permettant plus facilement de résister au mouvement vers le rangé et à l'intégration ménagère, donc à la conjugalisation rapide. La capacité d'invention des acteurs est cependant plus grande que ne pourraient le laisser penser ces vagues lois : souvenons-nous du revirement spectaculaire de l'homme aux os de poulet. L'installation du couple est en effet porteuse d'incontrôlables fièvres ménagères.

## *La fièvre ménagère de l'installation*

La mise en couple est aujourd'hui de plus en plus progressive. Cependant, un moment fort continue à marquer, plus ou moins, celui de l'installation. Ce n'est généralement pas exactement celui des débuts de cohabitation, qui précède sauvagement l'installation, sans l'idée du chez-soi : l'installation se construit justement autour de cette idée. Plus ce moment est marqué, plus il est susceptible de produire le développement de réflexes ménagers. Au-delà de l'effort de présentation de soi, de vieilles habitudes que l'on ne pensait pas siennes resurgissent alors et poussent à agir. Même Nadia Labarthe, qui se protège dans sa bulle alors que Bruno assume l'essentiel des tâches du foyer, a ressenti pendant deux semaines un dédoublement de personnalité : elle s'est vue, spectatrice étonnée d'elle-même, emportée par des réflexes de petite fée du logis. Puis tout est brusquement retombé (« Je me suis lassée »), elle a réduit la dissonance et est revenue à ses habitudes alors que Bruno, aiguillonné par cet exemple, allait produire son revirement. L'histoire de fièvre de Sabine Brastignac est plus intéressante encore. Car, au-delà des gestes qui l'emportèrent, elle parvint à penser le processus en le vivant, non sans de multiples contradictions que nous allons tenter de démêler. Première version : elle a eu un inexplicable réflexe de jeune mariée. Ils ne sont pas mariés et elle ne veut pas employer ce terme, le contournant avec maladresse tel un tabou : « C'était une réaction de jeune... de jeune... heu... de jeune en couple. » Réaction renforcée par le contexte de l'interaction familiale : les parents de son copain ont des manières et des exigences nettement plus élevées que celles de ses propres parents. Sous le regard supposé critique de la belle-famille, elle s'est alors dit : « Lui il a été habitué à ça, il faut que je reproduise ce à quoi il a été habitué. C'est surtout vis-à-vis de lui que j'avais un peu peur de ne pas assurer. » Elle précise que cela avait été une réaction dans l'instant, absolument non préméditée, que si nous l'avions interrogée la veille de l'installation, elle aurait été absolument incapable d'imaginer cette fièvre ménagère. Deuxième version : son comportement d'alors vient de loin et a été mûrement pensé, s'expliquant par des particularités de son enfance. Sa mère était « la dernière à voir la poussière ». Il en résultait des conflits fréquents et violents entre son père et sa mère. Elle en fut profondément choquée, et se replia dans sa chambre, où elle organisa un rangement parfait. Partant de cette base d'appui, elle décida d'aider sa mère, dans un mouvement plein d'ambiguïté : l'art ménager qu'elle exprimait alors se voulait confusément une critique de cette dernière, mêlée au désir de rendre service. « J'avais la folie que tout soit bien rangé. » Et lorsqu'elle rencontra Romain, elle avait « un modèle dans la tête ». Un modèle « vu partout, à la télé et tout ça », mais surtout forgé dans sa jeunesse de révolte contre sa mère. « Je me suis dit : c'est comme ça qu'il faut faire quand on est dans une maison. J'ai eu une réaction comme ça au début, un peu bobonne même. » Quelle que soit la version la plus proche de la vérité, le plus intéressant est que la fièvre ménagère provoqua un dédoublement dans les pensées de Sabine (comme dans celles de Nadia), qui la faisait se regarder elle-même. D'un œil plutôt critique : malgré l'épisode de ses rapports tendus avec sa mère, elle trouvait que ça ne lui « ressemblait pas trop ». Tout en agissant, elle entendait « une petite voix » lui dire : « Mais je deviens une bobonne ! »

Les deux exemples donnés sont ceux de jeunes couples freinant l'intégration ménagère. Les ménages formés plus traditionnellement ne peuvent pas isoler la fièvre ménagère comme un événement particulier. Car elle n'a pas constitué pour eux un moment différent mais a au contraire posé les bases de ce qui allait se développer par la suite. Sabine, par exemple, a sans doute rapidement calmé sa ferveur domestique parce que le hasard des rencontres l'avait associée à Romain, qui était arrivé dans le couple démuni d'expérience ménagère et totalement insouciant, les idées hors du domestique. La fièvre ménagère des débuts, anecdote en apparence superficielle liée aux effets de présentation de soi et à la perdurance de vieilles habitudes, s'inscrit dans une interaction qui peut brusquement lui donner une importance considérable. Si le partenaire réagit comme Romain, elle se limitera à devenir un amusant souvenir. Mais s'il entre dans cette parade ménagère originelle, s'il joue le jeu en occupant et en appréciant la place offerte, les dés peuvent en un tour de main être définitivement jetés concernant la définition des rôles domestiques, piégeant la femme qui aurait pu rêver d'un autre avenir. Que l'homme soit conscient ou non de ce qui s'est passé dans cette courte période.

## *Quand commence le couple?*

Quand un couple commence-t-il? Il y a quelques générations le mariage définissait avec précision les débuts. Mais aujourd'hui les indicateurs deviennent flous. Pour s'y retrouver un peu, les statisticiens, qui travaillent souvent à partir du logement, avaient isolé la cohabitation comme critère central: le fait de vivre ensemble apparaît en effet comme une indication majeure de la vie commune, c'est une constatation de simple bon sens. Mais à y regarder de près, il s'avère que le critère choisi n'est pas aussi évident qu'il peut sembler (Léridon, Villeneuve-Gokalp, 1988). D'importantes réflexions ont donc été menées pour définir les formes de conjugalité sans cohabitation (Léridon, 1991; Zücker, 1991). Il se révèle toutefois que le problème est encore plus complexe. Certes la construction du couple peut commencer avant la cohabitation et il est des formes conjugales qui n'impliquent pas cette dernière, mais la cohabitation elle-même n'indique qu'un seul aspect de la formation du couple: de la même manière qu'il est possible de considérer qu'existent des couples non cohabitants, il est possible de considérer qu'existent des non-couplés cohabitant. Tout dépend de la réponse à la question : quand commence le couple ? La cohabitation abrite parfois des formes conjugales limitées aux liens inter-personnels, aux échanges amoureux, ce qui n'est pas négligeable. Mais ne constitue qu'un aspect des échanges conjugaux, et même un aspect restreint si l'on se place dans la perspective des développements ultérieurs de la vie du ménage. L'espace, comme nous l'avons vu, n'a alors en lui-même qu'une signification faible : il est souvent réduit à n'être que le lieu où se déroulent les échanges, il n'est pas encore un chez-soi conjugal. Pascal Rocher-Martin venait de plus en plus souvent chez Ninette. Elle lui a donc conseillé d'arrêter le location de sa chambre. Ils vivent désormais dans un même lieu, mais pas vraiment chez eux : chez Ninette. D'autant qu'il retourne voir ses parents la moitié de la semaine, et que c'est là que l'image du chez-soi est la plus forte. La localisation est généralement instable : on s'invite mutuellement, ou on est invité par des copains. Instabilité qui se retrouve dans le nouveau couple lui-même : il s'agit d'expériences qui tendent à se vivre dans l'instant, sans idée du futur. Puis le couple prend davantage l'idée qu'il forme couple, mais cette première représentation conjugale est déjà postérieure aux débuts de la cohabitation. Et l'on est encore loin de l'étape suivante, l'idée de l'installation et du chez-soi. Entre les deux commence très tôt à se structurer un processus central, qui nous semble insuffisamment pris en compte : l'intégration ménagère.

L'intégration ménagère consiste à mettre en commun les tâches du ménage, à ce que l'individu s'insère dans une organisation collective. Les cohabitants tiennent parfois fermement à rester indépendants. Doivent-ils être considérés alors comme constituant un couple : la question n'est pas simple. La poser a au moins le mérite de mettre en évidence qu'il existe des degrés dans la conjugalité (indépendamment des formes prises par le conjugal). Les débuts de la cohabitation représentent certes un indicateur, mais ce n'est pas le seul, et peut-être pas le plus important. Des rudiments d'intégration ménagère se développent très tôt, par des gestes simples : aller acheter le pain, beurrer la tartine du partenaire, passer le balai, etc., qui sont ou des gestes en direction de l'autre, pour lui faire plaisir, ou des inscriptions volontaires dans le collectif naissant. Certains parviennent à s'arrêter là, trouvant les moyens de s'organiser en dehors du conjugal pour les plus lourdes tâches. Dont l'entretien du linge, qui marque avec une particulière clarté, suivant la méthode adoptée, la position occupée dans le processus d'intégration conjugale. Ceci semble valable tant pour les nouveaux couples que pour les familles recomposées : dis-moi où tu laves ton linge, je te dirai si tu formes un couple.

Très souvent, chacun le lave chez soi. Mais justement le « chez-soi » ne se situe pas toujours (ou seulement en partie) où l'on habite avec le partenaire. Un schéma classique consiste à ramener le linge sale chez ses parents le week-end. Le logement personnel est généralement alors moins chargé de sens que celui des parents, y compris lorqu'on a commencé à vivre en couple : la relation est au début indépendante du résidentiel et du domestique. Isabelle et Antoine Jaillou ont ramené leur linge pendant la première année de leur vie commune, chacun de son côté. Puis est montée l'envie du vrai chez-soi et de l'installation : ils se sont mariés, ont pris un vrai logement et acheté un lave-linge, le tout en même temps.

## *Le lave-linge et le couple*

L'acquisition du lave-linge est le grand marqueur d'un degré franchi dans l'intégration ménagère. Elle indique l'acceptation d'une organisation collective dans le cadre d'un chez-soi désormais ancré. Elle présuppose donc également l'idée de ce chez-soi. Bruno et Nadia Labarthe refusent de s'équiper, ayant en tête la symbolique d'un couple libre non écrasé par le poids du ménager. Arrivant dans son troisième logement, ce déjà vieux jeune couple conserve une conception légère de l'équipement. Parlant du déménagement, c'est en riant qu'ils imaginent la scène encore impossible : « Vous nous voyez trimbaler la machine ! » Les cas où, comme autrefois, les familles fournissent l'équipement du ménage en dot lors de l'installation deviennent rares : comme la conjugalisation, l'équipement est maintenant progressif. Et s'effectue dans un ordre assez régulier. Excepté une table, un lit et quelques chaises, les meubles ne viennent qu'ensuite, précédés des trois machines essentielles : la cuisinière, le réfrigérateur et le lave-linge (Strohl, 1986). Les deux premières ne constituent pas des indicateurs importants. Elles peuvent n'être nécessaires qu'à quelques repas rapides et légers (petits déjeuners par exemple) et l'aspect festif des repas gomme la représentation de l'intégration ménagère, y compris lorsqu'elle existe. Le lave-linge, au contraire, est fortement symbolique, lié à une tâche ménagère archétypale et implique une organisation qui ne peut s'improviser. La discussion à propos de l'achat du lave-linge est donc toujours une discussion sur le couple. Les Sourisseau ont pris leur décision d'achat comme s'ils étaient passés devant Monsieur le Maire : c'était l'acte fondateur et la preuve matérielle de l'existence du nouveau couple.

Il n'est donc pas surprenant que ceux qui résistent à une conjugalisation trop rapide résistent en même temps à l'acquisition de la machine. Certes, de simples raisons financières sont souvent à l'origine du non-achat. Mais l'idée est rarement présente dans les couples qui ne sont pas encore installés. Et chez ceux qui commencent à l'être tout en refusant l'intensification de l'intégration ménagère, le lave-linge représente la parfaite concrétisation de ce vers quoi il ne faut pas aller trop vite. La résistance est donc logiquement dépeinte en termes très idéologiques. Écoutons Ninette Rocher-Martin : « D'abord moi je suis jeune. Et puis, la machine à laver, c'est le symbole du couple installé. Avant qu'on achète une machine à laver tous les deux, il risque de s'écouler du temps. » Elle préfère le système du « chacun son linge » et le transport hebdomadaire chez les parents respectifs. Pascal, son ami, ne partage pas cette passion anti-machine. Il est contre le lave-linge, mais « comme ça », sans vouloir faire de grandes phrases. Simplement il se sent bien dans sa situation actuelle, et ne veut pas en changer. Voyons de plus près sa position, et nous en apprendrons beaucoup sur le rapport entre couple et lave-linge. Il vit actuellement « entre deux femmes », entre la rigoureuse volonté égalitariste de sa compagne et le statut de « chouchouté-coq-en-pâte » que lui offre sa mère, la semaine étant coupée en deux. Il est très attaché à Ninette. Mais il n'est pas du tout pressé d'affronter le problème du partage des tâches étant donné ses idées sur la question (il n'est pas aussi égalitariste qu'elle). Il cherche à maintenir l'équilibre actuel de « quasi-couple » et repousser ainsi à plus tard le traitement des problèmes. L'achat du lave-linge les mettrait au contraire immédiatement à l'ordre du jour, il ne le souhaite donc pas pour l'instant. Regrettant aussitôt sa phrase, et trahissant ainsi ses angoisses pour l'avenir, il laisse échapper : « Sauf si ma mère avait un accident. »

L'achat ou le non-achat ne sont pas toujours aussi parfaitement maîtrisés et mis précisément en relation avec la situation conjugale. Bernard et Géraldine Le Fecht en sont toujours à l'équipement mobilier minimal (table, chaises, lit), dénuement en partie volontaire, en cohérence avec leur idée qu'ils ne forment pas encore vraiment couple : ils ne souhaitent pas que les objets enracinent leur union. Pourtant, ils ont décidé, d'un coup, l'achat d'un lave-linge. Parce que le lavage chez les parents posait problème, parce qu'il n'y avait pas de lavomatique à proximité, par commodité. La machine a rempli leur vie conjugale, à l'origine de mille questions à résoudre. Dans une autre situation de couple, elle aurait été un objet tout simple, technique, facilitant la vie. Elle est ici un objet social et problématique, introduisant du collectif dans une organisation qui ne l'est pas encore. Ils ont essayé la méthode des machines séparées, qu'ils ont dû abandonner, la masse de linge n'étant pas assez importante. Ils tentent donc de mettre au point un système très complexe de regroupement du linge pour le lavage mais de maintien d'une action séparée pour les tâches manuelles (tri, étendage, repassage). Dans cette volonté extrême de refus de l'intégration, ils ont même conservé le stockage du linge sale dans deux tas distincts. Ce qui ne correspond à aucune rationalité puisqu'il est ensuite regroupé dans la machine. Cet exemple fait mieux comprendre, par la négative, les raisons de la résistance à l'équipement. Les jeunes couples cherchent à maintenir autant que possible la légèreté de l'organisation autorisant une plus grande liberté. Cette position va bien au-delà de la faiblesse des ressources financières pour expliquer le refus d'achat. Les jeunes ont une capacité d'achat non négligeable, mais structurée différemment du reste de la population. Sur certains postes de dépenses, notamment liés aux loisirs (par exemple chaîne hi-fi, lecteur de disques compacts), ils ont même un taux d'équipement supérieur (INSEE,

1989; Arnal, Dumontier, Jouet, 1991), ce qui entre en cohérence parfaite avec leur socialité particulière. Comme pour les cohabitants, c'est surtout sur les biens ménagers que s'opère la différence, notamment le lave-linge et l'aspirateur (Sarma, 1985). La façon de considérer la machine à laver est donc étroitement liée à la situation conjugale. À tel point qu'il ne serait sans doute pas exagéré de considérer son acquisition comme un indicateur essentiel sur l'intégration ménagère et les relations de couple. Les jeunes ménages repoussent dans le temps l'acquisition et doivent donc improviser une organisation en conséquence. Le petit lavage à la main n'a guère les faveurs, surtout chez les garçons. Le lavomatique, lorsqu'il est situé à proximité, représente le service idéal. Le temps passé à attendre est rarement vu comme une corvée : le « lavo » est une occasion de sortie (plusieurs ont signalé qu'ils en profitaient pour aller boire un verre). Le sèche-linge permet de ramener le baluchon de vêtements presque prêts à mettre ; le lavomatique réduit les tâches du linge au minimum. Sa proximité ou son éloignement représente donc logiquement un élément essentiel de la qualité du logement, motivant les stratégies résidentielles. Il représente également un élément interagissant fortement avec les formes du conjugal. Le lavomatique n'est cependant pas la seule alternative à la conjugalisation intensive, ni même la principale. Le plus important se joue en effet dans le maintien des liens avec la mère.

## *Le maintien des liens avec la mère*

Le prolongement des liens de service avec la mère caractérise désormais fréquemment les parcours masculins. Concernant le linge, le passage ne s'effectuant plus de femme à femme (de la mère à l'épouse) au jour du mariage, la mère assure la plus ou moins longue transition dans la phase de conjugalité floue : elle permet à l'homme de s'engager à son rythme. La relation de mère à fille est, nous l'avons vu, plus complexe, mêlant révolte et maintien du lien. Avec l'installation conjugale, la relation mère-fille tend à se dépassionner et à se reconstituer avec une plus grande cohérence, la critique s'atténuant et la demande de services prenant de nouveaux contours. L'entretien complet du linge, problème central avant la mise en couple (le sac ramené le week-end), laisse place aux seuls repassage et raccommodage et à de menus services chargés de sens affectif comme les petits plats. Puis, nouveau stade dans l'édification de la famille, vient la question de la garde des enfants (Daune-Richard, 1984) : 30 % des femmes ne gardant pas elles-mêmes leurs enfants les confient aux grands-parents, c'est-à-dire principalement à la grand-mère (Hatchuel, 1989). Les effets de la révolte des filles contre leur mère ne doivent pas être interprétés de façon étroite, la critique du rôle domestique étant relativement indépendante de la structuration du lien : la demande de services de fille à mère tend même à se développer. Pour les garçons, les services maternels sont surtout le moyen de freiner l'intégration ménagère et de mieux contrôler l'entrée en couple. Pour les filles, cette raison s'ajoute au problème de la gestion de la double journée, qui s'intensifie avec la conjugalisation. En réduisant le temps consacré aux activités domestiques, le travail des femmes a en effet pour conséquence de multiplier les rapports d'échange entre mère et fille (Dechaux, 1990). Le constat d'une intensification des rapports mère-fille est confirmé par les exemples contraires de couples plus âgés qui construisirent seuls leur autonomie ménagère. Comme Thérèse Pérez, mariée à dix-huit ans dans des conditions matérielles difficiles : « On était en appartement. Je lavais à la main, dans des bassines, je faisais bouillir sur une cuisinière. » Pourtant elle n'a jamais ramené une seule pièce de linge à sa mère.

Il existe aujourd'hui un mouvement de pensée tendant à valoriser la parenté en soulignant les nombreuses survivances de liens parentaux. Le poids du passé ne semble cependant pas constituer l'angle d'analyse le plus pertinent. Car il faut comprendre dans quels contextes nouveaux se recomposent les liens intergénérationnels. L'évolution des rapports avec les parents est très contrastée, allant de l'affaiblissement apparent, ou plus exactement d'une reformulation mettant davantage l'accent sur le symbolique que sur le vécu concret (Kaufmann, 1988 a), à des renforcements sectoriels dans des conditions précises. Ces conditions sont souvent liées aux formes conjugales. La parenté apparaissant comme un système de solidarité dans les moments difficiles. Thierry Blöss, Alain Frickey et Francis Godard (1990) ont ainsi montré que la recohabitation des jeunes femmes avec leurs parents avait pour cause principale une crise conjugale. Mais aussi, en positif, comme un instrument donnant de la marge d'initiative dans la construction du couple, permettant des expériences de modernité avancée, centrées sur la capacité d'invention de son avenir ; il n'est donc pas étonnant que la recohabitation signalée par Blöss, Frickey et Godard soit surtout le fait de femmes appartenant aux couches moyennes et supérieures. La précarité conjugale apparaît de cette façon comme une forme pleine, s'intégrant dans un ensemble plus vaste incluant la parenté et liée à des stratégies individuelles, notamment professionnelles. Ceci ne doit cependant pas faire oublier que la construction du couple est essentiellement celle de son autonomie, qui peut nécessiter de s'opposer aux parents. La relation couple-parents est donc toujours à replacer dans un contexte précis. Cette vue d'ensemble permet de comprendre les raisons de ce paradoxe apparent : le départ du domicile parental est corrélé avec une remise en cause des rôles domestiques anciens et la réussite professionnelle de la femme (Waite, Kobrin-Goldscheider, Witsberger, 1986) et la recohabitation parentale avec la même inventivité conjugale et la même réussite professionnelle féminine (Blöss, Frickey, Godard, 1990).

Il reste que ce schéma ne saurait rendre compte de l'infinie variété des situations. De l'offre maternelle plus forte que la demande (la maman de Romain Brastignac voulant continuer à lui choisir ses vêtements), de la belle-mère venue voir sa fille toujours absente à cette heure et ne pouvant « s'empêcher de repasser le linge » sous l'œil mi-indifférent mi-critique du gendre (Didier Shimmer), du couple installé qui fait épisodiquement appel à un petit coup de main « quand ça déborde trop » (Brigitte Rizzolino). Chaque histoire est spécifique, complexe, et tous les liens parentaux ne s'expliquent pas par la conjugalité contrôlée. Mais, surtout dans les jeunes couples ou les couples n'ayant pas réalisé leur intégration ménagère, c'est souvent un élément central.

## *Freiner l'intégration ménagère*

L'union libre répond à des motivations qui commencent à être bien explicitées. Son évolution s'inscrit dans une profonde évolution culturelle privatisant le mariage (Roussel, 1989) et elle correspond à une stratégie féminine permettant de protéger le droit au travail et à l'indépendance (de Singly, 1987). Les cohabitants ont d'autres valeurs que les couples mariés : il ne s'agit pas de mariages à l'essai. Pourtant, cette conjugalité différente finit par déboucher généralement sur une institutionnalisation, même si cette dernière ne prend pas toujours la forme officielle du mariage. Peu à peu, insidieusement, les cohabitants perdent leur spécificité avec le temps de la vie commune, s'installant progressivement, accumulant les habitudes et perfectionnant les règles d'interaction, intensifiant l'intégration ménagère. La différence avec les couples mariés n'est qu'une différence de degré, et de formes prises par le processus, davantage évolutif : la cohabitation donne simplement une marge de liberté pour freiner l'évolution.

Les jeunes couples sont conscients que la structuration rapide d'habitudes et de rôles les enfermerait. Ils sont intuitivement poussés à résister à l'intégration, en se maintenant autant que possible dans la contre-culture de la jeunesse, qui les protège contre la densification ménagère. S'ils ne sont pas conscients de vivre l'institution à l'essai, ils le sont par contre (plus ou moins clairement) de vivre autre chose à l'essai : le partenaire lui-même. Notamment sur les aspects sentimentaux et sexuels (Bozon, 1991). S'ils résistent à l'intégration ménagère, c'est pour se maintenir dans la socialité et la culture de la jeunesse, marquée par la liberté des rencontres et du choix, la force de l'idée du sentiment amoureux. Même si le couple vit déjà comme un vieux couple installé. C'est une question de temps : il faut attendre que l'image de l'installation domestique devienne familière. Accessoirement, la marge d'action permet de mettre à l'épreuve les deux conceptions des tâches ménagères, l'harmonisation des manières et des niveaux d'exigence, les positions sur la répartition. L'occasion souvent de découvrir la difficulté des problèmes à résoudre. Incitant à différer encore plus l'intégration.

## *Les quasi-couples*

La résistance à l'intégration ménagère peut provoquer un statu quo conjugal. Les couples parviennent ainsi à rester en situation de cohabitants sans intégration, l'organisation légère et séparée des tâches ménagères permettant de ne pas engager l'avenir, l'inexistence de trop lourdes habitudes collectives laissant le choix du conjoint à l'état nu, fondé sur le seul sentiment. Le maintien de la situation de quasi-couple a aussi une autre raison : la difficulté des questions ménagères à résoudre. Pascal Rocher-Martin n'avait pas en tête ces considérations lorsqu'il rencontra Ninette. Seulement de vagues idées, venues de ce qu'il avait vécu dans son enfance : il attendait qu'elle organise un peu la base ménagère de leur nouveau couple. « Au tout début, je m'énervais rapidement. Et elle, elle s'énervait aussi car elle ne comprenait pas que je la fasse chier comme ça. Maintenant ça va mieux, ça se passe plutôt bien. » Cela se passe mieux parce qu'il a rapidement abandonné toute exigence, parce que le couple a structuré ses habitudes dans le ménager minimum et le report de la collectivisation. D'autant que des bribes de discussions et de conflits leur ont permis de comprendre qu'ils étaient en complet désaccord sur une évolution possible. Si Ninette est apparemment à l'aise dans le décontracté (des doutes la traversent quand même), Pascal n'a pas de vraie position, ballotté entre la pénibilité des gestes et l'envie de reproduire ce qu'il a vécu : autant divisés entre eux qu'en eux-mêmes. Surtout l'idée d'une éventuelle organisation ménagère plus importante est impossible à appliquer étant donné leurs positions respectives sur la répartition des tâches. Ils sont donc conduits à résister à l'intégration et à développer une représentation et un discours en cohérence avec cette résistance : leurs idées sur le décontracté, venues de la contre-culture de la jeunesse, sont désormais renforcées par leur situation conjugale. Ils vivent ensemble depuis plus d'un an, mais, concernant le linge, rien n'est toujours mis en commun ni lavé sur place, chacun le ramenant à sa mère. L'infrastructure matérielle du travail ménager reste bien entendu inexistante. L'enquêteur leur demande ce qui se passerait s'ils avaient un lave-linge, un fer, une table à repasser. La question les embarrasse, les plongeant dans un impensable scénario d'avenir. Ninette improvise la description d'une scène : « À partir du moment où j'aurais repassé mes fringues à moi, j'en aurais raz-le-bol et je lui dirais : c'est à toi de repasser. » Mais cette seule évocation suggère l'immensité des problèmes à résoudre ; ils préfèrent noyer leurs réponses dans les plaisanteries et les rires.

Bernard et Géraldine Le Fecht sont également dans une situation de quasi-couple. Mais le contexte est différent : le report de l'intégration joue moins sur le niveau d'exigence de propreté et de rangement. L'acquisition du problématique lave-linge (ils ont aussi un fer à repasser) n'a pas été un acte inconsidéré : ils souhaitent entretenir correctement leurs vêtements, sans dépendre des parents. Face à l'impossible intégration, ils sont donc condamnés à imaginer une organisation duale, ce qui n'est pas simple. Nous avons déjà vu la complexité de leur rapport au lave-linge (les machines séparées puis la mise en commun uniquement pour le lavage). Le système est encore loin d'être stabilisé. Chacun fait sa machine lorsque le besoin s'en fait sentir, en demandant simplement à l'autre s'il a du linge pour la compléter. Or Bernard a tendance à « oublier » de demander, peu convaincu par ce début de collectivisation. Autre problème, chacun repasse son linge : le linge de maison n'est donc pas repassé. Ce qui ne plaît guère à Bernard. Pourtant aucune solution n'est envisageable. D'abord parce que Géraldine n'a pas la même exigence. Ensuite parce qu'un système de répartition, même égalitaire, est difficile sinon impossible dans leur situation. Car, qu'il soit égalitaire ou non, un système de répartition présuppose un début d'intégration ménagère. Le quasi-conjugal se définit justement par le refus de cette intégration. Il est une méthode, originale et complexe, permettant de vivre ensemble en restant séparés. Pour Géraldine, c'est la méthode parfaite, car « on ne peut pas se plaindre l'un de l'autre : on ne doit s'en prendre qu'à soi-même ». Cette affirmation doit cependant être replacée dans son contexte : il s'agit avant tout d'une justification a posteriori d'un état de fait. Car s'ils n'entrent pas plus avant dans la conjugalisation, ce n'est pas par choix délibéré, mais parce qu'ils ne peuvent pas le faire. L'essentiel des difficultés à résoudre vient de Bernard. Il a trente-deux ans et vivait seul depuis une dizaine d'années. Lorsqu'il était étudiant, il avait vite appris à bien s'organiser, n'étant pas du tout sensible au style décontracté. Il a accumulé depuis un vrai capital de manières (de maniaqueries diraient certains), devenant notamment un expert pointilleux en repassage des pantalons et des chemises. Le nouveau couple était donc affronté au problème de la gestion de ce capital particulier. Bernard ne pouvait accepter que ses chemises soient (mal) repassées par Géraldine. La seule solution possible était donc le « chacun son linge ». La suite devenait évidente : il fallait élargir le système au reste des travaux ménagers, élaborer une double structuration individualisée. Au premier entretien, Géraldine nous déclarait : « C'est chacun pour soi et ça continuera comme ça. » Au second, elle confirma : « Si ça avait continué, ça aurait toujours continué comme ça. » Car au deuxième entretien, le couple était séparé.

Dans ses expériences conjugales, Bernard porte comme un boulet son capital de manières de faire : il sait trop bien repasser. Il est représentatif d'un groupe d'hommes ayant vécu une longue période de célibat et ayant pris des habitudes qui ne sont pas toujours un atout. Le jeune couple qui se forme dans le contexte du ménager minimum est très libre de ses mouvements. Ceux qui acceptent la prédéfinition sociale des rôles attribuant à la femme le plus gros des travaux domestiques n'ont pas non plus d'importants problèmes d'organisation à résoudre (les problèmes sont d'un autre ordre, pour la femme). Les futurs conjoints qui arrivent dans le ménage avec des capitaux de manières importants mais décalés par rapport aux schémas classiques doivent affronter quant à eux de difficiles questions d'ajustement. La solution peut alors consister à se maintenir en situation de quasi-couple.

Les problèmes posés par les manières accumulées dans la vie solitaire ne sont pas sans lien avec « l'étirement de l'adolescence » (Battagliola, Jaspard, 1987, p. 20). Le conjoint est choisi plus tard (avec des hésitations) et l'intégration est plus lente. Ces deux éléments expliquant que le mode de vie adolescent dépasse désormais largement l'âge de l'adolescence (Alléon, Morvan, Lebovici, 1983). Dans son livre sur les « quarante ans », Danièle Laufer a choisi comme sous-titre *La fin d'une adolescence?* (Plon, 1990). L'enquête sur laquelle ce livre est fondé, réalisée essentiellement auprès de quadragénaires parisiens « branchés », montre en effet des personnes commençant à se poser pour la première fois des questions sur leur stabilisation et leur intégration domestique. Ce qui permet de mieux cerner la situation des quasi-couples : non marginale et ayant tendance à se développer, débordant la classe d'âge de la jeunesse, mais en même temps caractérisée par une position d'attente. Le quasi-couple n'est ni un pur effet de contexte à un moment du cycle de vie ni une véritable alternative conjugale ; large réalité concrète, il ne constitue cependant pas un modèle.

## *L'irrésistible intégration ménagère*

À la lumière de ce qui précède, un point d'interrogation aurait pu s'imposer à cet intertitre. Mais la résistance à l'organisation collective, bien que touchant un grand nombre de personnes et pouvant se maintenir durablement, n'en est pas moins condamnée à s'affaiblir quand le couple perdure : avec le temps, l'intégration ménagère devient d'une manière ou d'une autre irrésistible.

Par le seul fait de vivre ensemble, une infinité d'éléments les plus divers poussent chaque jour à la définition de règle d'interaction. De la façon la plus simple, la plus banale. Bernard et Géraldine ont « découvert » un jour qu'ils pouvaient regrouper leur linge pour faire tourner la machine. Ils n'y avaient tout simplement pas pensé plus tôt et ils ont bien ri de leur découverte. C'était pour eux la découverte d'une évidence, qui ne pouvait plus dès lors ne pas s'appliquer. La rationalité de l'organisation et l'efficacité sont généralement du côté du collectif. Aussi de telles découvertes d'évidences guettent quotidiennement les couples qui souhaitent résister à l'intégration, les faisant insidieusement s'inscrire peu à peu dans une nouvelle forme conjugale sans qu'ils maîtrisent cette évolution. Prenons l'exemple de la modalité de la prise de décision pour le lavage. Dans les jeunes couples, elle est généralement la simple conséquence automatique de l'épuisement du stock de linge propre : « Quand on remarque qu'on n'a plus de change, on dit : tiens on va faire un lavo » (Nadia Labarthe). Avec le temps, et l'expérience, la décision prise à partir du linge sale (« quand la machine est pleine ») et non plus du linge propre (« quand on n'a plus rien à se mettre ») tend à s'imposer progressivement. Or, elle implique de penser davantage le rythme, de gérer « l'avance » du linge propre, et de ne plus prendre la décision par rapport à ses propres vêtements mais par rapport à l'organisation collective.

Parallèlement à l'organisation ménagère sticto sensu, les deux partenaires ne cessent de relever leurs exigences de propreté et de rangement, et cela d'autant plus que la culture décontractée a été forte. Cette seconde évolution densifie le ménager et a donc inévitablement des effets sur l'intégration. Romain Brastignac avait depuis deux ans une chemise qu'il ne parvenait pas à mettre parce que le col le gênait. Il accusait la chemise, regrettant de l'avoir achetée. Devant malgré tout la mettre pour une occasion importante, Sabine la repassa et s'aperçut alors que « c'était simplement une histoire de repassage ». C'est devenu depuis sa chemise préférée. Mais Sabine doit désormais la repasser à chaque fois. Et Romain prend goût à ce repassage. Une certaine idée du confort et de la présentation de soi les pousse peu à peu à rectifier leurs habitudes. Ils acceptent encore les tee-shirts d'hiver non repassés (ils sont dissimulés sous des pulls), mais plus ceux d'été. Les exigences nouvelles se traduisent en augmentation du travail et en nécessité de mettre au point une organisation collective. C'est Sabine qui en fait les frais, ne protestant pas, acceptant et proposant d'elle-même, n'hésitant pas à perfectionner le système. Ainsi pour la première fois, elle vient de repasser du linge d'avance, non sans fierté : elle a un stock de trois chemises ! Souvenons-nous : Sabine est cette jeune femme qui avait été emportée par une violente fièvre ménagère lors de l'installation. Et qui avait su résister, involontairement aidée par Romain qui avait la tête tout à fait hors du domestique. Mais Romain change peu à peu. Et Sabine ne sait plus résister.

Qui se ressemble s'assemble. Mais aussi semblables puissent-ils être parfois, les deux partenaires qui forment un couple sont toujours très différents à propos de mille détails de la vie quotidienne. Les entretiens ont ainsi révélé que dans les couples où l'un avait un niveau d'exigence largement supérieur, l'autre n'était jamais sans avoir en retour des manières et des conceptions plus élevées à propos de questions précises. Parler d'« exigences » en termes généraux peut d'ailleurs être trompeur. Nous avons ainsi de très nombreuses fois constaté que l'un était plus exigeant sur les questions touchant à la propreté et l'autre au rangement. Cette seule remarque suffit à faire comprendre que lorsque l'on entre plus finement dans les précisions, les différences se développent en tous sens, marquées par des points forts, autour de « maniaqueries » de l'un ou de l'autre. Or, le couple, même s'il le fait d'une manière relative et limitée, tend à harmoniser les comportements, et l'alignement se fait presque toujours vers le haut. La vie conjugale est par conséquent, surtout dans les premiers temps, une véritable machine à rehausser les exigences de propreté et de rangement. Ainsi Nadia Labarthe se protège dans sa bulle et laisse Bruno aller au lavomatique et assumer le rangement. Mais elle est, selon son expression, « obsédée » par le lavage des dents, qui n'était pas une spécialité exemplaire de Bruno. Elle a donc « fait la guerre » à ce dernier jusqu'à ce qu'il change ses pratiques.

L'évolution est très progressive, insensible, généralement vécue comme un point d'arrivée et non comme un moment d'un processus en développement. Les équilibres provisoires trouvés dans cette lente transformation, marquant des étapes, ne sont pas toujours des modèles d'efficacité et de rationalité. La nécessité de ne pas aller trop vite commande de s'arrêter là et de considérer autant que possible le système comme évident pendant la période où il est pratiqué. Conviction si bien intériorisée que l'on explique le système à l'enquêteur avec le plus grand sérieux sans penser qu'il puisse prêter à sourire. Les Brastignac, nous l'avons vu, n'évoluent que très lentement dans l'augmentation du repassage, pour ne pas mettre en péril leur accord sur ces repères en mouvement. Et, en ce qui concerne Sabine, pour construire son injonction personnelle.

Après les chemises, voyons les mouchoirs. Les repasser constituerait un saut trop brusque, inacceptable. Pourtant, leur aspect froissé devient tout autant inacceptable, pour Romain comme pour Sabine. Cette dernière a donc imaginé une méthode intermédiaire : vêtue d'un jean, elle frotte les mouchoirs sur ses cuisses jusqu'à ce qu'ils se défroissent et puissent être pliés. Il ne lui vient pas à l'idée de comparer le temps passé ainsi avec celui qu'il lui faudrait pour les repasser. Cette donnée du problème est seconde pour le moment. Car sa méthode n'a été inventée que parce qu'elle vit toujours dans la certitude inquestionnable de l'impossibilité du repassage des mouchoirs. Les systèmes complexes mis au point correspondent à des évidences construites dans l'histoire conjugale plus qu'à une stricte rationalité domestique. Ils sont souvent provisoires, surtout dans les débuts du couple, cristallisant un équilibre à un moment de l'évolution. Mais le provisoire peut durer une longue période, et même se figer en habitudes profondément stabilisées, spécialement quand le système imaginé n'est pas trop biscornu. Valérie Shimmer n'accepte le repassage (c'est-à-dire ne parvient à construire son injonction à le faire sans trop d'efforts) que pièce par pièce, au dernier moment, suivant les besoins. Elle est par contre convaincue de la nécessité d'un haut degré de rangement. Dès que la machine est faite, ils trient donc le linge (cela constitue l'une des faibles participations de Didier aux tâches ménagères), ils séparent et mettent en tas chemises et pantalons, puis plient et rangent immédiatement le reste. L'analyse de la méthode en termes de rationalité montre que le tri et la constitution du tas rajoutent du temps de travail. Mais la différence n'est pas considérable. Et elle est imposée par de fortes contraintes : Valérie est encore incapable de se défaire du repassage suivant les besoins, et ce d'autant plus que la méthode actuelle permet d'associer Didier à un travail. La complexité apparente est donc en fait en étroite correspondance avec la situation conjugale. Rien n'indique actuellement qu'elle puisse être remise en cause. Les Delafontaine ont acheté un sèche-linge, sans y avoir réfléchi, sous la pression de leur fils enthousiaste. Mais Marcel se découvre résolument contre. D'abord il est partisan d'une division nette des rôles domestiques : la femme doit donc assumer totalement son travail. Ensuite, extérieur au domaine ménager, il refuse de considérer que l'étendage puisse représenter un effort réel. Enfin, comptable de profession, il calcule et s'oppose à toutes dépenses d'électricité « inutiles ». Yvette est partagée. Elle se sent poussée à l'utiliser, notamment parce qu'elle a remarqué qu'il diminuait le repassage. Elle garde toutefois une oreille attentive aux propos de son mari, et ne souhaite pas s'engager trop avant dans un affrontement conjugal. Le problème semble difficile à résoudre. Ils ont cependant réussi à repousser les réflexions et les discussions à propos de l'appareil en établissant dans les faits un compromis et en se repliant le plus possible sur le caractère évident des gestes mis au point. Malgré l'incohérence et l'inefficacité du système. Elle ne fait tourner en effet le sèche-linge que la moitié du cycle, « pour défroisser », puis étend son linge ! Il y a perte de temps et les problèmes d'étendage restent les mêmes. L'observateur se limitant à des aspects techniques ne parviendrait pas à comprendre l'intérêt d'une telle organisation. Ce dernier est pourtant considérable du point de vue conjugal.

Le simple fait de vivre ensemble, de réagir aux événements, de résoudre mille petits problèmes du quotidien, pousse le couple à avancer toujours davantage dans l'intégration, à perfectionner son organisation et à élever le niveau de ses exigences : le ménager peu à peu se densifie. Les objets jouent un rôle important dans cette évolution. L'histoire d'un ménage peut se décrire sous l'angle d'une accumulation matérielle. D'abord récupération familiale, puis plutôt achat, un à un, appareils, meubles et bibelots remplissent l'espace, lui donnent du sens et du poids. Car aucun de ces éléments n'est anodin. Les interactions ne se développent pas uniquement entre personnes, elles se font aussi avec les choses : repères et pesanteurs structurantes. Des règles de vie, des habitudes se sédimentent donc dans le fonds conjugal avec ce monde matériel, d'autant plus intégratrices que la mémoire des objets est explicitement collective (le rappel d'un souvenir, un achat longuement pensé en commun et ayant nécessité des efforts, un appareil donnant à penser à l'organisation ménagère, etc.). Tout parle, et tout parle couple, avec des langages différents : le lit, la table des repas, les disques, l'égouttoir à vaisselle, la gondole en plastique ramenée de Venise. Le couple et la famille se construisent aussi avec les objets (Segalen, 1990).

Les jeunes qui commencent à vivre ensemble aujourd'hui n'ont guère l'idée de fonder un foyer, ils le construisent avant que l'idée ne leur vienne. Car la cohabitation produit, que cela soit souhaité ou non, de la densification ménagère. Les murs ne sont plus seulement les supports d'une décoration personnelle mais deviennent le cadre d'un lien de plus en plus chargé de sens. Geste après geste, des habitudes se prennent, dans le sens de l'ordre, de la propreté et d'une complexification de l'organisation. Le changement est à chaque fois infinitésimal. Mais lentement le ménager s'alourdit. Les habitudes et les objets précèdent le sens, ce dernier finit néanmoins par s'exprimer, de plus en plus ouvertement. Des goûts, des envies fixent des repères nouveaux et des perspectives d'évolution. Sabine Brastignac (l'inventrice de la méthode de défroissage des mouchoirs sur les cuisses) précise ses récentes exigences : « Je suis propre maintenant, je n'aime pas sortir un mouchoir froissé, c'est une histoire de look. » Les exigences nouvelles sont en effet souvent un lien avec la présentation de soi, dans le cadre large de l'interaction, au-delà du familial. Or, la socialité se transforme avec l'évolution du cycle de vie : parallèlement à l'intégration domestique, le groupe des copains perd de l'importance, ou les copains se transforment eux-mêmes (Berger, Kellner, 1988). Au deuxième entretien, six mois plus tard, Sabine repasse ses mouchoirs. Au deuxième entretien également, Ninette Rocher-Martin a « plein d'envies » dans la tête. Rien n'a changé dans son système de gestes. Mais Ninette est travaillée par des images d'intérieur qui l'étonnent un peu. Elle a ainsi « envie de refaire les tapisseries », et même « des envies de rangement ». Or, souvenons-nous que c'était surtout elle qui bloquait une évolution possible. Les idées sont donc aussi leur propre logique, susceptible de bousculer les habitudes acquises. Généralement, toujours dans le même sens.

Elles se projettent toutefois rarement et difficilement dans le futur. Les jeunes couples tendent à vivre dans le présent, comportement cohérent avec la résistance à l'intégration ménagère. L'essentiel est en effet de ne pas se représenter dans un processus évolutif ; y compris – et surtout – quand l'intégration s'intensifie, il est nécessaire de se maintenir dans l'illusion que l'on reste toujours les mêmes. Car les pas en avant vers une organisation plus collective ou des exigences de propreté plus grandes seraient bloqués si l'on s'imaginait le futur lointain auquel ils peuvent conduire : c'est parce que l'on a l'impression de faire de tout petits pas sans conséquences que l'on avance. L'avenir est représenté comme un très vague possible. Mais on refuse de le considérer avec sérieux. Bruno Labarthe admet que, sans doute, plus tard, ils auront « des fringues plus sophistiquées », et seront peut-être obligés de repasser. Pour l'instant cependant, « ce n'est pas quelque chose qui me préoccupe », et il ne voit pas l'intérêt d'y penser. Il plaisante pour détourner la conversation. Comme Nadia, qui ne souhaite même pas discuter de la modeste suggestion de Bruno. Étant donné sa position dans le jeu conjugal (résistant davantage à l'intégration que Bruno), on comprend qu'elle s'accroche avec une telle force au présent. Pourtant, après des questions insistantes, elle livre brusquement quelques fragments de rêve d'un futur très inattendu. L'avenir n'est pas absent, son évocation et son intervention sont simplement étroitement contrôlées : certains scénarios sont autorisés à doses homéopathiques, d'autres sont totalement impensés et impensables. L'enquêteur leur demande ce qui se passerait s'ils achetaient une machine à laver, qui s'occuperait du linge. Nadia imagine quelques secondes et répond naïvement, sans prendre conscience de l'énorme contradiction avec leur présent :

Nadia : – « Oh ! ben... ce serait moi je pense. »

Bruno, interloqué : – « Tu crois ? »

Nadia : – « Oui, je pense. »

Bruno : – « Peut-être, oui... je n'arrive pas à m'imaginer. »

La scène mérite qu'on s'y attarde. La forme n'est pas anodine. Les dialogues sont très brefs car chargés de sens et porteurs d'enjeux considérables. Dans le cadre « officiel » de l'entretien, Nadia a, sans s'en rendre compte, révélé l'existence cachée d'un autre scénario conjugal, radicalement différent. Bruno tente prudemment d'obtenir quelques développements : « Tu crois ? » Mais Nadia répond par un banal et énigmatique « oui, je pense », qui confirme Bruno dans son impression que la représentation n'a pas de fondements solides, que

Nadia ne saisit pas toutes les conséquences de sa réponse. Il conclut alors diplomatiquement, désireux de ne pas avancer davantage. Il a peur qu'une explication arrache trop vite Nadia de ces idées fugaces sur l'avenir et qu'elle réaffirme ses positions habituelles. Il considère avoir obtenu beaucoup dans ces quelques instants de l'entretien, presque trop. Il a le rêve secret d'une Nadia parfaite ménagère mais il n'est pas pressé. Et n'est même pas sûr de vouloir vraiment ce rêve, en complet décalage avec le présent. Les problèmes à résoudre aujourd'hui sont importants et cette image est trop différente, trop lointaine. Il se contente donc de garder en mémoire ce qu'il a entendu, s'en voulant presque d'être un si facile vainqueur, prêt à venir au secours de Nadia, victime démunie face aux questions de l'enquêteur. Il se sent de plus en plus mal à l'aise. D'autant plus que cette évocation de l'avenir révèle que la liberté de jeu n'est qu'une phase transitoire, que le rêve signifie aussi enfermement dans des rôles. Et brusquement il explose : « Mais ça me fout les boules ce truc ! C'est des soucis de vieux couple rangé et je ne tiens pas à en devenir un rapidement. »

Au deuxième entretien, Géraldine Le Fecht, désormais séparée de Bernard, affirme que s'ils étaient restés ensemble leur système de linge séparé aurait « toujours continué comme ça ». L'enquêteur demande alors comment ils auraient organisé la division du linge à la naissance d'un enfant. Pendant deux ou trois secondes, Géraldine eut le souffle coupé, se délivrant par un éclat de rire. Elle n'avait jamais pensé à cette idée d'un enfant. C'était une idée déplacée, saugrenue, et pleine de réalité à la fois. La surprise et la gêne venaient aussi à l'évidence du fait qu'elle avait pris conscience, quelques instants, qu'il était surtout saugrenu de n'y avoir jamais pensé. Le rire, fort utilisé dans la jeunesse, est la meilleure arme pour effacer les questions. Géraldine a sans doute depuis oublié cette anecdote.

## *Habitudes domestiques et intégration conjugale*

Le concept sociologique d'intégration n'est pas défini avec une extrême précision. Durkheim a cependant souligné l'axe essentiel : un groupe social est intégré dans la mesure où ses membres sont en interaction, partagent les mêmes valeurs et ont des buts communs (Besnard, 1987). La question qui se pose est de savoir si le sentiment amoureux, seul, est apte à produire une intégration conjugale. Tout dépend de son intensité et s'il est relié ou non à un minimum de vie commune. À ces conditions, la réponse est positive : l'amour est une des modalités permettant de construire l'intégration conjugale. Une modalité particulière, produisant un type particulier d'intégration, mouvante et incontrôlable. L'intégration amoureuse ne repose sur aucun autre cadre que l'interaction éphémère, elle est le produit de la seule décision de l'individu. Décision non rationnelle, cette non-rationalité construisant la force du lien social. Car le sentiment n'est que l'illusion nécessaire permettant de masquer le fait que la découverte du conjoint est un choix. Le choix doit être enveloppé par l'illusion amoureuse. Plus il est évident, plus la création de l'illusion est aisée.

L'intégration ménagère se place sur une scène différente et est relativement indépendante du sentiment. Pas totalement. Avant que ne soit construit un système très élaboré d'habitudes, le partage des tâches repose en grande partie sur la capacité de chacun à se donner sans compter dans le couple, ce qui n'est en effet pas sans lien avec le dépassement de soi amoureux. Mais l'histoire de l'intégration ménagère est surtout celle de la définition progressive de règles d'interaction toujours plus nombreuses. L'intégration ménagère s'inscrit elle-même dans un ensemble plus vaste : la construction et l'accumulation des habitudes domestiques. Elles ne s'édifient pas dans un deuxième temps, après la période amoureuse, mais tout au long de la vie conjugale, dès les tout premiers instants de la première rencontre. Nous avons vu que ces derniers étaient marqués par une typification réciproque se cristallisant en règles d'interaction. Les débuts de la vie commune intensifient encore le processus, par le seul fait de l'être-ensemble et des innombrables micro-événements du quotidien. Prendre le petit déjeuner apparaît tout simple. C'est pourtant une construction sociale d'une complexité inouïe, nécessitant des choix qui laisseront des traces. Il faut mettre au point un horaire, une durée, une situation dans l'espace, un agencement des instruments, une sélection des aliments, un mode de préparation et de présentation, faire effort (ou ne pas faire effort) pour se présenter soi-même, choisir une tenue vestimentaire adéquate et une conduite à table, un éventuel environnement sonore, un type de discussion... et mille autres choses, avant d'attaquer le problème non moins complexe de la desserte de la table. La plupart de ces décisions ne se vivent pas comme telles, mais ainsi que des réponses très simples, évidences ne renvoyant pas à des questions. Or, c'est justement cette illusion de la simplicité et de l'évidence qui est la plus productrice d'habitudes. Aussi petits soient-ils à chaque fois, les gestes s'inscrivent et s'accumulent dans le fonds commun conjugal, d'autant plus enfouis profondément dans le silence de l'interaction qu'ils n'auront pas été mis en question.

Ainsi se compose la familiarité, progressivement. La familiarité avec les êtres et les objets ne vient pas « comme ça », simplement avec le temps : elle est le résultat d'une construction sociale, de l'accumulation des micro-évidences. Les règles de conduite, les modes d'emploi divers et les sens affichés peuplent chaque jour davantage l'environnement conjugal. Les choses ne sont plus étrangères, choses en elles-mêmes. Elles sont choses par rapport à soi. Par rapport au soi individu et par rapport au soi conjugal. Bernard Le Fecht, qui ne vit que depuis quinze jours avec Géraldine, est encore sous le (tendre) choc de la découverte des linges intimes mélangés sur le séchoir : grand moment dans la compréhension du fait qu'ils commençaient vraiment à former couple. S'ils avaient poursuivi leur parcours commun, la surprise aurait été vite oubliée et le linge mêlé incorporé à la chair ordinaire du conjugal.

La sédimentation d'habitudes est un processus étonnamment linéaire. Continu, régulier : un processus d'accumulation. Les mouvements du sentiment peuvent brusquement changer les règles du jeu, le processus, lui, se développe invariablement, en aveugle. Même au travers des turbulences, il est une irrésistible machinerie à fabriquer du conjugal. Micro-évidence après micro-évidence, micro-habitude après micro-habitude, objet après objet, il densifie chaque jour le domestique et emprisonne les conduites de l'être-ensemble. Les règles d'interaction deviennent si bien huilées qu'il suffit de se laisser porter. Et lorsqu'elles se développent en dissonance avec la représentation de soi, leur lourdeur rend tout mouvement plus difficile; la sédimentation des habitudes est un processus tout à fait central dans l'intégration conjugale. À tel point qu'elle rend le sentiment superflu. Il n'est plus vraiment indispensable pour tenir le couple, puisque ce dernier tient par les seules habitudes. C'est d'ailleurs pourquoi il tend alors à changer de forme, à évoluer vers la tendresse, qui se combine parfaitement avec la familiarité émanant des habitudes. L'émotion des débuts, dont la fonction était de dissimuler que la découverte du conjoint était un choix, est de moins en moins de mise, puisque ce choix, écrasé sous le poids des règles et évidences accumulées, peut plus difficilement être remis en cause. Le cas des couples qui se forment sans véritable histoire d'amour devient ainsi plus clair. Le processus de sédimentation des habitudes domestiques peut en effet économiser les coûts non négligeables de l'intégration au sentiment : il suffit dès le début de se laisser porter sans se poser trop de questions. La sédimentation des habitudes n'est pas plus forte que le sentiment, et il est sans intérêt de comparer les deux modalités d'intégration conjugale. Elles sont en effet très différentes et se jouent sur deux scènes séparées. L'une est régulière, l'autre caractérisée par son instabilité, l'une est objectivable (jusqu'à s'inscrire dans des objets), l'autre totalement subjective et imprévisible. Aussi lourd que soit le processus d'accumulation, il peut brusquement ne peser plus rien face au sentiment et à sa liberté déconstructrice et créatrice.

## *Comprendre le nouveau en regardant l'ancien*

Les jeunes entrent dans le couple sans idées prédéfinies sur les rôles à tenir, improvisant et construisant le conjugal peu à peu, sans trop se représenter le processus. Ce phénomène est d'une importance considérable et historiquement nouveau. D'une importance considérable, car il bouleverse le cadre des échanges entre hommes et femmes : tout peut être négocié et remis en cause, tout semble pouvoir être à inventer. Historiquement nouveau, car il ne s'était manifesté jusqu'ici que de façon marginale. Certes, tous les jeunes couples ne débutent pas (pas encore ?) leur vie conjugale comme les Le Fecht, les Labarthe ou les Rocher-Martin. Les milieux populaires, notamment, restent beaucoup plus marqués par une prédéfinition sociale des rôles domestiques. Comme en ce qui concerne la distance prise par la jeunesse par rapport aux valeurs du rangé, leur marge est étroite. Parce que l'inscription dans des cadres sociaux préexistants constitue pour eux le moyen privilégié de se protéger dans la société moderne (Kaufmann, 1988a). Cependant, bien qu'inégalement developpé, ce phénomène est aujourd'hui suffisamment massif, innovant et porteur de développements futurs, pour le considérer globalement, à la fois dans son importance et dans sa nouveauté.

C'est la comparaison avec le passé qui permet de mesurer le contraste de la nouveauté. Il aurait été possible d'utiliser des travaux d'historiens, et remonter au XVIIe siècle, qui institutionnalisa le mariage comme passage groupé à l'état adulte (Bozon, 1991), ou au XIXe siècle, qui fut l'occasion d'une définition sociale très rigide des rôles domestiques (Knibielher, Fouquet, 1977 ; Blunden, 1982). Mais les matériaux recueillis dans l'enquête nous incitent à regarder beaucoup plus près de nous : le changement, dans sa plus grande ampleur, s'est développé depuis une ou deux générations seulement. Notamment depuis la rupture culturelle du début des années 70. Il est frappant de constater que tous les couples de notre échantillon ayant plus de cinquante ans se réfèrent clairement à l'ancien régime des rôles domestiques. Cet âge ne peut évidemment être considéré comme représentatif étant donné l'étroitesse de l'échantillon. Surtout qu'une déformation est introduite par une variable particulière : beaucoup sont d'origine rurale et tendent donc à reproduire plus durablement des comportements conservateurs. Il n'en reste pas moins que la rupture est particulièrement nette en l'espace de deux ou trois dizaines d'années. Cela d'autant plus que ces couples âgés, en nous parlant de leurs pratiques actuelles, ne parviennent évidemment pas à isoler la part de l'influence de la société (aiguillonnée par la jeunesse) les ayant fait évoluer depuis leur mariage. Ce qu'ils nous disent de leur attitude d'aujourd'hui par rapport aux rôles domestiques est une réalité aux angles déjà arrondis par l'époque. Malgré cela, elle parle beaucoup sur le passé, et donc sur la nouveauté de notre présent. Marcel Delafontaine est l'idéaltype extrême. D'autant plus crispé sur ses positions que sa femme, au contact de jeunes collègues, a découvert les idées sur la répartition égalitaire des tâches. Il en est conduit à développer un discours sur la décadence de la société à cause de la perte des valeurs traditionnelles. Il est en fait totalement déstabilisé par la mise en mouvement des repères domestiques, qu'il sent avec angoisse pouvoir s'accélérer. Yves Vilot est plus représentatif. Il s'est marié dans l'idée de la femme ménagère, mais a su évoluer avec son temps : il ose parler des travaux de la maison et ne rechigne pas à donner quelques petits coups de main. Sa femme est même fière d'expliquer ses deux ou trois spécialités (dont l'habituelle grillade sur le barbecue, spécialité masculine de nombreuses fois citée dans les entretiens). Il n'en reste pas moins que le gros des tâches demeure très déséquilibré (il s'alloue généreusement quinze minutes par semaine pour s'occuper du linge alors que sa femme évalue ce temps à... zéro minute). Et surtout la représentation contrastée des domaines masculins et féminins est très nette. Il n'est pas contre les coups de main. À la condition qu'ils soient considérés comme une simple incursion dans le domaine de sa femme, ne remettant pas en cause les responsabilités de chacun et le système général de définition des rôles. Éliane confirme qu'il ne s'agit pas d'une position individuelle mais d'un accord conjugal : « À notre âge, c'est différent, c'est mon domaine le linge » (plus jeune que son mari, elle n'a pourtant que quarante-six ans). « C'est mon domaine à moi, mais ça ne me gêne pas, j'ai été habituée comme ça, j'aime bien m'occuper de ma maison. » Yves est ainsi un étranger au domaine du linge, un spectateur ayant, dans sa vie, vu passer sur cette scène deux actrices solitaires : « Du fait qu'avant c'était ma mère et que maintenant c'est ma femme qui s'occupe du linge, ça n'a pas changé grand-chose pour moi. » Un spectateur cependant très attentif, non pas tellement à l'action, mais à son résultat. Car la spécialisation des domaines n'interdit pas le regard sur l'attente de rôle, les exigences concernant la qualité du travail fourni ; éléments importants intervenant dans la construction de l'injonction féminine. L'enquêteur lui parle de la mode des vêtements non repassés. Il sursaute sur sa chaise, passionné : « Vous n'allez pas vous balader avec du linge non repassé. Ah ! si vous avez une chemise pleine de plis ! » Les divergences de conception n'ont pas du tout la même place que dans les jeunes couples. Dans ceux-ci, elles sont obligatoirement confrontées (même si l'on essaie de trouver les formes les plus prudentes et pacifiques possible). Car cette confrontation permet de définir l'idée du propre et du rangé, non fixée à l'avance, élément central pour la mise au point de la répartition des tâches. Dans les couples plus âgés, on en parle certes, mais moins souvent, et comme d'un fait accompli. Les surprises agréables ou désagréables étant fréquemment représentées sous la forme du « bon » ou du « mauvais numéro » que l'on a « tiré ». Tout, ou presque tout, s'est en effet joué au mariage.

Marie-Hélène Nitournelle avait été préparée par sa mère. Dans la maison familiale, les filles rangeaient les affaires des garçons. Elle arriva donc au mariage prête à assumer son rôle. Son exemple montre cependant que l'événement n'était pas dénué d'inconnu concernant le travail ménager et qu'il restait une marge de jeu : « J'ai eu la bonne surprise de voir qu'il rangeait mieux ses affaires que mes frères. » Il ne laissait pas ses vêtements en tas mais les pliait sur une chaise, vidait ses poches avant de mettre un pantalon à laver : Marie-Hélène était ravie. Dans le cadre socialement fixé à l'avance, elle était « tombée sur un bon numéro » concernant cet aspect de la vie conjugale. Dans le cadre socialement fixé, car la marge de jeu est marginale par rapport aux rôles définis à l'avance avec rigidité. Il était impensable pour Marie-Hélène de remettre en cause, même de façon anecdotique, le système général de répartition des tâches, le comportement personnel du mari était une donnée parallèle à ce système de répartition. Une donnée, le terme est important, car ne pouvant qu'être acceptée et non mise en discussion dans les échanges conjugaux : une bonne ou une mauvaise surprise.

Les rôles domestiques étaient socialement définis, répétés par les deux familles et les proches. Il suffisait donc de s'y laisser glisser au mariage : une femme savait ce qui l'attendait sinon ce qu'elle devait faire avec précision. Thérèse Pérez est incapable de développer longuement, mais son rappel des faits est très clair : « Moi je savais que je devais le faire, donc il n'y avait pas à discuter sur le problème du linge, c'est tout ! » Madeleine Goulinec précise l'attente de rôle du mari, également bien définie à l'avance : « Quand je me suis mariée, si j'avais laissé le linge sur les chaises, vous imaginez le chantier ! Il aurait pris sa valise, hein ! » Au jour du mariage, l'homme passait d'une femme à l'autre, sans jamais pénétrer dans le domaine féminin. « C'est ma femme qui a pris le relais. Depuis, on est toujours restés sur le même principe. » Fernand Pérez ajoute, sans rire : « Pour moi il est pas mauvais. » Tout autant spectateur, Yves Vilot a cependant noté quelques variantes entre les deux femmes. « Moi je suivais. Ma mère me disait... j'ai toujours suivi. Et quand je me suis marié, ma femme a pris la suite en fait. Un peu à sa façon. Moi je ne me suis pratiquement jamais occupé du linge. » Les rôles domestiques sont aujourd'hui bien définis chez les Vilot. Pourtant les premiers temps de la vie commune avaient été l'occasion d'un flottement des plus intéressants à analyser. Éliane, de six ans plus jeune (46 ans au moment de l'entretien), avait frôlé l'expérimentation de ce qui allait devenir quelques années plus tard le comportement dominant de la jeunesse : ayant quitté le foyer parental pour vivre seule, elle s'était organisée de façon rudimentaire, sans en éprouver de gêne (« J'étais un peu bordélique »). Le choc de la rencontre avec Yves était d'autant plus problématique que ce dernier, bien que ne faisant rien lui-même, avait été habitué à une idée très exigeante de l'ordre (« lui, très méticuleux alors !). Ils n'avaient pas cohabité avant et se retrouvèrent ainsi face à face, au lendemain du mariage. Il n'y eut pas entrée immédiate dans deux rôles constitués, mais au contraire gêne et difficultés silencieuses d'ajustement. Au point qu'Yves faillit s'aventurer un peu dans le ménager, pour remettre les choses en correspondance avec la place qu'elles occupaient dans ses idées. Il ne fit pas grand-chose, car il ne savait rien faire. Sans discussions, Éliane comprit cependant l'attente de rôle et fit effort sur elle-même, aidée par la puissance fondatrice accordée à l'événement matrimonial (cela avait été un vrai mariage) et la pression normative des familles. Les deux individus, qui avaient frôlé un autre destin, entrèrent dans le rang. Cet exemple charnière montre combien il suffit de peu de choses pour basculer de l'un à l'autre système, particulièrement à ces moments clés que sont les premières rencontres et l'installation. Il montre aussi combien l'ancien régime des rôles domestiques est proche de nous et la nouveauté récente.

Levons toute ambiguïté : notre analyse ne porte pas sur l'inégalité de répartition des tâches ménagères. Nous verrons que celle-ci est profondément ancrée et que les tendances d'évolutions sont pour le moins incertaines. Elle porte sur les modalités de définition de cette répartition : entrée dans des rôles socialement préconstruits ou tentative d'« invention », d'autoconstruction par le couple lui-même de ces rôles. Ce ne sont pas les résultats qui comptent ici mais les rapports individus/couple et couple/société. Le nouveau régime est celui qui tend à l'inversion de ces rapports dans la définition des rôles domestiques. Le modèle ancien est encore assez présent dans des milieux culturellement rigides ou socialement défavorisés, y compris dans une proportion non négligeable de jeunes ménages. Agnès Archambaud, vingt-six ans, employée, avait commencé à développer en pensées une révolte contre l'ordre maniaque de sa mère. Mais l'effet choc du mariage et la fièvre ménagère de l'installation brisèrent cet élan. Elle se retrouva brusquement sans trop comprendre mariée et maîtresse de maison, oublia ses idées d'adolescente et retrouva des habitudes profondes : elle répéta les gestes de sa mère. Nous verrons plus loin que ses idées de jeunesse, bien que refoulées, sont cependant encore vivantes (elle a mis au point des vengeances secrètes contre son mari) : Agnès est davantage la victime d'un contexte que l'actrice d'une mise en scène parfaitement réglée, elle a été « prise » par l'ancien système sans y adhérer vraiment. Les Tatonier (un peu moins de la trentaine) représentaient un autre cas de figure. Vincent, que ses parents avaient laissé seul, à vingt ans, dans la maison familiale, avait appris à s'organiser par ses propres moyens. Les relations avec Hélène, dès le début de la mise en couple, furent sans doute très ambiguës. Vincent construisit en effet immédiatement son indépendance avec une sorte de réserve, de distance. Tout se passa comme s'il faisait payer son attirance amoureuse limitée par un non-engagement dans le ménager. Hélène au contraire compensa les vides conjugaux par un investissemnt redoublé de ce même ménager. Ils s'intégrèrent ainsi dans des rôles domestiques très traditionnels. Vincent se protège d'ailleurs explicitement par cette idée. Il se définit comme « une personne classique » et rappelle la délimitation sociale des domaines : « C'est plus à une femme qu'à moi de repasser, de ranger le linge. » Mais ils ne sont pas vraiment « classiques » et représentatifs de l'ancien régime domestique malgré les résultats et la manière de se dépeindre eux-mêmes ; ils utilisent en fait la tradition, les rôles socialement construits, pour gérer des difficultés dans les échanges conjugaux.

La reproduction des rôles anciens n'est pas un simple héritage de la tradition. Elle résulte centralement d'un travail de construction des acteurs eux-mêmes, en réaction à une situation conjugale et parfois sociale. Ils ne se contentent pas d'entrer dans des rôles : à leur manière, ils les réinventent.

## *Rôles et habitudes*

Le concept de rôle est classiquement défini en sociologie comme un système de contraintes normatives auxquelles sont censés se plier les acteurs (Boudon, Bourricaud, 1986). Cette définition correspond parfaitement au fonctionnement du rôle dans la société traditionnelle et même récente. Le rôle est alors socialement préconstruit et l'individu qui s'y glisse se trouve être défini par cette préconstruction sociale. Il se contente pour l'essentiel d'être un interprète, déchiffrant de vastes ensembles de significations objectivées (Berger, 1971). Il ne lui reste qu'une marge de jeu, comparable à celle des acteurs de la *commedia dell'arte* (l'image est donnée par Henri Mendras ; Mendras, 1989, p. 71). Il y a quelques décennies, le jour du mariage, hommes et femmes entraient à la fois dans un logement, une institution et des rôles domestiques. Chacun savait ou était censé savoir ce qu'il devait faire, la femme avait été en théorie préparée par sa mère. Pour les choses de la maison, l'homme passait du jour au lendemain d'une femme à l'autre, de sa mère à son épouse.

L'enquête a révélé combien, et avec quelle rapidité, ce mode social de définition est en train de changer en ce qui concerne les rôles domestiques (il en va à l'évidence autrement pour des rôles subordonnés à des institutions lourdes). Malgré les fortes différences sociales, les jeunes couples interrogés ont globalement en effet un comportement bien différent de celui des générations précédentes. Le développement de l'union libre et le refus ou le report du mariage-institution sont connus. Ce qui l'est peut-être un peu moins, c'est un élément essentiel de leur contenu : la volonté proclamée « d'inventer » les rôles domestiques, de choisir qui fera quoi sans idées préconçues. Les milieux populaires restent plus attachés à une conception traditionnelle. Mais à mesure que l'on se rapproche des classes moyennes, l'entrée dans le couple tend à ne plus correspondre avec l'acceptation d'un rôle déjà construit. Au contraire, les deux partenaires se mettent en jeu, tentent d'improviser les gestes du quotidien. Expérience après expérience, geste après geste, des habitudes et des règles d'interaction se sédimentent, des conceptions s'imposent, des spécialités se constituent. Au terme de cette accumulation, les rôles peu à peu se dessinent.

Rôles et habitudes conjugales sont intimement mêlés, les habitudes pouvant être simplement considérées comme les composantes élémentaires constituant les rôles. Les deux fusionnent dans les règles interactives, le plus souvent implicites, qui fondent l'existence même de la famille (Marc, Picard, 1989). Les similitudes s'arrêtent cependant là, car l'habitude n'est pas un petit rôle. Ce sont justement leurs places respectives par rapport aux règles d'interaction qui les différencient, d'une façon qui évolue historiquement : les habitudes construisent en partie les règles d'interaction alors que les rôles en sont plutôt la résultante. Tout simplement parce que les positions respectives occupées par les rôles et les habitudes s'inversent progressivement : le rôle déterminait les habitudes, les habitudes de plus en plus construisent le rôle. Le rôle déterminait les habitudes : socialement préconstruit, il dessinait un cadre de conduite aux acteurs, auxquels ne restait pour improviser qu'une marge de jeu, l'essentiel des gestes les plus simples ne pouvant s'exprimer que dans des limites fixées. La femme pouvait s'organiser à son idée, mais elle devait être la ménagère. Donc répéter les gestes de base de millions de ménagères. Les habitudes de plus en plus construisent le rôle : évidence après évidence, geste après geste, au terme d'une longue accumulation, le rôle se dessine peu à peu, résultat d'une lente construction conjugale. Cette constatation débouche sur ce qu'il conviendrait d'appeler le paradoxe de l'habitude. L'habitude est en effet fondamentalement conservatrice, mémoire incorporée hors de la mémoire, sédimentée dans les interactions. Elle est l'évidence stable et silencieuse, solide, enregistrée des acquis de notre passé. Et pourtant cet instrument du passé et de la conservation est celui-là même qui construit l'avenir. Pas celui qui permet d'imaginer l'avenir, cela est une autre affaire. Mais celui qui permet de le construire, brique après brique, d'enregistrer les minuscules nouveautés, habitude après habitude. Les jeunes couples improvisent en aveugles et, ce faisant, définissent des règles de conduites et des sens affichés à mille événements du quotidien. Souvent sans le savoir, ils accumulent chaque jour ainsi des montagnes d'habitudes inscrivant les repères de leurs conquêtes : les nouvelles habitudes sont l'instrument de l'innovation sociale. Elles peuvent ensuite se fixer en vastes ensembles définissant les conduites, « routiniser » l'existence, interdire l'innovation. Elles auront malgré tout constitué l'élément permettant d'inventer les rôles.

Les résultats bien sûr peuvent souvent paraître dérisoires : l'invention n'est qu'une fausse invention, une réappropriation de modèles déjà existants. Le plus important n'est cependant pas dans ce résultat. Il est dans le fait de choisir, d'avoir pu choisir, et d'en être conscient. Prenons un exemple extrême, celui de Bruno et Nadia Labarthe. Ils vivent actuellement une passionnante et difficile mise au point des règles de l'échange (Bruno a pris en charge l'essentiel des tâches ménagères pour montrer la voie à suivre alors que Nadia résiste). Or, les entretiens révèlent un étonnant rêve secret partagé par les deux partenaires sans qu'ils en aient jamais discuté : Nadia dans le rôle de femme au foyer. Une telle « invention », si elle se réalise plus tard, ne pourrait certes être caractérisée comme une innovation sociale majeure dans ses résultats. Mais en admettant que cela advienne, le processus y ayant conduit n'en aura pas moins été tout à fait déterminant. Car c'est au terme d'innombrables essais et tâtonnements qu'ils feraient leur fausse découverte. Elle serait donc un choix, longuement mûri, d'individus responsables. Rien de comparable avec l'entrée, au mariage, dans un rôle déjà défini.

L'invention, la capacité d'action et de décision sur son avenir ne sont pas un phénomène second, une mode limitée à certains groupes sociaux, un style de vie parmi d'autres : c'est l'axe majeur du renversement historique progressif du rapport individu-société. L'inversion des positions entre rôles et habitude s'inscrit dans cette vaste transformation. Les individus veulent décider de leur vie, refuser les cadres imposés, ils sont poussés à le faire par un puissant mouvement social convergent. Les enfants, déjà, résistent à la discipline en se fondant sur une certaine idée de l'autonomie de la personne, fût-elle un enfant. Les jeunes filles refusent le modèle domestique illustré par leur mère. Les adolescents construisent leur contre-culture pour mieux prendre de la distance avec le cadre établi. Les nouveaux couples improvisent dans le minimum ménager pour mieux inventer. Ils définissent progressivement les règles de leurs échanges en prenant leur temps. Les raisons de cette lenteur deviennent évidentes. Les problèmes immédiats à résoudre sont très importants : définir une conception et des manières conjugales du propre et du rangé, répartir les tâches en conséquence. Surtout ils s'inscrivent sur un immense arrière-plan : la nécessité ressentie d'inventer sa vie. Les rôles acceptés tout construits, prêts à vivre, résument avec une particulière netteté le contraire : l'inexistence d'un futur ouvert. Le dénuement ménager des débuts est d'ailleurs symbolique de cet aspect, il montre que le couple reste libre de ses mouvements.

*Deuxième partie*

# L'INDIVIDU RECOMPOSÉ

# IV

# COUPLE ET INDIVIDU

## *Que reste-t-il de l'individu dans le couple ?*

Dans son analyse critique de l'homogamie, François de Singly signale qu'après s'être mises en couple, les personnes qui se ressemblent peuvent se différencier et que cette différenciation peut avoir pour cause les contraintes de la vie familiale (de Singly, 1987b). Ce paradoxe introduit à la complexité des rapports entre individu et entité conjugale. Les cas de figure les plus divers sont en effet observables : l'homogénéisation relative des comportements bien sûr, mais aussi le maintien, voire l'accentuation de spécificités personnelles, par effet du fonctionnement conjugal, ou parce que l'individu se protège contre une intégration trop forte dans le holisme familial.

Tout commence par la rencontre du futur conjoint. Nous l'avons vu, l'étrangeté du partenaire est alors acceptée, elle fait partie de lui, elle est justement lui. La perception négative des différences ne se forme qu'avec la répétition des échanges et la cohabitation. C'est-à-dire quand les discordances posent problème, dans le cadre d'une organisation collective qui se densifie. Il faut alors décider ce qui doit être harmonisé et les particularités qui peuvent être laissées à chacun. Les hésitations, les changements d'attitude sont continuels, les divergences conjugales très fréquentes. Valérie Shimmer considère qu'elle est parvenue à « mettre au pas » Didier. Elle doit « gueuler plusieurs fois avant qu'il se décide » et il obtempère « en soufflant ». Il lui semble pourtant qu'elle a réussi à le façonner à son idée. Didier n'est pas de cet avis. Il n'est pas contre une évolution légère, mais tel n'est pas le cas : « Elle aurait tendance à me bousculer. » Résultat, il fait semblant d'évoluer mais n'évolue guère. Lorsque la pression est trop forte il aspire même à se replier sur ses habitudes (« Pour rester moi-même »). Les Shimmer passent en un instant d'une situation de compromis (quand Valérie limite ses exigences) produisant une harmonisation des comportements à une guerre non avouée (dont Valérie n'a pas conscience) augmentant l'écart qui les sépare. Dans l'entretien individuel, Didier hésite entre sa volonté « d'évoluer un peu » et le souhait de rester lui-même. Ordinairement, c'est à chaque fois Valérie qui décide pour lui de sa réponse, suivant que ce qu'elle lui demande lui paraît acceptable ou exagéré. Elle ignore hélas cette subtile règle du jeu, et aurait tendance à le bousculer encore plus quand il résiste. Les partenaires conjugaux ont à définir la position de l'individu dans le couple. Il est rare que la réflexion se mène à voix haute et en commun ; chacun a sa petite idée (Bellamy, 1990). Souvent différente de celle du partenaire précisément sur les points qui posent problème. Souvent changeante également, à cause du caractère discontinu de la réflexion et de la complexité des problèmes à résoudre. La règle reste généralement implicite et confuse. Car elle n'est pas le résultat d'une négociation raisonnée mais d'un rapport de force : l'un ou l'autre partenaire impose ses idées. Soit pour lui seul. Soit comme principe collectif, ce qui aboutit au paradoxe suivant : celui qui mène la guerre au nom du couple, contre les habitudes personnelles, dicte en fait sa propre loi. Les acteurs sociaux ne pensent pas à tous ces éléments. Ils réagissent par à-coups, dans des situations concrètes. Ils jugent l'autre et le problème dans l'instant. Sabine Brastignac est entrée en couple avec une idée simple et forte : elle voyait un petit logis bien installé, de bonnes habitudes d'ordre et de propreté. Romain détonna tout de suite dans le scénario : « Au début je voulais beaucoup plus le changer. » La résistance du partenaire fut essentielle pour transformer la perspective domestique de Sabine. Se produisit alors une double évolution ; elle diminua ses exigences ménagères pour le couple et elle-même et se fit moins interventionniste sur les manières de Romain (bien que ses exigences se soient atténuées). « Je m'aperçois maintenant que ce n'est pas très important et que je le laisse plus être comme il est. » Ceci est l'avis de Sabine. Mais comme il a déjà été dit, les acteurs n'ont ni une vision claire ni une vision d'ensemble du problème. Il n'est donc pas étonnant que Romain ait une opinion très différente : « Petit à petit j'ai appris, j'ai compris que cela facilitait la vie, petit à petit je la rattrape. »

L'individu n'existe pas en tant qu'entité autonome, indépendamment de son environnement social. La représentation de soi se construit au croisement d'interactions diverses, subordonnée à ses dernières : nous devenons nous-mêmes dans l'échange avec ceux qui nous entourent, qui nous font ce que nous sommes (Kaufmann, 1988b). Ce constat rend d'autant plus étonnant le poids des gestes personnels, leur résistance à l'harmonisation conjugale. En fait ces deux aspects contraires sont directement liés : c'est souvent parce que la représentation de soi se noie dans le couple que le maintien d'habitudes permet de préserver quelques frontières individuelles. La non-unification des comportements n'est donc pas corrélée avec une faible intégration conjugale. Elle peut correspondre à une compensation : mouvement en arrière ici pour mieux aller de l'avant sur une autre scène. Tout s'échange dans le couple, tout se paie lorsqu'on fait les comptes, y compris les manières et autres maniaqueries reçues en héritage et jalousement conservées. Régis Sourisseau range ses vêtements dans des étagères et placards personnels, à sa façon. Qui est très différente de ce qu'il fait lorsqu'il participe au travail collectif. Régine « mène la guerre » pour qu'il apprenne les gestes d'un ordre plus exigeant. Il obéit, en élève studieux, acceptant les règles imposées par sa femme et les efforts qu'elles impliquent. La contrepartie est le désordre toléré pour ses propres affaires dans les endroits qu'il gère. L'exemple du repassage est particulièrement illustratif. Régine a dicté la loi, Régis l'a immédiatement appliquée, sans rien dire. Ainsi, lorsque c'est son tour, il repasse les tee-shirts de sa femme. Mais il ne repasse pas les siens. Régine ferme les yeux sur ce manquement à la règle ; elle comprend intuitivement qu'il est le prix à payer pour que Régis s'engage encore davantage. Le maintien de gestes personnels s'intègre ici dans une collectivisation qui tend à se développer. Le schéma est exactement à l'opposé chez les Rizzolino : la conjugalisation rime avec unification, les manières et coins personnels sont officiellement prohibés. Mais qu'en est-il des idées ? Où Marc est-il le plus lui-même ? Dans les rituels conjugaux de surface ? Ou dans l'éthique secrètement maintenue ? Au cours du deuxième entretien, en présence de sa femme, il nie ce qu'il avait laissé entendre dans l'entretien individuel : son goût ancien pour un ordre plus strict. Paradoxalement, il est sans doute sincère dans les deux situations, sa position changeant avec le cadre d'interaction. Il y a au fond de sa personnalité une part de lui-même qui est en sommeil, parfois oubliée, mais prête à être réactivée. Tout dépend du contexte. Ce qui explique qu'il soit impossible de mesurer la proportion d'invididualisme que recèle l'individu sommeillant. Il peut n'être qu'un rêve sans effet comme une identification centrale, sans que le partenaire le sache ; il peut être l'un et l'autre alternativement. Olivier Delmony est en désaccord muet avec Anne-Sophie concernant la fréquence selon laquelle les vêtements des enfants doivent être changés (« Pour moi ce n'est pas sale »). Il se plie à la règle imposée (« Je ne veux pas me battre là-dessus ») mais fait remarquer (sans le dire explicitement) que s'il obéit, lui, Olivier, reste extérieur en tant que personne à cette définition du propre : « D'un air de dédain, je lui demande, comme si je ne pouvais pas avoir cette responsabilité-là. » La signification de sa question et de son « air de dédain » est très claire (même s'il n'est pas certain qu'Anne-Sophie les comprenne). Il est par contre impossible d'évaluer le poids de cette marque de défense individuelle. Elle peut autant correspondre à une réserve porteuse de conflit qu'à une compensation psychologique sans effet conjugal.

L'individu se retrouve dans l'exercice de manière bien à lui ou dans la conservation en mémoire des conceptions rejetées par la règle conjugale. Ce repli apparent doit cependant être replacé dans l'ensemble des échanges familiaux pour prendre sens. Ainsi Jean Archambaud maintient quelques idées et gestes personnels alors que, hésitant en ce qui concerne la définition collective de l'ordre, il est plutôt disposé à accepter les conceptions de sa femme. La préservation d'un petit territoire secret lui permet de plus facilement se soumettre. Aucune trace d'indécision pour l'éducation des enfants : il applique les règles définies par Agnès, ce qui ne sera pas sans l'intégrer lui-même davantage à long terme. Que reste-t-il de l'individu dans le couple ? Beaucoup et peu à la fois, des fragments difficilement mesurables, aux significations complexes. Excepté en quelques temps forts, les acteurs sociaux n'ont d'ailleurs guère conscience des frontières, ignorant quelle part d'eux-mêmes s'est faite intrinsèque du conjugal et combien ils se protègent en tant qu'individus.

## *Individualiser ou collectiviser les tâches ?*

La définition conjugale de l'ordre ménager se structure entre deux modèles opposés : l'acceptation d'une règle commune ou la coexistence de deux conceptions individuelles. Conserver des manières de faire personnelles ne signifie pas que le couple soit moins intégré. Un tel choix a par contre des implications sur le mode de répartition des tâches. Il peut conduire en effet à une individualisation, à ce que chacun s'occupe, à sa façon, de ses propres affaires. Bien qu'il soit peu exigeant dans nombre de domaines, Régis Sourisseau a hérité de son enfance la conviction que les jeans doivent être repassés. Ils effectuent le repassage chacun leur tour, méthode qui pousse à l'élaboration d'une norme commune. Régine refuse cependant cette norme pour les jeans, car elle est prise à contre-pied : imposant des efforts incessants à son partenaire, elle ne peut sans affaiblir sa position demander moins sur ce point précis. Elle préfère donc opter pour la tactique de l'individualisation : « Lui, s'il veut repasser ses jeans, c'est lui qui les repasse. » Régine oublie à ce moment ses tee-shirts que Régis repasse sans rien dire : la définition de sphères individuelles s'inscrit dans un rapport de forces. Des goûts et des dégoûts, des attirances et des répulsions, des habitudes intimement ancrées sont souvent à l'origine de l'individualisation. Cet aspect est toutefois dominé par la lutte conjugale pour se décharger des travaux domestiques. Valérie Shimmer déteste le repassage. Elle a donc cherché des justifications tendant à légitimer son refus d'effectuer certaines tâches : « Je n'avais pas envie de repasser que pour lui, c'est son boulot de repasser ses chemises. » Logiquement, elle a débouché sur l'idée du « chacun son linge » et l'a imposée comme méthode de partage. « C'est chacun pour sa pomme » : tous les matins, l'un et l'autre choisissent dans le tas de vêtements propres ceux qu'ils vont repasser pour le jour même (l'urgence du matin facilite l'individualisation, ce rythme particulier a été plusieurs fois observé dans l'enquête). Valérie est d'autant plus intransigeante qu'elle s'occupe de presque tout le reste dans la maison. Elle ne parvient guère à impliquer Didier dans le collectif. Sa seule défense consiste donc à individualiser quelques tâches. Elle refuse ainsi de ranger les vêtements qu'obstinément il « laisse traîner ». Elle se contente de les mettre en tas : « C'est ses fringues, c'est à lui de les ranger. » La situation de Madeleine Goulinec est très proche. Son couple a été bâti sur le principe traditionnel : à la femme les tâches ménagères. Il lui est impossible de changer le cadre général. Elle se contente de déléguer quelques petites choses, pour que Léon participe un peu. Les résultats sont faibles concernant ce qui est collectif. Elle est par contre parvenue à des progrès tangibles par le biais de l'élargissement des sphères individuelles : « Lui il aime son vélo, je respecte. Mais c'est un sport, pas une obligation. Donc tout ce qui est vélo, moi je ne vais pas m'occuper de cela. » Madeleine se souvient qu'ils s'étaient affrontés sur la question et qu'elle avait dû tenir bon pour imposer son refus. Non seulement Léon ne se souvient pas de ce conflit mais il a l'impression que l'initiative est venue de lui. Aujourd'hui il est fier de sa compétence paradoxale, de sa participation aux tâches ménagères. Pour rien au monde il n'accepterait que Madeleine s'occupe de ses vêtements de cycliste.

L'exemple de Madeleine et Léon montre que la définition de sphères personnelles de travail peut ne pas s'opposer au conjugal. Ce n'est toutefois pas le cas le plus fréquent. Le maintien de manières personnelles ne signifie pas automatiquement que l'individu se structure contre le couple. Par contre, si ces manières sont à l'origine d'un affaiblissement de la collectivisation des tâches, l'intégration ménagère s'en trouve généralement amoindrie. Les individus qui se retirent de l'organisation collective n'ont progressivement plus en commun que le lien amoureux. Poussé à l'extrême, le schéma est intenable lorsque l'on vit ensemble. Comme le montre l'exemple des quasi-couples marqués par la complexité des problèmes quotidiens à résoudre et l'absurdité de certaines situations. Géraldine et Bernard Le Fecht ont dû abandonner l'idée de faire tourner séparément la machine (ils n'ont pas assez de linge). Ils continuent donc à stocker séparément le linge sale. Lui dans un beau panier en osier, ramené d'un voyage. Elle, qui n'a rien, par terre, dans un coin. Ils doivent s'accorder pour mettre la machine en marche. Puis être tous les deux présents quand le programme est terminé, pour que chacun étende séparément son linge. L'individualisation des tâches ne rend pas toujours la vie plus facile. À petites doses, elle peut s'avérer un excellent moyen pour impliquer un partenaire récalcitrant. Mais employée à grande échelle, surtout dans le cadre d'une volonté de répartition égalitaire, elle complique les choses simples et prédispose à l'éclatement conjugal.

Délicate à manier, cette méthode est pourtant dans certaines conditions la seule possible pour éviter un déséquilibre de la répartition. Le choix doit alors être fait entre le coût pour soi-même (faire plus de travaux ménagers qu'on ne le souhaite) et le coût conjugal (risquer un affaiblissement du lien). Choix d'autant plus difficile qu'il se croise avec l'hésitation concernant la conception de l'ordre : unifiée ou tolérant des particularismes. Le meilleur exemple est celui des « affaires qui traînent ». Ce sont généralement celles du mari, laissées « en tas », ni propres ni sales (le tas signifie justement qu'aucune décision n'a été prise à leur sujet), non rangées. Ce petit paquet de désordre énerve triplement la femme : parce qu'elle le ressent comme une tentative de report de travail sur le collectif (donc sur elle), parce que la décision à prendre accroît la charge mentale (Haicault, 1984), et parce qu'il rend confus les repères de l'ordre. Nous avons vu que c'est sur la définition du propre et du rangé que les évidences doivent être les plus claires. Le tas de vêtements est donc fortement perturbateur par toutes les questions qu'il pose. Face à la tentation de le laisser tel quel et d'inciter ainsi à l'individualisation de la tâche, le réflexe féminin est donc généralement de décider pour l'homme et de ranger, surtout par peur que ne se brouillent les repères de l'ordre ménager. Plusieurs raisons expliquent que Daniel Marmandais décide rarement du propre et du sale de ses vêtements et les laisse en tas. Parmi celles-ci, le fait qu'il hésite à donner du travail supplémentaire à Amélie étant donné que c'est elle qui s'occupe du linge. Amélie est très agacée : elle ressent son attitude comme un pur refus de travail. D'autant plus agacée qu'elle l'est aussi un peu contre elle-même, car elle ne peut s'empêcher de ranger immédiatement. Accepter l'idée de l'individualisation des tâches n'est pas chose aisée en toutes circonstances.

## *Les méthodes de répartition*

Les méthodes de répartition des tâches sont complexes et nous ne les évoquerons ici que brièvement. Une distinction majeure doit d'entrée être faite, entre les méthodes régularistes, fondées sur les habitudes, et celles qui privilégient la spontanéité et l'improvisation. Les premières (répandues dans les milieux populaires) ont pour modèle la division ancienne par les rôles socialement préconstruits, qui dictaient à l'individu ce qu'il devait faire. À défaut de rôles inscrits dans la tradition, les partenaires mettent au point des habitudes et des règles d'interaction à l'intérieur desquelles ils n'ont plus ensuite qu'à se laisser glisser. De nombreux jeunes couples refusent ce système. Ils ne veulent pas s'enfermer et poussent l'envie de liberté jusqu'au quotidien ménager, ce qui implique de prendre continuellement des décisions pour savoir qui va faire quoi.

La vie de couple est habituellement marquée par un passage progressif de l'improvisation vers la rigidification. La constitution d'habitudes régulières et de domaines spécialisés facilite en effet l'exécution des tâches. D'une part en diminuant les choix et les négociations. D'autre part en fixant les pratiques sur ce que chacun a plus de goût et de facilité à faire, en lien avec son capital personnel de manières et de conceptions. C'est ainsi que non seulement se transmettent, mais se reconstruisent des tâches « féminines », des tâches « masculines » et des tâches « négociables », hommes et femmes considérant d'autant plus une tâche comme une corvée qu'elle porte la marque du sexe opposé (Zarca, 1990).

La constitution de domaines spécialisés (dont le couple hérite au mariage ou apprend peu à peu à découvrir et à structurer) est proche de l'individualisation des tâches concernant l'articulation entre manières personnelles et capacité d'effort : ces deux méthodes créent les conditions d'une injonction maximale. Les méthodes basées sur les idées d'égalité et d'interchangeabilité cherchent au contraire à s'appliquer en niant l'importance des dispositions personnelles. D'où les difficultés à se maintenir durablement : elles ne marquent souvent que les premiers temps du couple (Chalvon-Demersay, 1983), correspondent à une organisation domestique où le désordre est toléré (Filiod, Welzer-Lang, 1992) et résistent rarement à l'arrivée des enfants (Glaude, de Singly, 1986). La réactivation du passé individuel de manières dans le cycle de vie impose de nouvelles habitudes et des domaines de spécialité.

C'est la volonté d'avancer vers l'égalité de répartition des tâches qui pousse à nier le poids des manières personnelles. Les individus qui forment un nouveau couple sont rapidement confrontés au problème de l'évaluation : il est difficile de comparer un travail avec un autre. S'ils veulent malgré tout appliquer un partage qui soit le plus égalitaire possible, la position radicale consiste à diviser activité par activité et à instituer une rotation régulière ; chacun son tour. Ce choix très idéologique complique à tel point les choses les plus simples qu'il est rarement appliqué de façon systématique. S'il tient lieu de règle officielle (et de mode de présentation de soi), les partenaires apprennent à ruser, à agir autrement sans le dire et sans même se l'avouer. Anne et Pat Boniface expérimentent intuitivement une organisation intégrant davantage la facilité à agir de chacun et diminuant la pénibilité : sous le discours du « chacun son tour », ils cherchent à découvrir les forces et faiblesses de leurs injonctions, préfigurant ainsi la formation de futurs domaines de spécialité. Cela se traduit notamment dans leur cas par un ralentissement du rythme d'alternance ; c'est désormais Pat qui repasse après qu'Anne ait assuré cette tâche pendant six mois. Excepté sa mise en œuvre souple sur quelques tâches, qui peut se prolonger durablement, le système du « chacun son tour » a une existence relativement brève dans le cycle conjugal. Ses effets n'en sont pas moins importants, il constitue une puissante école d'interconnaissance et d'harmonisation des manières, il permet de tester les domaines où chacun sera le plus à l'aise et compétent, il produit enfin (y compris à long terme bien que de façon limitée) une répartition moins déséquilibrée.

L'alternance régulière, tâche par tâche, est difficile, voire impossible à appliquer radicalement. Le procédé permettant de résoudre la difficulté consiste à garder le principe de l'effectuation conjointe de l'ensemble des activités mais de remplacer le strict « chacun son tour » par des critères plus flexibles pour réglementer les rotations. Plus implicites aussi : les réponses aux questions posées ont souvent été confuses. « C'est chacun son tour mais on compte pas », « c'est comme ça », « ça se fait tout seul ». Ceux qui ont cherché à expliquer davantage ont mis en avant la notion d'évidence de la décision. De nombreux facteurs ont été évoqués : fatigue de l'un ou de l'autre, disponibilité, engagement professionnel, contexte concret (« le premier qui arrive »), participation à la tâche ménagère dans les derniers jours, etc. Mais il a été très souvent signalé que ces facteurs n'étaient pas vraiment évalués, chacun sentant intuitivement (aiguillonné au besoin par une remarque du partenaire) que le travail lui incombait. Sans que les acteurs en aient conscience, cette méthode officiellement égalitariste, par le flou des définitions, développe en fait l'effet particularisant des manières personnelles. Car la facilité à agir sans trop penser dépend essentiellement de deux choses : l'injonction et le don de soi dans le couple. L'évidence des décisions repose beaucoup plus sur ces deux éléments que sur tous les facteurs signalés par les personnes interrogées. Le donc de soi amoureux peut brouiller les cartes, surtout dans les débuts du couple. Mais immanquablement les idées et gestes acquis ne tardent pas à imposer leur poids. Michel Chouchern, se mélangeant dans ses arguments, laisse d'ailleurs échapper une phrase révélatrice : « On se répartit... en fonction des événements... en fonction des compétences. »

Dans l'image de soi donnée lors de l'enquête comme dans le quotidien des échanges conjugaux, la recherche de critères plus solides s'avère donc nécessaire entre l'inapplicable « chacun son tour » et l'improvisation floue. Un mot revient alors avec insistance : la disponibilité. La disponibilité semble pouvoir expliquer à merveille le cadre d'évidence des décisions, celui qui a du temps agit. Le critère est effectivement central. Bernard Zarca souligne que l'absence de temps libre ou la perception d'un temps libre important chez le partenaire sont fortement corrélées avec la pénibilité des tâches ménagères (Zarca, 1990). Mais la question majeure (qui reste sans réponse) est la suivante : est-ce la disponibilité en elle-même qui prédispose à l'effectuation des tâches ménagères ou la capacité d'injonction préalable qui crée les conditions de la disponibilité ? En d'autres termes, d'où vient le temps ainsi dégagé ? Il est frappant de constater combien l'argument de la disponibilité est utilisé comme un justificatif dans les couples où le partage est très inégalitaire (par les hommes, pour se disculper, mais également par les femmes). Or dans un tel cas, c'est bien le rôle domestique, l'affectation aux tâches ménagères, qui a produit le temps correspondant, même si la suite des facteurs est inversée dans la présentation de soi. Il est vraisemblable que très souvent les deux éléments (la disponibilité et la prédisposition à effectuer les tâches ménagères) sont interactifs : la disponibilité, créée par l'héritage de manières et l'inscription dans un rôle domestique, renforce à son tour la perspective inégalitaire de la répartition. La mise en avant unilatérale de ce facteur explicatif sert généralement à présenter la réalité d'une façon avantageuse. Certains jeunes couples l'utilisent pourtant avec sincérité, comme instrument pour atteindre l'égalité. Sans comprendre, là encore, la logique cachée de reconstruction des rôles sexuels. « On a fonctionné à partir de la disponibilité de chacun », déclare Michel Chouchern, retrouvant enfin des arguments plus clairs. Carine confirme : elle avait « plus de temps » et a donc pris en charge davantage de travaux, malgré leur référence à une norme égalitaire. Le déséquilibre n'est pas grand (pas encore ?). Mais l'important est que Michel le perçoive et le justifie fortement (avec des mots qui pèsent lourd, tel celui de « maison »), comme s'il pressentait une évolution future : « Elle en fait plus que moi, mais elle est plus présente à la maison que moi. »

Quels que soient les critères retenus pour régler l'alternance, l'effectuation conjointe des tâches ménagères implique l'interchangeabilité des personnes. Donc l'harmonisation des conceptions et manières, le nivellement des compétences. Toutes les méthodes basées sur l'interchangeabilité se distinguent en cela du « coup de main » traditionnel, aide ponctuelle subordonnée à une responsabilité qui reste entière et n'engageant qu'un minimum de compétence : « J'aide un peu à tout, mais ne suis pas spécialisé », explique Henri Nitournelle. Le « chacun son tour » ultra-égalitariste ou la rotation plus intuitive tendent au contraire à remettre en cause les spécialisations, les hiérarchies. Le paradoxe de ces méthodes modernes, fondées officiellement sur la protection des intérêts individuels, est qu'elles exigent des individus la négation de leurs manières personnelles. Comme elles exigent des individus faisant effort sur eux-mêmes pour se fondre dans le collectif le partage tâche par tâche nécessitant en effet une grande capacité de don de soi pour fonctionner sans conflits (Kaufmann, 1989). L'individualisme apparent repose donc ici sur une intégration ménagère d'un autre type mais qui n'est pas moins assimilatrice que dans les modèles conjugaux plus anciens. L'analyse de ces derniers, qui se perpétuent dans les milieux populaires, a sans doute eu tendance à exagérer quelque peu leur caractère fusionnel. Car, d'une façon certes différente, l'individu y déploie une réelle autonomie (Schwartz, 1990, de Singly, 1990). Agnès et Jean Archambaud sont inscrits dans un système traditionnel de rôles domestiques complémentaires. Le renoncement à la liberté de choisir à propos des choses ménagères leur permet de ne pas trop s'impliquer dans le conjugal, de ne pas se poser trop de questions, de se laisser porter par les habitudes. Il leur permet aussi de ne pas confronter leurs divergences de conceptions et manières. Jean les conservant pour lui, les exprimant le moins possible à l'intérieur du couple : « Je suis ce qu'elle dit car ce n'est pas mon domaine. » Agnès appliquant officiellement les siennes, sans rencontrer d'opposition : « C'est un truc très traditionnel, lui il travaille, moi je suis à la maison. Donc je fais comme je veux. Et c'est très bien. » Certes il n'était pas rare autrefois que le mari ait son mot à dire sur la propreté et le rangement. Mais l'interchangeabilité augmente de façon considérable la nécessité de parler de ces questions : faire à deux le même travail oblige à trouver une règle unique. L'utilisation du lave-linge par les Boniface en donne un bon exemple. Anne met tout à 30 °C alors que Pat trie le linge pour laver une partie à 60 °C ou à 90 °C (couple très atypique car c'est généralement, au contraire, la femme qui trie). « Ah là on s'engueule par rapport à ça » : leur incapacité à définir un usage commun fait que ce petit problème occupe une place majeure dans leurs relations conjugales. La participation, toujours limitée mais grandissante, des hommes aux tâches ménagères se traduit notamment par des expérimentations fréquentes (surtout dans les débuts du couple) des méthodes égalitaristes de répartition tâche par tâche. L'harmonisation des conceptions et des gestes, les ajustements conjugaux et les conflits qu'elle implique, deviennent donc un problème de plus en plus important. Hier détail anecdotique, le poids des manières personnelles est désormais au cœur de la vie de couple.

# V

# FRAGMENTS DE PERSONNALITÉ ET JEUX D'INTERACTION

## *La représentation de soi*

La représentation de soi construit l'unité de la personne. Unité illusoire, mais l'important est l'illusion de l'unité ; fil d'Ariane qui relie des fragments parfois hétéroclites. Le capital d'habitudes accumulées dans le passé est extraordinairement contrasté sinon contradictoire ; les pressions émanant des divers réseaux d'interactions ne sont pas cohérentes entre elles. L'image que chacun se forme de lui-même est donc logiquement hésitante et changeante. C'est sa première caractéristique. La seconde est que la représentation de soi est toujours susceptible d'être en décalage avec le réel. Le changement vient de ce décalage, contre l'habitude.

La représentation de soi est peut-être un terme trop sérieux pour bien rendre compte de la folie imaginative de l'imaginaire, jouant en toute liberté avec le concret. Elle n'est pas fixe, se projetant tel un petit cinéma intérieur en séquences parfois brèves et confuses, parfois longues et construites, parfois hors de toute concrétisation possible, plongeant dans le fantasme, parfois corsetées dans un projet des plus réalistes. À travers cette diversité insaisissable souvent secrète, elle est pourtant productrice de réel ; c'est essentiellement d'elle que vient la rupture avec les habitudes acquises. Surtout par effet de scénarios les plus grandioses, qui peuvent brusquement changer le cadre de l'interaction. L'hypothèse du travail salarié de la femme est ainsi généralement testée par un visionnage personnel ou conjugal de scènes illustrant cet avenir possible, création imaginaire qui prépare le choix. Lorsque celui-ci a lieu, le contexte du quotidien est bouleversé, de nouveaux enchaînements d'habitudes sont mis au point, un nouveau contexte de détermination se structure : l'imaginaire a joué son rôle de rupture.

Tous les scénarios ne se concrétisent pas. Le plus souvent, ils demeurent dans des zones plus ou moins secrètes du rêve, s'oublient ou se transforment. Les séquences et scénarios mis en sommeil sont innombrables. Ils illustrent la part de l'identité passée n'ayant pas trouvé sa place dans le nouveau contexte d'interaction. Cette conclusion se vérifie sur les questions du propre et du rangé lors de la mise en couple. Des concessions sont faites pour définir un minimum de conception conjugale. L'intérêt momentané guide l'harmonisation des expériences accumulées, constituant une perspective de pertinence de ce qui avait été sédimenté auparavant (Schutz, 1987). Ce qui ne peut être retenu est renvoyé dans une conscience lointaine, sous forme de fragments d'histoires d'un soi différent. L'intégration conjugale se mesure ensuite au degré d'effacement des histoires personnelles.

La représentation de soi agit comme réinterprétation et réactualisation du passé, comme unification de la personne au moment présent. Comme construction du possible également, par élaboration de scénarios d'avenir. Elle se compose entre les zones de secret ineffable et la conception publiquement exprimée, travaillant à la cohérence (de la personne ainsi que du couple) à travers l'infinité de ses modalités de fonctionnement et de ses variantes.

## *Le poids des gestes*

Le petit cinéma personnel, opérateur de la représentation de soi, se caractérise par une grande liberté inventive. La création imaginaire est un travail incessant pour agir sur le capital d'habitudes accumulées, les transformer, mettre des séries d'enchaînements en sommeil, provoquer des situations de décontextualisation. Mais la production de réalité nouvelle à partir de la représentation est totalement dominée par le poids du passé accumulé ; les gestes ne se laissent pas aisément manipuler par les idées.

Au deuxième entretien, un dialogue s'engage entre Pascal et Ninette Rocher-Martin :

Pascal : – « Au départ je suis arrivé avec des habitudes d'ordre, plus que toi. Et il y a eu deux ou trois réflexions bien placées : tu avais dû t'énerver, et alors... »

Ninette : – « Attention ! Il y a eu des trucs qui t'agaçaient parce que ça ne te paraissait pas normal, mais t'as vraiment jamais été ordonné. »

Ninette s'explique (immédiatement approuvée par Pascal) : son copain a, dans l'abstrait, des conceptions du rangement plus élevées que les siennes. Il est cependant « aussi fainéant ». Résultat : ces idées séparées des gestes ne pèsent rien. Cela est d'autant plus visible que le principe d'égalité de répartition les pousse à évaluer ce qu'ils font. Il a donc suffi de « deux ou trois réflexions bien placées » pour que Pascal s'en rende compte et mette en sommeil ses rêves d'ordre. Il attend, vaguement insatisfait de ne pas pouvoir concrétiser l'hypothèse d'un autre scénario : il n'en a pas les moyens. Jean Archambaud a évolué dans ses conceptions, il a peu à peu fait siens les principes d'organisation mis en œuvre par sa femme : il n'est pas le dernier à dire à ses filles de ranger leur chambre. Mais lui-même ne parvient toujours pas à ranger à l'endroit adéquat ses vêtements salis. Les habitudes incorporées à propos de ces quelques gestes sont trop fortes : il ne peut les changer malgré sa volonté et sa nouvelle vision des choses. La pesanteur structurante des manières acquises fixe donc le cadre de crédibilité des scénarios imaginés. Ce qui explique le procédé fréquent de visionnage de séquences possibles ; la mise en scène rêvée, illustrée de façon réaliste, permet en effet de tester la faisabilité. Essayant de se représenter l'avenir sur la question du repassage, Bruno Labarthe ne se « voit pas » repasser. L'expression employée est très significative : il essaie effectivement de se mettre en scène et d'être spectateur de cet autre lui-même pour évaluer si ce décalage avec son présent peut être réalisable. Dans ce cas, l'image lui paraît trop éloignée de ce qu'il est aujourd'hui, donc de ses potentialités d'évolution ; il la maintient dans le domaine de la pure rêverie, simple instrument momentané d'une éventuelle concrétisation, qu'il juge aujourd'hui impossible. Il est donc conduit à imaginer une autre scène : Nadia repassant. Scène qui lui paraît plus proche du réalisable. Mais il sait bien que Nadia sursauterait à cette évocation. D'ailleurs le repassage n'est pas pour le moment à l'ordre du jour. Il garde donc son scénario diffusément en mémoire pour le jour où il serait susceptible de devenir utile, pour le jour où l'évolution des gestes et du cadre de l'interaction le rendrait opératoire.

Les acteurs ont rarement conscience du rôle décisif des habitudes acquises les plus élémentaires. Ils s'imaginent que leur imaginaire dessine l'avenir sinon en toute liberté du moins en confrontation unique avec des contraintes extérieures. Or le cœur de la détermination est en eux-mêmes, dans le capital de manières qui constitue le fonds de leur identité, limite les possibles et parfois sécrète subtilement la matière des scénarios du futur. Anne-Sophie et Olivier Delmony sont ainsi persuadés d'avoir décidé en toute liberté qu'Anne-Sophie resterait au foyer pour garder les enfants. Alors que leur histoire montre que c'est la différence de manières entre les conjoints qui l'a peu à peu poussée à prendre en charge les tâches domestiques. Le scénario rêvé préparant la décision n'était en fait que l'émanation de l'évolution silencieuse du rapport aux objets et du contexte d'interaction. Nous avons voulu tester la force de leur croyance en leur demandant si une perspective d'inversion des rôles domestiques était réalisable. Ils ont aussitôt répondu positivement, en appuyant vivement leurs propos. Démontrant par cette attitude à quel point ils tiennent à se présenter et se représenter le caractère libre de leur choix. Mais dans la suite de l'entretien, les exemples pris montrent que cette inversion serait impossible : Olivier ferait à sa manière, et ces quelques évocations ont suffit pour qu'Anne-Sophie manifeste son hostilité. Pris au jeu, Olivier développa, heureux de pouvoir exprimer une part d'idées habituellement refoulées : il ne rangerait plus les chemises (temps inutilement dépensé : chacune de ses phrases est une critique implicite de sa femme) mais les mettrait sur des cintres, il changerait moins souvent les enfants, etc. Anne-Sophie est révoltée. Fragilisée dans ses évidences, elle hausse le ton. Message compris : le jeu doit cesser, Olivier se tait.

L'effet des habitudes acquises dans la production d'images et de scénarios est généralement plus fragmentaire. D'autant que le capital de manières accumulées est très hétérogène. Concernant la propreté et le rangement, Sabine Brastignac vit entre deux histoires d'elle-même ; le scénario de fée du logis, qui la guida pendant un temps au début de son couple, n'a pas vraiment disparu, il continue subrepticement à la hanter. Surtout au travers de quelques images fortes, intimement liées à des enchaînements de gestes. Ses pratiques d'entretien du linge sont réduites au minimum, se limitant presque au lavage à la machine. Mais elle prend du temps pour bien étendre : elle aime étendre le linge. Ce contexte libère un chapelet d'impressions mélangeant images bucoliques et souvenirs d'enfance, une autre conception d'elle-même : le scénario alternatif se maintient à partir de ces quelques gestes de l'étendage. Romain Brastignac est lui aussi imparfaitement unifié, il vient d'en faire l'expérience. Il a effectué un stage à Paris et se retrouvait seul cinq jours par semaine. Rapidement, il a vu réémerger ses anciennes (mauvaises) habitudes de célibataire qu'il croyait oubliées : les gestes du désordre se reformaient avec une familiarité et une facilité étonnantes. Il pensait avoir changé mais n'avait changé qu'en surface. Ses anciennes manières de faire avaient simplement été mises en sommeil et se révélaient à nouveau opératoires. La différence avec son passé de célibataire était cependant considérable : il vivait cette évolution « de manière négative », ne pouvant résister, mais regrettant l'autre variante de sa personnalité. Il est même probable que le système de valeurs soit resté relativement constant pendant le temps de cet apparent retour en arrière. Les habitudes anciennement incorporées déterminaient les pratiques mais la représentation de soi se maintenait à distance de cette péripétie gestuelle. Romain se savait être plus en accord avec lui-même ailleurs. Plus précisément avec le « lui-même » qu'il avait décidé d'être. Bien que considérable, le poids des gestes n'enferme donc pas le destin : l'individu peut en jouer.

*Manipuler l'héritage de manières*

L'effet de la représentation de soi et des scénarios d'avenir est double : il construit l'unité de la personne et permet de s'émanciper de l'héritage d'habitudes acquises, en produisant un décalage dans l'imaginaire. L'invention d'une identité différente suppose dans certains cas une grande faculté de maîtrise de soi, voire de dissimulation, pour réprimer des gestes « spontanés ». Harold Garfinkel donne un exemple limite d'une telle situation avec le cas d'Agnès, née garçon, qui se transforma progressivement en femme, y compris sur des aspects biologiques : le plus dur pour Agnès était d'acquérir les habitudes les plus élémentaires de la féminité, de réprimer les comportements appris. Elle était « condamnée à vivre sur le mode calculateur et délibéré d'une gestion explicite de ses affaires », ne pouvant jamais se reposer sur la routine (Garfinkel, 1967). À des degrés moins importants, de telles situations de passage sont fréquentes : seule une partie de l'héritage de manières est réactivée et la routine n'est totalement libérée dans son rôle structurant que lorsqu'elle n'entre pas en opposition avec la représentation de soi. Encore convient-il de préciser que les habitudes se situent à tous les degrés de la sédimentation. Certaines viennent d'un si lointain passé, sont si près du biologique ou si largement reproduites dans la culture du moment, qu'elles peuvent difficilement être remises en cause. D'autres au contraire ne sont construites qu'en surface, à force de volonté, toujours présentes à la mémoire. Elles n'ont pas en principe le même poids, mais tout dépend des circonstances.

L'imaginaire est continûment en travail pour manipuler le capital de manières. Notamment à certains moments de rupture biographique, où des décisions sur le présent et l'avenir nécessitent d'agir sur le passé accumulé. La naissance du premier enfant par exemple, ou, encore davantage : la formation du couple (Berger, Kellner, 1988). Les relations sociales et les habitudes sont réinterprétées et remises en forme selon les intérêts du moment. Surtout des choix sont faits dans ces circonstances offrant une certaine liberté, pour privilégier certaines composantes de l'héritage de manières.

Très jeune, Daniel Marmandais avait participé aux tâches ménagères, à la demande insistante de ses parents, dans un but éducatif. Contre cette éducation, il profita de son premier logement indépendant pour faire s'épanouir les rudiments de laisser-aller qu'il avait déjà expérimentés dans sa révolte adolescente : il se constitua rapidement un petit capital de façons de faire à son goût. La mise en couple lui offrit la possibilité de choisir entre ces deux tendances. Il fit d'abord l'effort rituel lié à la présentation de soi. Puis il constata que les exigences de sa compagne étaient beaucoup plus fortes que les siennes, la différence des manières l'incitant à prendre en main elle-même les tâches du ménage, ce qui lui convenait tout à fait. Il se laissa alors porter par cette évolution, sans trop réfléchir, mais avec un art désormais raffiné pour cultiver son inclination à ne pas savoir faire, « oubliant » le capital d'habitudes accumulé dans la prime enfance.

Tout changement du contexte de socialisation impose une reformulation de l'héritage de manières, offrant donc la possibilité de faire des choix. Plus le changement est grand, plus la reformulation et les choix potentiels sont importants : la décontextualisation fabrique un homme nouveau à partir de l'ancien accumulé en lui. Romain Brastignac a eu une enfance double : la maison parentale était d'un ordre impeccable mais sa mère ne lui avait appris aucun geste. La mise en couple avec Sabine produisit des résultats complexes. Car cette dernière hésite entre deux histoires : fée du logis ou femme libérée. Elle avait penché au début pour le premier rôle, réclamant cependant une participation aux tâches. Romain se fit donc élève docile, toujours d'accord en parole, plus rarement dans les faits. Traînant les pieds, il corrigea péniblement quelques habitudes, compensant cette mise en infériorité par un discours violent de refus de l'ordre. Romain est aujourd'hui à un tournant de sa vie : jusqu'ici étudiant, il s'apprête à signer le contrat de son premier emploi. Les scènes du futur ont déjà envahi ses pensées : il se voit dans d'autres lieux, d'autres interactions, d'autres comportements ; en lui le changement a déjà commencé. Conscient du phénomène, il constate la transformation de son regard sur les choses. Il nous dit également sentir que ses pratiques ménagères ne pourront qu'être influencées par cette évolution. Mais il ignore sans doute à quel point. Dix minutes avant cette introspection lucide, il s'était emporté contre ceux qui osent juger le désordre d'autrui, légitimant par là son propre désordre. Ce type de discours sert actuellement à combattre l'hésitation de Sabine et compenser son infériorisation ménagère. Mais il va se révéler rapidement en contradiction avec les scénarios d'avenir. Qui seront vraisemblablement l'occasion d'opérer une élimination radicale d'une phraséologie qui aura brusquement perdu toute signification. Ce changement va sans doute réactiver le scénario « fée du logis » de Sabine, d'autant plus que l'emploi de Romain promet d'être rémunérateur : le futur est autant dans quelques rêves que dans les gestes d'aujourd'hui. Une vision aussi complète leur est bien entendu impossible. Ils perçoivent néanmoins les incertitudes et pressentent les bouleversements de l'avenir. C'est sans doute pour cela qu'ils souhaitent ne pas en discuter : ils attendent en silence de surface.

## *Le cadre d'interaction*

La représentation de soi manipule le passé accumulé dans un cadre de contraintes précis : celui de l'interaction du moment. Y compris quand il s'agit d'interactions très conjoncturelles, comme celles qui sont produites dans la situation d'entretien. Lors de la première interview, Marc Rizzolino avait longuement développé, en riant, l'anecdote des vêtements retournés par sa femme au début de leur ménage, anecdote qui l'avait alors à la fois amusé et fortement agacé. Prenant plaisir au plaisir de l'enquêteur, il n'avait pas été avare de détails. Au deuxième entretien (collectif), changement de décor : Brigitte ne se souvient plus et refuse de se souvenir; elle déclare même n'avoir jamais retourné les vêtements. Moment de silence. D'autant plus lourd que cette question vient après plusieurs autres très dérangeantes qui l'ont déstabilisée. L'heure n'est donc plus aux rires ni à l'analyse franche du passé : la situation commande de défendre l'unité conjugale. D'une façon inattendue, Marc déclare alors que « finalement ce n'est peut-être pas si important que cela », minimise et rend confus les faits, cherchant à clore la discussion. Le plus intéressant n'est pas ce qu'il dit mais la manière dont il s'exprime : indiscutablement il semble sincère. Il a, dans ce moment de l'entretien, oublié sa version d'il y a quelques mois. Et surtout oublié son agacement des débuts du couple. L'interaction la plus éphémère a totalement réorganisé ses idées, occultant même un micro-conflit qui lui reste habituellement en mémoire.

Les acteurs ne sont pas cependant sans jouer avec les systèmes de contraintes. Ils saisissent des opportunités, jouent avec les contradictions entre réseaux d'interactions, élaborent des stratégies d'attente. Bruno Labarthe n'a pas des idées très précises sur son avenir ménager. Il hésite notamment entre deux scénarios. Le premier collant au présent. Le second fondé sur une hypothèse folle : Nadia en petite ménagère. Scénario pour lequel, sans doute, il marque sa préférence à certains moments, et qu'il garde en mémoire. « Inconsciemment je serais peut-être un sacré macho. Et puis si Nadia s'en plaint pas, eh bien tant pis » (sous-entendu : tant pis pour elle). Il s'agit en fait non d'une simple stratégie d'attente mais d'un véritable travail sur l'interaction, la mise en scène imaginaire permettant de tester de micro-échanges concrets susceptibles d'enclencher progressivement une autre logique conjugale ; tant que Nadia ne s'en plaint pas. Le second scénario est d'ailleurs certainement plus précis qu'il ne l'avoue ouvertement. Cela est perceptible dans certaines réponses ; il espère confusément que Nadia entre un jour dans le rôle rêvé. « Déjà j'ai du mal à me prendre en charge, mais de devoir assumer quelqu'un ça m'énerve. Elle est très bordélique, elle n'est pas sale, mais elle range peu. (...) C'est un truc tout bête : je dois sans doute attendre qu'une nana prenne en charge ce genre de choses. Pas autant que ma mère, mais j'aimerais bien un minimum. »

La mise en scène d'un soi différent ne s'attarde que pour l'anecdote sur les décors ou les dialogues : l'objectif principal est de définir un rôle, ou une logique de production d'un certain type de rôles. Ainsi la révolte adolescente contre le trop rangé, en même temps qu'elle se projette dans le présent et l'avenir immédiat, élabore un cadre de définition des rôles pour de nombreuses années. Produite par un contexte, elle engage à son tour un contexte. L'imaginaire n'est toutefois pas seul à construire le rôle. Il constitue l'élément créateur et marque une relative capacité d'autonomie de l'individu. Mais il est soumis au poids des habitudes et aux contraintes de l'interaction. Il est difficile de mesurer l'importance de chacune de ces composantes, d'autant plus qu'elles sont interdépendantes. Les variations sont considérables d'un individu à l'autre, d'une situation à l'autre, d'un moment à l'autre. Le rêve le plus fou et le plus secret peut dans certaines circonstances inventer l'avenir. Dans d'autres circonstances, le travail imaginaire reste sans effet. L'explication de la différence se trouve dans la position occupée par rapport aux habitudes acquises : il est possible de se laisser vivre sur cet héritage comme de provoquer des décalages par l'imaginaire. C'est en principe à l'individu de choisir. Mais l'individu, unité de représentation, ne se construit qu'au croisement des interactions (Kaufmann, 1988b), plus ou moins manipulé par elles, ou au contraire les manipulant ; l'analyse n'est jamais simple. Sauf quand domine l'héritage de manières, surtout lorsqu'il est fixé dans des rôles solidement constitués. L'interaction qui se coule dans un jeu de rôles stabilisés rejette l'imaginaire dans le domaine de la pure fiction, de la non-productivité de concret. La vie est alors un long fleuve dont le cours est préétabli.

## *Les conjonctures d'invention*

Au contraire, dans certaines conjonctures, l'imagination de soi est potentiellement productrice de concret, surtout lorsque les rôles ne sont pas stabilisés. Le jeu est alors ouvert, entre scénarios d'avenir et contraintes d'interaction, pour changer le cadre de définition des pratiques. En principe. Car dans les faits, l'héritage de manières révèle souvent peu à peu sa puissance souterraine et limite la marge d'initiative des acteurs. Il reste néanmoins à ces derniers une capacité de choix entre différentes dynamiques d'action socialement préconstruites : leur degré de responsabilité est à la fois minuscule et considérable. Minuscule car ce qu'ils croient inventer n'est généralement que le produit d'un aspect de l'héritage de manières ou du contexte d'interaction. Considérable car, bien que subordonné, l'arbitrage est souvent possible entre des logiques d'existence très contrastées.

Les débuts du couple représentent une des conjonctures d'invention les plus fortes. De nombreuses habitudes sont déstabilisées par les rudiments d'organisation de la vie collective, le système de valeurs est confronté à celui du partenaire, les réseaux de sociabilité se réorganisent (Berger, Kellner, 1988). Surtout le jeu entre héritage de manières, stratégies d'avenir et contraintes d'interaction devient beaucoup plus complexe, rendant souvent impossible la définition immédiate de rôles stabilisés. Comme dans le cas de Sabine et Romain Brastignac, il y a alors une recherche patiente et tâtonnante de l'évidence, dans l'ajustement quotidien entre gestes domestiques, échanges conjugaux et rêves de soi. Sabine est divisée depuis son enfance ; elle s'est révoltée contre sa mère, qui tenait mal son ménage, tout en conservant une distance très critique avec le modèle de la « fée du logis ». Les débuts du couple intensifièrent l'empreinte du scénario « fée du logis », sous le regard supposé inquisiteur de la belle-famille. Mais le maintien de la distance critique lui révéla rapidement l'incongruité de certains gestes. D'autant plus que l'interaction conjugale l'incitait à ouvrir le scénario « femme libérée » : à l'encontre de ses promesses verbales, Romain semblait faire preuve de mauvaise volonté. Elle décida donc d'établir officiellement la légitimité de ce second scénario et se moque aujourd'hui de ses idées « bobonne ». L'hésitation avait été cependant forte, redoublée par le fait que Romain est lui-même partagé. En théorie il est pour un partage égalitaire et la libération de la femme ; dans les faits il rechigne aux tâches ménagères. Dans cet ensemble complexe de facteurs contradictoires interactifs, un équilibre s'installa pendant plusieurs mois entre deux styles d'échanges conjugaux, entre deux types d'existence possible : bien que la marge de jeu des acteurs soit généralement étroite, Sabine et Romain ont eu durant cette période un pouvoir de décision considérable. L'évidence leur apparaît s'être dessinée d'elle-même, progressivement, en fait ils ont choisi, construit eux-mêmes leur réalité d'aujourd'hui. Celle de demain sera sans doute différente, nous l'avons vu. Se préparant à entrer dans la vie professionnelle. Romain sent venir des changements importants. L'aisance du revirement qui s'annonce révèle que le premier scénario de Sabine n'était pas refoulé très profondément. Son héritage de manières a toujours empêché Sabine d'aller trop loin dans le scénario « femme libérée » : il restait dans ses gestes une part essentielle d'elle-même. Une nouvelle conjoncture de choix s'annonce, beaucoup moins libre que la première : contre leur présent et leurs idées d'égalité, tout (la différence de manières ménagères, le futur travail de Romain, la ténacité du scénario « fée du logis » de Sabine) les pousse à construire des rôles sexuellement contrastés.

## *Le moi multiple et l'interaction*

La diversité des représentations de soi est permanente : le moi est multiple (Douglas, 1990). Pris entre les forces contradictoires de l'interaction, héritant d'habitudes hétérogènes, incités à produire des scénarios en décalage avec le présent, les acteurs vivent en parallèle différentes logiques de personnalité. L'unité est toujours provisoire, dépendante d'un contexte précis. La plongée analytique dans une biographie peut prendre la forme d'une mise en évidence de complexités et de contradictions de plus en plus nombreuses. Ce n'est généralement pas ce qui est fait dans les travaux scientifiques actuels. Le parti pris est celui de l'unité de la personne (Grumbach, 1988), reproduisant ainsi le schéma identitaire que le sujet met lui-même en œuvre. Mais il est possible aussi d'isoler les logiques sociales différentes composant une personne.

Sur la question du rangement, Pascal Rocher-Martin a été divisé dès l'enfance. Sa mère, parfaite fée du logis, lui a montré ce que pouvaient être un intérieur bien tenu et un linge impeccable, sans cependant lui apprendre les gestes. Schéma classique dans lequel étaient traditionnellement construits les hommes, dans l'attente de la femme qui prenait le relais domestique de la mère. Écart au schéma : il rencontre Ninette. Ninette est l'exact contraire d'une bonne ménagère et farouchement convaincue de la nécessité d'un partage égalitaire des tâches. Dans une situation aussi contraire aux attentes, Pascal ne peut imaginer et construire une unité de comportement et de représentation. Il nous déclare avoir structuré son existence quotidienne en deux : « J'ai deux attitudes : quand je vais chez mes parents je suis les conceptions de ma mère ; à Nantes, j'ai une tendance à être beaucoup plus bordélique. » Il vit entre deux maisons, entre deux femmes aux conceptions opposées et extrêmes, changeant d'idée sur le rangement à chacun de ses déplacements. Changeant aussi d'idée sur lui-même face au rangement, profondément divisé et incertain, attendant une pression des événements pour trancher. Pascal nous livre cette analyse de lui-même, conscient de la coupure en deux de sa personne. La vérité est encore plus complexe : dans aucune des deux maisons il n'est unifié. Chez sa mère, il ne sait s'il doit admirer celle-ci (il lui revient des images de montagnes de linge lavé à la main avec savon et planche en bois) ou regarder d'un œil critique l'éducation qu'il a reçue, à la lumière des problèmes actuels de sa vie de couple. Avec Ninette, il n'y a pas seulement hésitation entre deux versions, il y a éclatement complet : il ne sait que penser de l'idée d'égalité, il ne sait que penser du désordre. Ninette est tellement ferme dans ses convictions égalitaristes qu'il est en théorie convaincu. Il réinterprète même son passé à partir de ce présent, donnant de l'importance à des idées qui furent sans doute éphémères : « Je me doutais bien que le jour où je vivrais avec une nana il faudrait que je mette la main à la pâte. » En découle une perspective d'avenir : « Ce qui va se faire, c'est un partage presque parfait. » Pourtant, avec franchise, il livre son petit cinéma secret : « Ce que je rêverais, moi, ça serait pas vraiment un partage. » Cette autre version lui vient de la pénibilité des gestes ménagers. Le corps ne suit pas ses idées. Sans cette résistance corporelle, Pascal pourrait construire une unité de personnalité cohérente trouvant sa place dans les échanges conjugaux : il serait l'artisan d'une évolution domestique vers un ordre plus exigeant (ce que Ninette ne refuse pas vraiment). L'inertie des habitudes incorporées est cependant la plus forte. Or, Ninette n'accepterait des exigences plus importantes qu'à la condition que puisse être respectée une stricte égalité. Ils sont donc actuellement bloqués sur leurs positions, condamnés à maintenir leur état de quasi-couple. Incapables de choisir entre les personnalités multiples de Pascal, socialisées en deux univers distincts.

Ninette analyse avec perspicacité le présent : Pascal accepte la situation provisoire de désordre parce qu'il est étudiant, mais elle dit être certaine qu'il a d'autres idées en tête pour l'avenir. Elle, par contre, refuse de regarder l'avenir. On la comprend : si Pascal a vraiment ces idées, leur fragile équilibre actuel risque d'être rompu. Elle ne parvient pas à imaginer un scénario qui puisse faire évoluer la situation. Contrairement à l'intéressé, Ninette ne croit pas à la personnalité apparente de Pascal : elle sent sa résistance, à la fois à l'égalité et au désordre. Elle dit cette réalité profonde dans des détails révélateurs. Elle a par exemple été « effarée », au tout début, de le voir séparer linge sale et linge propre dans son sac, pratique correspondant pour elle à une maniaquerie incompréhensible. Elle note avec attention ses brusques agacements contre le désordre, donc contre elle. Ils sont à son avis le signe indubitable qu'il a « une idée plus haute » (de l'ordre). Interrogé, Pascal reconnaît ses réactions incontrôlables, « qui doivent être héréditaires », le fait qu'elles correspondent à une part de lui-même (« J'ai d'un côté des tendances bordéliques et d'un autre côté des tendances vachement strictes »), et s'interroge sur les réactions de Ninette à ce sujet (« Au début elle a dû avoir un peu peur »). Ninette ne veut rien avouer de cette peur, sans doute parce que cet aveu est impossible : il est vraisemblable qu'elle se l'interdise à elle-même, vivant sans questions dans le présent. Le contexte des échanges a aggravé le dédoublement de personnalité de Pascal. La dynamique conjugale rend pour l'instant impossible la construction d'une nouvelle unité de personnalité. Où est le vrai Pascal ? Dans ses brusques réactions et ses secrètes idées d'ordre ? Dans le fait que Ninette semble, comme elle le dit, avoir « déteint » sur lui ? Nulle part, ou les deux à la fois : la cohérence à construire dépend des événements à venir.

## *Les formes du dédoublement*

La représentation de soi fabrique l'unité de la personne à partir de l'hétérogénéité des manières acquises, des tendances contradictoires de l'interaction et du libre jeu de l'imaginaire. Le sujet n'a pas la capacité d'identitifier les repères de sa diversité. Il ne prend conscience que d'alternatives simples, de dédoublements souvent très conjoncturels de sa personnalité. Le dédoublement se produit parfois en séquences successives extrêmement brèves. Les entretiens permettent de repérer de tels changements de position à fréquence rapide. Didier Shimmer, en une déclamation passionnée, vante les mérites de son « fouillis » : « Je m'y retrouve même plus facilement dans mon désordre que quand c'est en ordre. » Interrompu par une question, il répond dans un sens contraire, sans se rendre compte de cette volte-face : « Je devrais être comme elle, je préférerais; vivre dans l'ordre, c'est agréable. » Il reconnaît : « Faudrait que j'essaie d'avoir ce genre de raisonnement. » L'enquêteur demande s'il essaie : « Pas trop faut dire. » L'ensemble de l'entretien donne une impression de confusion. En fait, deux logiques sociales de personnalité s'entremêlent. La première, ancrée dans son passé individuel, tend à minorer les valeurs de l'ordre ménager. La seconde, produite par les échanges conjugaux, le culpabilise dans le rôle d'homme élève de sa femme (d'où la nécessité de compenser psychologiquement parfois par la glorification de « son » désordre). Il est constamment les deux à la fois. Ce qui explique les contradictions incessantes et l'impression globale de confusion. Au deuxième entretien, en présence de sa femme, Didier Shimmer a presque oublié la première version : il ne cesse de répéter que c'est elle qui a raison. Valérie l'interrompt alors pour marquer son désaccord : il ne parle pas sincèrement, car il aime au contraire son propre désordre, ses références sont beaucoup plus celles de ce désordre et il ne pense donc pas vraiment que c'est elle qui a raison. Didier est donc sommé de s'expliquer, et il le fait avec une certaine capacité d'analyse. Lorsqu'il réfléchit, longtemps, il pense vraiment, sincèrement, que c'est elle qui a raison; mais il est vrai que confronté à l'action il ne pense plus la même chose. Excepté des situations comme celles de l'entretien, le mélange des deux versions n'est donc pas arbitraire : sa position dépend du contexte, gestuel et d'interaction. Face aux tâches à effectuer, il devient davantage le soi individuel. Réfléchissant plus à distance des faits ou pris dans l'interaction, il entre dans le personnage du soi conjugalisé : les variations de la représentation dépendent des contextes.

Dépendant du contexte, la représentation de soi évolue donc logiquement en séquences successives, marquées soit par la continuité, soit par les ruptures. À la naissance des enfants, Anne Boniface, féministe militante, se surprit brusquement à entretenir les petits vêtements plus que nécessaire, poussée par une irrépressible envie : « C'était vraiment par rapport au bébé. » Pat marqua son désaccord : il refusait que le « surplus » soit comptabilisé dans le partage égalitaire. Précaution inutile : Anne acceptait avec plaisir la prise en charge de ce travail. Le principe d'égalité n'était plus respecté. Contre ses idées, ses gestes imitaient ceux de sa mère. Elle était consciente (et vaguement coupable) de ce dédoublement. Mais elle se sentait incapable de résister ; sa logique de personnalité et les échanges conjugaux semblaient irrémédiablement évoluer sous la pression du désir et des gestes ; elle renforçait sa cohérence identitaire en ce sens. Puis le scénario égalitaire revint sur le devant de ses pensées. Elle se représentait alors comme piégée, tout en cherchant à s'identifier à nouveau dans le refus de l'enfermement ménager. Elle ne parvenait cependant pas à se libérer totalement des idées précédentes : « Je ne sais pas pourquoi mais il a fallu qu'on me le dise. » La critique d'une amie stoppa d'un coup la dualité de représentation : à force de volonté, elle entra à nouveau totalement dans le scénario femme libérée. Contrôlant de très près ses gestes, cherchant à exagérer dans cette nouvelle direction, pour qu'ils ne l'entraînent plus : « Maintenant je pousse le bouchon jusqu'à leur mettre des trucs vraiment pas... »

L'hétérogénéité est bien entendu encore plus grande au niveau du couple : les mêmes faits sont toujours vus de façon différente, car inscrits par chacun des deux partenaires dans un cadre d'interprétation qui lui est propre. Sabine Brastignac parle en riant du mois de folie rangeresse qui l'emporta au début de leur couple, et signale le brusque revirement qui s'ensuivit. Or Romain n'a rien remarqué, ni les outrances ménagères ni le changement. Il garde au contraire le souvenir d'une procédure calme d'organisation, lui ayant permis de faire son apprentissage ; il considère que le modèle des débuts n'a jamais été abandonné. Romain est placé dans un contexte précis : il se prépare à entrer dans le monde professionnel et sent monter en lui un revirement de ses valeurs domestiques, pouvant déboucher sur une attente de rôle correspondant au modèle appliqué au début par Sabine. Il est donc logique qu'il ne conserve pas le souvenir d'un écart puisqu'il cherche au contraire à renouer une continuité.

## *La stabilisation par les rôles*

L'équilibre conjugal établi grâce à la fixation d'un système d'habitudes diminue la potentialité créatrice de concret de la production imaginaire : les rêves restent des rêves. Ce sont alors les règles d'interaction, les injonctions, les rythmes qui produisent le cadre déterminant l'individu : la construction du moi est passive (Douglas, 1990), l'unification se réalise par la façade, ce qui n'interdit pas sa solidité, bien au contraire. Le processus gagne en puissance lorsque les habitudes s'inscrivent dans des rôles nettement constitués, d'autant plus que ces derniers sont largement reconnus et reproduits par la société ; l'individu n'a plus alors qu'à se glisser dans un contexte de détermination préétabli ou qui lui semble tel. Cette modalité de production du couple et de la personnalité canalise fortement la liberté déstabilisatrice de l'imagination de soi. Mais elle a son revers dans une société de plus en plus marquée par le changement : les repères de l'interaction doivent rester stables. Sous peine de fragiliser l'édifice, qui ne peut être modifié avec souplesse. Ceci éclaire d'un jour nouveau la résistance de la jeunesse à l'intégration ménagère, condition de la créativité imaginaire, de l'invention de l'avenir.

## *L'éclatement de la personnalité*

La propreté et le rangement ne sont qu'un des multiples aspects travaillés par le processus d'unification, de nombreux motifs de contradiction existent ailleurs. Pourtant des couples se séparent sur cette question. Et (plus rarement il est vrai) des personnes finissent par perdre durablement le sens de leur unité, de leur identité. Léon Goulinec aurait rêvé de « tomber sur une femme qui l'aurait tiré vers le haut ». Hélas Madeleine le tire plutôt vers le bas. Il refuse d'avouer qu'il est « mal tombé ». Car il tient trop à son couple et au maintien de la relative bonne entente conjugale. Il prend sur lui, dissimulant mal, par des plaisanteries, son malaise. Il est entré en ménage dans l'idée traditionnelle des rôles sexuellement contrastés. Là aussi, les choses n'ont pas été comme il l'avait imaginé. Ayant très présent à l'esprit ses origines modestes (« On est de la génération sans slips, on avait une chemise et c'est tout, on est parti de bien bas »), il est angoissé par le risque d'un marquage social négatif pour insuffisance d'ordre. Il rêvait sa vie comme un combat pour la respectabilité, passant notamment par la perfection ménagère. Mais Madeleine avait d'autres idées et d'autres manières. Que faire alors ? Léon n'a pas su construire une ligne directrice : depuis trente ans il se contredit sans cesse, empruntant des directions multiples. Il passe du silence compréhensif et fataliste à de brusques « engueulades », d'une conception à l'autre des rôles domestiques. Il croit être resté fidèle à ses idées de départ. Mais l'horreur du désordre le pousse à prendre en charge lui-même certaines tâches, et il argumente sur la nécessité de ces coups de mains. Le couple est donc mal unifié (stabilisé surtout par leur attachement interpersonnel et la régularité de comportement de Madeleine, productrice de routines). L'hésitation la plus grave est en lui ; le doute incessant est comme un bouillon de culture faisant fermenter l'idée qu'il est coupable, que la société le regarde, le montre du doigt, qu'il n'a pas su s'élever du « plus bas » d'où il est parti. C'est cette angoisse personnelle qui rend les contradictions conjugales explosives. Dès le début de l'entretien, il se sent pris en faute. Il s'applique pour répondre en bon élève. Il veut surtout se confesser. Confesser n'importe quoi, mais se confesser, mû par un incontrôlable besoin expiatoire. Il confesse le désordre extrême dans les armoires, les objets qui tombent par terre quand ils ouvrent les portes, l'incapacité qui est la leur de changer cet état de chose. Cela ne suffit pas. À la fin de l'entretien, il gagne du temps pour que la confession ne se termine pas trop vite, il hésite, et, enfin soulagé, avoue comme un crime... qu'il ne se lave pas les dents.

*La fabrication de l'unité*

Les travaux sur la dissonance cognitive (Festinger, 1957; Poitou, 1974) débouchent sur des résultats à la fois limités et passionnants. Limités par le cadre expérimental qui permet artificiellement d'isoler une seule variation, ignorant ainsi le « comité de moi en lutte au sein de l'individu » (Douglas, 1990). Passionnant par la mise en évidence du travail psychologique de production de l'unité. Les observations relatées dans ce chapitre montrent que, contrairement à ce que donnent à penser les travaux de laboratoire, l'unité est plus un objectif continuellement à atteindre qu'une réalité concrète. L'individu social est divisé par les logiques hétérogènes qui le constituent, l'individu psychologique compose l'illusion de l'unité. Entre les deux, une unification réelle mais toujours relative et incomplète parvient à prendre corps.

La fabrication de l'unité est difficile. D'autant plus qu'existe une contradiction permanente entre le travail de cohérence sur le présent et les libres rêveries produisant des décalages pour l'avenir. Contrairement à l'ajustement des gestes, l'imagination de soi n'a pas pour seule mission la fabrication de l'unité. Le travail d'unification est incessant, au niveau de l'ajustement des gestes comme à celui de l'harmonisation de la représentation. Rendu complexe par les incohérences fréquentes entre unification individuelle et unification conjugale. Les personnes interrogées dans les entretiens cherchent à exprimer une opinion claire, « leur » opinion, sans distinguer si elle est plutôt personnelle « séparée » ou partie prenante du conjugal. Jean Archambaud répond, à propos du rangement, en opposant ce qui lui paraît positif et négatif : « S'il est fait de façon régulière et à fond, c'est bien et nécessaire. Mais s'il est fait systématiquement et de façon répétitive, franchement, c'est du temps de perdu. » Suit un moment de confusion. Car il ne comprend pas très bien lui-même l'opposition entre les deux types de rangement qu'il a définis. Il s'acharne cependant. Avec un motif évident : bien que ses idées ne soient pas claires, ce qu'il veut c'est critiquer sa femme et prouver, se prouver, qu'il a raison. Il parvient enfin à devenir plus compréhensible ; il est partisan du grand rangement de temps en temps, contre le rangement continu du moindre objet (principe défendu par sa femme). Cette argumentation a l'avantage de classer ses pratiques dans une définition d'ordre et ainsi légitimé, de renforcer ses positions : « Elle doit trouver que je suis pas ordonné, mais par rapport à ses conceptions à elle. » Pourtant, à d'autres moments de l'entretien, il montre à quel point il est en fait subordonné aux principes élaborés par Agnès : « Les gens qui ont du bazar chez eux je pense que dans leur vie ils doivent être assez instables aussi ; ceux qui ont de l'ordre dans une maison, c'est aussi souvent des gens qui ont de l'ordre dans leur tête. » Dans cette nouvelle réponse, qui prend curieusement la forme d'une probable autocritique, il a glissé dans l'autre logique, conjugale, d'unification. Pris entre les deux, il se lance dans un étonnant discours contradictoire, chaque énoncé étant immédiatement contredit par celui qui le suit : « Sur le rangement je suis plutôt libre. Mais j'aime bien que la maison soit rangée quand même. Disons que je ne vais pas systématiquement ranger quelque chose parce qu'il est dérangé. Par contre en fin de journée j'aime bien que tout soit rangé. Mais je ne vais pas le faire systématiquement. » L'exemple de Jean Archambaud illustre la division de la personnalité produite par le conjugal. Il montre aussi comment l'incessante fabrication de l'unité donne l'illusion de l'unité. Désorienté à quelques instants de confusion particulièrement grande (il pense alors certainement non qu'il n'a pas de position mais qu'il ne parvient pas à l'expliquer), Jean Archambaud redevient sûr de lui à chaque fois qu'il développe plus clairement un point de vue. De la même façon que l'unité conjugale se construit souvent par la façade, sur la base des habitudes plutôt que par l'imaginaire, l'unité de la personne se forge à partir de l'illusion de l'unité. La seule obligation est de fabriquer cette unité sans cesse, aussi changeante soit-elle.

*Troisième partie*

# AJUSTEMENTS ET CONTRADICTIONS DANS LE COUPLE

# VI
# L'IDÉE D'ÉGALITÉ

## *La révolution de l'égalité*

L'égalité de la femme n'est pas une petite affaire; l'égalité de la femme n'est pas une affaire de femmes. C'est, sinon l'axe central, du moins l'indicateur clé de la réalité du processus démocratique. Outre le système politique, la démocratie est le processus social qui permet, plus profondément, de rompre avec la tradition, de choisir personnellement dans tous les domaines : les idées, les valeurs, la vie quotidienne (Kaufmann, 1988a). Or l'inégalité entre hommes et femmes, non seulement tient à l'écart ces dernières, mais également bloque la capacité d'invention démocratique dans les secteurs de la société basés sur le rapport hommes-femmes, notamment la famille. C'est plus qu'une injustice : une limite dans l'avancée démocratique. La domination mâle est vieille comme les civilisations, qui se structurèrent dès leur origine autour de la subordination des femmes (Balandier, 1974). L'idée moderne d'égalité entre hommes et femmes est une révolution considérable, dont il faut mesurer la portée : elle touche aux évidences premières, à ce que la société a de plus profond.

Il n'est donc pas étonnant que le mouvement butte sur des limites qui semblent indépassables. Dans le même temps, l'irrésistible aspiration démocratique alimente sa progression : les points de blocage deviennent des enjeux de société. D'abord l'inégalité face au travail professionnel, certes cruciale, le droit à l'emploi évident pour les hommes, contingent pour les femmes (Maruani, Nicole, 1989). Mais de nombreux travaux (en particulier ceux du courant féministe) ont montré qu'il était impossible de séparer vie de travail et vie familiale. François de Singly (1987a) a analysé comment le prix de la vie conjugale est davantage payé par les femmes que par les hommes ; Andrée Michel (1989) comment l'enfant diminue et précarise l'implication professionnelle de la femme ; Chantal Nicole-Drancourt (1989) comment l'homme, au contraire de la femme, mobilise sa famille pour sa réussite professionnelle : la famille explique la force des handicaps féminins sur les lieux de travail. Les domaines du travail et de la famille sont étroitement liés, interactifs, les inégalités se répercutant de l'un à l'autre et se renforçant mutuellement, construisant ainsi des trajectoires sociales sexuées (Chaudron, 1991). Les inégalités plus que leurs réductions : François de Singly (1990) note que l'augmentation du travail salarié féminin n'a pas bouleversé les rapports domestiques. Il est possible d'en conclure que les blocages propres à la sphère familiale, notamment la question de la répartition des tâches ménagères, sont plus résistants que d'autres. Étant donné leurs effets en chaîne dans tous les secteurs de la société, ils constituent donc un enjeu social de première ampleur. Ce n'est pas un hasard que ce soit « par le travail domestique que le scandale arrive » (Chaudron, 1991), que les femmes se révoltent et que les chercheuses féministes inventent de nouveaux concepts dans les années 70.

Une précision semble ici nécessaire. Toutes les femmes ne souhaitent pas l'égalité, l'insertion professionnelle et la déspécialisation des rôles domestiques. Soit qu'il s'agisse d'une décision de couple, d'un choix de vie dynamique, soit qu'il s'agisse d'une protection passive contre le flottement des repères engendré par le processus démocratique (Kaufmann, 1988a). Dans les deux cas, cette option est digne de respect, et il faut se garder de l'intolérance critique, ethnocentrique, qui repose sur l'incompréhension de ses contraintes et de ses valeurs (Kaufmann, 1988a) ; il convient de comprendre et de défendre les décisions individuelles de refus d'égalité. Parallèlement, c'est là un problème difficile voire insoluble, il est évident que ces dernières ont des répercussions d'ensemble : chaque cas apparemment particulier alimente, par une infinité d'interactions subtiles, la mécanique sociale à reproduire les inégalités. La mécanique inégalitaire plonge ses racines dans l'imaginaire des rapports homme-femme liés à la sexualité, dans les petits gestes féminins de la propreté et du linge. Elle s'emballe à l'occasion d'une maternité, qui handicape la réussite professionnelle et accentue le contraste des rôles domestiques (les rôles féminins et masculins se différencient dès que la fonction parentale doit être assurée ; Glaude, de Singly, 1986).

## *La force de l'idée*

L'idée d'égalité entre hommes et femmes est historiquement récente, surtout dans le domaine ménager. Il n'est pas rare d'entendre se lamenter sur sa faible avancée. Nous verrons qu'il y a effectivement loin de l'idée aux faits et que les obstacles contrariant l'évolution sont importants. Mais ces constatations ne doivent pas conduire à oublier l'étendue du chemin parcouru, à sous-estimer l'actuelle force sociale de l'idée, la rapidité et l'ampleur du changement. Au niveau européen, y compris pour des pays comme l'Espagne ou l'Italie, le modèle conjugal préféré est celui où les deux conjoints ont un métier qui les absorbe autant l'un que l'autre et où les tâches ménagères sont également partagées (comparé à un modèle où la femme est professionnellement moins impliquée que l'homme et un autre où elle reste au foyer ; Mermet, 1991).

L'enquête a permis de vérifier cette puissance de l'idée égalitaire. Tous n'appliquent pas l'égalité, loin s'en faut, mais tous en parlent, comme soumis à une règle d'évidence, un impératif social les obligeant à se positionner et se justifier. Les comportements observables lors des entretiens sont très révélateurs. Les hommes participant aux tâches ménagères ne décrivent pas froidement et objectivement leur activité : la fierté déborde de leurs propos, les incitant à se raconter avec quelque exagération sous les traits de héros modernes. La femme est également fière d'avoir cet homme pour compagnon ou, à défaut, de le présenter comme tel en valorisant les pourtant dérisoires coups d'aspirateur et autres grillades du dimanche. L'homme qui fait peu de choses se sent très mal à l'aise dans l'entretien, comme coupable de ne pas appliquer le droit et la morale unanimement reconnus, cherchant avec maladresse des circonstances atténuantes, se défendant avec timidité en rabâchant le récit de ses minuscules coups de main. Sa femme, qui fait tout à la maison (qu'elle soit au foyer ou travaille à l'extérieur), se sent parfois encore plus coupable que lui de n'avoir pas su changer les rôles, de ne pas être à la hauteur de la société d'aujourd'hui, qu'elle imagine la regarder en victime impuissante et consentante. Ce tableau illustre combien l'idée d'égalité est omniprésente dans les esprits. Certes, plusieurs personnes ont cherché à échapper à son emprise : tout en reconnaissant sa validité pour les autres, ils l'ont repoussée dans un ailleurs, loin de leur quotidien (« Pour les jeunes de maintenant c'est pas pareil, c'est bien »). Mais de nombreux indices montrent qu'elle continuait d'être présente : la démesure des efforts d'argumentation pour se défendre, l'analyse en termes de déséquilibre dans le ménage et la justification de ce déséquilibre plutôt que de se limiter à la complémentarité traditionnelle des rôles, etc. Comme la réponse, très révélatrice, à une question sur un autre thème. Il était demandé : « Le linge et son entretien sont-ils des domaines féminins ? » Excepté quelques ménages ressortissant à l'ancien régime domestique, le rejet de l'identification de la femme et du linge fut immédiat, souvent exprimé dans des termes passionnés, par peur d'être pris en faute, montrant ainsi la prégnance de la morale de l'égalité. Certains, conscients du décalage avec leur réalité, détaillèrent l'opposition entre les faits (pour lesquels ils avaient mille justifications) et la position de principe, sur laquelle ils étaient intransigeants. À ce moment du discours, la plupart exhibèrent le cas d'un homme (relation de travail, ami) sachant s'occuper du linge. Ce contre-exemple était susceptible d'affaiblir la défense de leur manière de faire personnel. S'il ne s'était pas répété dans les entretiens, nous l'aurions donc considéré comme une erreur tactique de l'interviewé, emporté par la dynamique de la conversation. Mais il se répéta à l'envi, nouvelle preuve de la force morale et sociale de l'idée égalitariste appliquée au domaine ménager.

Rappelons en quelques lignes les inégalités de fait. Les femmes au foyer consacrent 44 heures par semaine aux travaux ménagers, les femmes « actives » 36 heures, les hommes « actifs » 20 heures (y compris jardinage et bricolage) (Roy, 1989). L'écart est encore plus grand si l'on prend en compte non seulement le temps passé mais le degré de responsabilité par rapport à la tâche, incluant une charge mentale. Laver, repasser, recoudre un bouton, faire les sanitaires sont à plus de 90 % principalement effectués par les femmes. L'inégalité de la prise en charge s'est réduite sur quelques tâches (vaisselle, courses, cuisine), l'évolution est néanmoins lente et peu importante (Zarca, 1990). En onze années d'intervalle, les hommes actifs ont augmenté de onze minutes le temps quotidien de participation aux tâches ménagères strictement dites (non compris jardinage et bricolage, ainsi que soins aux enfants) cependant que les femmes actives diminuaient de six minutes ce même temps. Mais ces quelques minutes sont peu de chose comparées au déséquilibre d'ensemble : une heure contre trois heures par jour (Dirn, 1990). Si, pour éliminer la variable travail, on ne prend que les inactifs, à situation familiale identique, un homme fait toujours moins qu'une femme, un chômeur en couple moins que lorsqu'il est seul, une chômeuse en couple plus que lorsqu'elle est seule (Maurin, 1989). La différence sexuelle reste donc non seulement persistante (notamment entre garçons et filles vivant chez leurs parents ; Maurin, 1989), mais semble accentuée par la mise en couple.

L'idée d'égalité a moralement et socialement une force considérable alors que la réalité concrète du partage des tâches ménagères est profondément inégalitaire (Lemel, 1990). Ce paradoxe s'explique parce que l'une et l'autre se déroulent sur deux scènes distinctes. Certes reliées (l'idée d'égalité a notamment des effets pratiques importants) mais différentes. L'égalité s'est imposée dans le monde des idées, des références morales et sociales. Elle a réussi à produire des effets notables dans le domaine des « grandes décisions » conjugales (Glaude, de Singly, 1986). Les gestes ont une autre histoire, ailleurs, faite de pesanteurs, qui ne peut qu'être beaucoup plus lente. L'égalité des pratiques ménagères est une abstraction (y compris pour une majorité de couples se voulant égalitaires), une tendance vers un objectif mal défini et jamais atteint (produisant toutefois malgré cette abstraction et ce flou des effets sociaux majeurs). L'observation de terrain la repère mal, débusquant plutôt les illusions et les ruses ayant pour but de masquer l'inadéquation des gestes à l'idée, ou d'interdire l'évaluation des devoirs et des mérites des deux partenaires, conjugalement insupportable à trop fortes doses. L'égalité est, pour l'analyse sociologique, un peu comme la notion d'intérêt : à la fois introuvable dans le concret et pourtant puissamment agissante.

Dans l'ordinaire du quotidien, la justification de la pratique telle qu'elle est (c'est-à-dire presque toujours inégalitaire) s'entremêle avec la réflexion égalitariste comme si chacun des deux types de pensée fonctionnait à un niveau séparé, tenant son origine d'une source différente. Amélie Marmandais ne cesse de répéter : « Il faut faire avec ce que tu vis », vraisemblablement pour se convaincre elle-même de ce qui n'est pas totalement évident. Au détour de quelques phrases, elle avoue du bout des lèvres qu' « évidemment ce serait mieux autrement », fermant aussitôt cette ouverture sur un monde rêvé par un « mais c'est bien comme ça ». Elle reconnaît que les idées sur « la libération de la femme » sont quelque part dans sa tête plutôt dérangeantes : elles l'empêchent de se légitimer, de vivre sereinement son présent. Comme l'exemple outrancier du frère de son mari, parfait contraire de ce dernier (« Il est pire qu'une femme »). Entre la société en marche et sa vie de tous les jours, Amélie cherche une pensée unique. À l'inverse d'Amélie, Valérie Shimmer n'est pas sur la défensive face à la modernité : l'idée d'égalité lui plaît beaucoup et elle le dit nettement. Simplement ce n'est pas pour elle : « C'est utopique. » Alors elle se résigne et justifie sa situation de fait, n'hésitant pas, dans l'entretien, à argumenter quand il le faut sur le bien-fondé de leur inégalité de répartition et sur son sincère accord avec ce qu'elle vit. Passant ainsi d'une thèse à l'autre, exactement antagoniques, selon que les questions portent sur des idées générales ou son rapport concret à la vie ménagère. En dehors de la situation d'entretien, l'idée d'égalité lui remonte de temps en temps à la conscience, surgissant d'une réflexion latente, perturbatrice de l'harmonie conjugale et l'incitant à une action critique. Elle entre alors en guerre minuscule contre Didier, pour de très maigres résultats apparents (excepté une vague culpabilisation de celui-ci). Cette action lui permet cependant d'obtenir beaucoup dans le domaine du non-visible et du non-dit : grâce à son effet libératoire, elle refoule l'idée égalitariste dans l'ombre de la pensée parallèle.

## *Tendances d'évolution*

La réduction des inégalités sexuelles face aux travaux ménagers est à la fois historiquement rapide et lente pour les femmes qui la souhaiteraient plus importante. Surtout, il est possible de se demander si le chemin déjà parcouru n'a pas été le plus facile, si les obstacles restant à franchir ne sont pas les plus résistants, si le rythme de l'évolution ne va pas ralentir.

Pour une majorité de couples en effet, un compromis a été trouvé entre l'idée de principe et la résistance du concret ; leur recherche n'est pas vraiment celle de l'égalité mais du refus des inégalités trop fortes, la satisfaction des deux partenaires conjugaux permettant de vérifier que l'équilibre a été trouvé. Ce compromis ayant en outre l'avantage de contourner le problème de l'impossible évaluation systématique de l'un par l'autre, qui complique les choses les plus simples. Il est frappant de constater combien les couples qui ont mis au point cette méthode se sentent légitimes, à l'aise dans leur temps, maîtres d'œuvres d'une efficacité domestique ne contrevenant pas à la morale dominante (c'est-à-dire l'égalité). À l'opposé, il est frappant de constater combien ceux qui persistent dans une volonté d'application radicale et pointilleuse de l'idée égalitariste, y compris l'évaluation stricte, sont confrontés à des difficultés pratiques tout en étant peu soutenus par une motivation conjugale durable. Une conclusion semble s'imposer : l'égalité, réflexion parallèle d'origine sociale, jouerait un rôle continuel d'aiguillon mais serait appliquée selon des modalités très particulières par les couples, jusqu'à en dénaturer les principes. Chacun fait comme si ces derniers étaient vaguement respectés, en restant dans le flou, pour mieux tricher sur les deux composantes de l'égalité : le partage moitié-moitié et le calcul pour y parvenir. Le refus de voir la contradiction indiquerait que l'objectif ultime est d'ores et déjà atteint : une inégalité raisonnable. Une telle conclusion, pessimiste pour les féministes, est renforcée par l'étude de l'évolution interne au cycle de vie. Jean Kellerhals et son équipe (1982) ont mesuré l'important décalage existant (surtout chez les femmes diplômées) entre le projet de répartition égalitaire au moment de la mise en couple et la réalité des pratiques deux ans plus tard. Confrontés à l'absence d'expérience et de références des débuts du couple, les jeunes partenaires (lorsqu'ils ne s'insèrent pas à l'intérieur de rôles socialement préconstruits) se tournent vers la théorie des échanges actuellement la plus forte sur le marché des idées : l'égalité. Naïvement, ils la font plus ou moins leur, sans en discuter beaucoup, sans trop savoir comment procéder. « Ça s'est passé comme ça, sans qu'on en parle vraiment, sans qu'on le décide » (Géraldine Le Fecht). En privilégiant la question de la répartition égalitaire par rapport à celle du calcul de ce que fait chacun, appliqué seulement à quelques détails. Puis les habitudes s'installent, structurent le cadre des pratiques, définissant très souvent des domaines de spécialité. « Avant on a essayé de tout partager moitié-moitié, maintenant on fait plus ce qu'il nous plaît » (Sabine Brastignac). La règle floue d'égalité perd alors de son importance, qui était de servir de guide, puisque chacun désormais sait grosso modo ce qu'il doit faire; les répartitions égalitaires et les inégalités sont lourdement inscrites dans le concret, il n'y a plus grand chose à décider. « Il y avait comme des enjeux, on ne le sent plus » (Sabine Brastignac). L'idée d'égalité serait donc surtout opératoire dans les débuts du couple. Ce qui n'est pas négligeable, car c'est un moment essentiel de la structuration des futurs rôles domestiques. Mais elle se transformerait par la suite en référence lointaine, souvent incapable de contenir la résurgence inégalitaire qui sourd des manières d'agir. Elle ne serait qu'un aiguillon, et un aiguillon éphémère, dont la vertu se limiterait à laisser quelques traces.

La question de l'évolution future du partage des

tâches ménagères reste ouverte. Le scénario pessimiste a de solides arguments, la version égalitariste en a d'autres. L'idée est floue dans ses applications, son rôle d'aiguillon momentané. Toutefois, elle continue, en tant qu'idée, à approfondir son caractère d'évidence, à s'installer officiellement, à s'institutionnaliser. À renforcer donc son pouvoir d'imposition. Les effets de ce pouvoir sont notables dans des espaces domestiques éloignés des principales zones d'effet de l'idée (les débuts du couple dans les classes moyennes) ; dans la culpabilisation masculine, qui touche tous les groupes sociaux, toutes les générations ; dans la surestimation de la réalité du partage égalitaire par les milieux qui la pratiquent le moins ; dans les innombrables changements, limités mais symboliquement importants, parmi les ménages régis par l'ancien régime domestique. Ces changements sont difficiles à mesurer. Car l'homme a toujours participé aux tâches ménagères sous la forme du « petit coup de main ». Il est cependant indéniable que son comportement d'ensemble s'est profondément transformé dans la génération des préretraités et des jeunes retraités actuels : même si les résultats sont pauvres, la volonté de coopération domestique est devenue évidente. « Une égalité ? Ah oui je vois ce que vous voulez dire : faudrait que l'homme... Mais moi c'était comme ça, c'est plutôt le domaine de la femme. » Léon Goulinec reste accroché à ses vieilles conceptions de la vie. Pour se rassurer, pour savoir où il en est dans ce monde qui bouge, justement parce que le monde bouge, même au plus près des choses de l'intimité. Car Léon, quoi qu'il en dise, a changé. Cela est venu lentement, sous l'impulsion de Madeleine, gagnée aux idées nouvelles. « Je ne veux pas être esclave de lui non plus. Je pense que c'est cela qui a beaucoup évolué. Maman était tributaire... et elle nous avait fait passer ce truc d'être à la merci de l'homme. Mais moi... non... un peu ma revanche... sans trop exagérer. » Il ne faut pas se fier au discours de Léon, phrases vides aux vertus protectrices et identitaires. Dans la vie de tous les jours, il est vraiment devenu, un peu, un autre homme : « Ça fait partie des tâches du ménage, je collabore sans broncher, il faut collaborer. »

# VII

# LE CAPITAL DE MANIÈRES

## *Le passé et le présent des manières*

L'individu est en grande partie constitué par ses habitudes. Lentement, profondément, les manières de faire se sédimentent, mémorisées dans la conscience, les interactions, les automatismes acquis. Ainsi se forme peu à peu un capital de savoirs, de techniques, de compétences. Et d'idées, sur ce que l'on est soi-même, sur ce qu'est le monde, disant comment agir. Le processus n'est cependant pas parfaitement cumulatif et sans contradictions. Nous avons vu, par exemple, que la transmission féminine pouvait prendre le chemin complexe de la révolte de la fille contre sa mère. Le cadre général des habitudes de la famille d'origine peut se transmettre, mais pas toujours. Les Archambaud ont assez fidèlement reproduit les modèles parentaux (« Ma mère n'aurait jamais toléré qu'on ait une chambre en désordre, alors que chez lui, on tirait la porte quoi ») cependant que les Brastignac ont accompli une double inversion ; elle du désordre maternel vers la volonté de rangement, lui d'un ordre extrême vers un certain laisser-aller. L'analyse de leur cas permet de comprendre quelques aspects de la complexité de la sédimentation des manières de faire. Prenons d'abord le cas de Sabine. Sa mère était très désordonnée, « la dernière à voir la poussière », et l'éducation « officielle » qu'elle reçut fut marquée par ce rapport négligent à l'ordre. Toutefois, très tôt dans l'enfance, le contexte d'idées dans lequel se formèrent ses premières habitudes ne fut pas celui-là mais son exact contraire, venu de la révolte contre la désinvolture ménagère : sous le regard approbateur de son père, elle s'efforça d'apprendre par elle-même. Romain illustre un schéma d'inversion différent. Il ne s'était pas vraiment révolté contre les manières exigeantes de sa mère. Extérieur aux choses domestiques, il n'avait pas de conception bien arrêtée. Son problème n'était pas dans les idées mais dans les gestes : il n'avait rien appris à faire, tout lui coûtait. À la mise en couple, il se forgea donc une opinion à partir de cette réalité médiocre de ses gestes, de sa faible capacité à agir pour nettoyer et ranger. Si l'éducation joua ici un rôle essentiel, c'est donc par le capital de gestes transmis, et non par les idées explicites, les théories inculquées.

Qu'est-ce qu'un capital de manières ? Des idées ou des techniques ? Les deux à la fois, étroitement mêlées, ce qui confère justement à ce capital sa force structurante. Dans certains cheminements biographiques, les idées jouent un rôle plus important (c'est le cas de Sabine), dans d'autres les gestes (c'est le cas de Romain). Dans chaque histoire de vie, il y a à la fois intériorisation d'idées générales et de techniques. Le capital est donc composé de ces aspects divers. Il possède toutefois un noyau dur, mémoire plus stable de l'identité, schéma davantage producteur de pratiques. Ce noyau se situe entre gestes et idées, au croisement des deux, à la fois les deux, difficilement cernable. Ce sont les injonctions à agir, ces schémas incorporés qui font dire « c'est plus fort que moi ». « C'est vrai que je suis quand même excessive. J'essaye de me raisonner parfois, mais non je ne peux pas, il faut que je range quoi » (Valérie Shimmer). Isabelle Jaillou repasse absolument tout, son mari ne comprend pas l'intérêt d'un tel acharnement, elle trouve le temps long pendant l'exécution de la corvée. Elle ne peut cependant rien changer, simplement parce que « c'est à faire ».

Noyau plus stable et structurant, entre techniques « pures » (qui s'oublient si elles ne sont pas en harmonie avec la conception d'ensemble et l'interaction) et idées générales (qui ne sont rien sans leurs gestes d'application), les injonctions elles-mêmes ne s'accumulent pas par simple entassement. Il convient d'analyser ici le rapport du passé et du présent : les injonctions s'enregistrent comme schémas incorporés, mais c'est toujours le présent qui les rend opératoires (ou au contraire les renvoie dans l'oubli). Si la capacité d'enregistrement est considérable (débordant largement ce que l'individu est conscient de mémoriser), les effets dépendent du contexte immédiat d'identification et d'interaction. Ce contexte reformule le passé (de Singly, Charrier, 1988) et commande quel fragment du capital personnel devient producteur de pratiques, quel autre reste dormant. Le présent est en grande partie dans le passé mais n'est qu'une partie du passé ; le passé produit le présent mais l'activation de cette fonction dépend du présent. Ainsi on comprend mieux que l'enfance puisse être très marquante ou au contraire très peu, et que ce qui va marquer est différent d'une histoire de vie à l'autre. Ainsi on comprend mieux que l'individu qui forme couple demeure lui-même tout en devenant autre. Certains hommes, par exemple, oublient brusquement des techniques acquises, par volonté de correspondre à un rôle domestique. Vincent Tatonier avait appris à repasser lorsqu'il vivait seul. Aujourd'hui, cas très classique, il s'en dit incapable. À un moment de l'entretien, il semble même avoir oublié qu'il a su un jour (« Si je savais repasser, je pourrais l'aider un peu »). Marc Rizzolino est plus cohérent, dégageant bien le lien entre passé et présent : « Je ne sais pas trier le linge... parce que je n'ai pas appris... et que je ne veux pas savoir. » Au contraire de Vincent et Marc, Bruno Labarthe, qui croyait ne rien avoir appris, qui croyait être le roi du désordre, se surprend à savoir et vouloir agir, à être à la fois compétent et tenace, à faire ressortir un fragment de capital de l'oubli apparent. Car s'il a l'impression d'improviser, que sa volonté de rangement lui semble toute neuve, si effectivement certaines techniques ont été rapidement mises au point dans le feu de l'action, le cadre de l'injonction remonte par contre à loin, aux modèles observés et incorporés dans l'enfance. Bruno en a à peine conscience. Comme beaucoup d'autres, qui soudainement se « découvrent » (c'est le mot que, très justement, ils emploient) autrement qu'ils ne sont, une partie du capital dormant, totalement ignorée jusque-là, étant réactivée. Géraldine Le Fecht tient à refuser au maximum les contraintes domestiques. Elle est pourtant toute surprise de se « découvrir un peu maniaque pour tout ce qui touche à la cuisine ». Son cas est intéressant.

C'est manifestement la situation présente, en l'occurrence le contexte de l'installation ménagère, qui a réactivé certains schémas autrefois incorporés, illustrant le fait que le présent commande au passé. Mais il ne s'agit pas d'un choix conscient, bien au contraire, et il ne semble guère possible qu'elle puisse s'orienter dans une autre direction. Ceci nous permet de préciser l'analyse de l'interaction complexe entre passé et présent. Car si le présent décide des fractions de capital à réactiver, cette décision est elle-même en partie tributaire du passé incorporé. Nous comprendrons mieux avec l'histoire des Delmony. Dans les premiers temps du couple, Olivier, de quatre ans plus âgé, se considérait comme plus organisé et ayant davantage d'expérience concernant l'entretien du linge. C'est lui, par exemple, qui savait faire marcher le vieux lave-linge : il transmit sa compétence à Anne-Sophie. Progressivement (« Ça ne s'est pas décidé, ça s'est passé comme ça »), celle-ci prit tout en charge, à l'encontre de leur souhait d'égalité : les idées apprises dans l'enfance étaient remontées et déclenchaient l'action, « c'était plus fort que moi ». Reprenons les faits. Volontaire pour l'égalité, Olivier est prêt à utiliser au mieux son capital acquis de manières ménagères. La situation et l'interaction du moment, leur décision consciente, poussent en ce sens. Nous sommes alors dans un contexte où non seulement le présent mais aussi le libre choix des acteurs commandent au passé. Parallèlement toutefois, Anne-Sophie vit une autre histoire, liant différemment passé et présent. Elle ne décide rien : elle se « découvre » autre, le passé ignoré la poussant malgré elle (malgré surtout ses idées d'égalité) à agir. C'est le contexte présent des débuts du couple et de l'emménagement qui déclenche ce processus. Mais un présent vécu comme un décor pâle : le scénario était déjà presque écrit d'avance. Le passé d'Anne-Sophie va définir leur avenir à tous les deux : ils vont « décider » qu'elle restera au foyer, pour élever les enfants.

Nous accumulons, jour après jour, un capital de manières, gestes et idées mélangés, incorporés en des zones distinctes : mémoire dormante, automatismes individuels et sociaux, mémoire consciente. La circulation entre ces trois zones est gérée par le présent des idées et des interactions. Mais ce présent est lui-même en partie dépendant du passé, nous ne sommes guère libres de décider.

## *Le capital négatif*

Dans l'ancien régime domestique, le capital de manières était un vrai capital, producteur de bénéfices. La femme, grâce au niveau de ses compétences ménagères, remplissait le rôle aux contours déjà définis, recevant en retour la reconnaissance maritale et sociale pour la qualité du travail fourni. Elle pouvait dès lors espérer toucher les dividendes conjugaux de son investissement, sous forme d'un apport masculin qui soit à la hauteur de ses capacités et de ses efforts. Aujourd'hui tout est changé. Le capital est encore parfois en partie un vrai capital, producteur de bénéfices. Mais il peut aussi se transformer sournoisement en capital négatif, engendrant des déficits. Ainsi, aux débuts du couple, si les savoir-faire sont un atout largement utilisé dans les approches de séduction, la présentation et la valorisation de soi, ils peuvent rapidement devenir un piège qui pousse à agir en contradiction avec ce que l'on aurait souhaité. Nadia Labarthe tient à repousser autant que possible toute intégration ménagère. Sur un détail pourtant, elle s'est elle-même piégée, à cause de son capital de manières. Elle sait un peu faire la cuisine et, sans trop oser le dire, adore cela. Elle n'a donc pu s'empêcher de réaliser quelques petits plats (en vérité peu fréquents et très rudimentaires), simplement pour montrer son art à Bruno, pour lui faire plaisir, pour lui plaire. Malgré sa méfiance et sa réticence pour les choses domestiques, elle a alors été prise au jeu des habitudes acquises et de l'interaction (Bruno n'a pas raté cette occasion inespérée), ne pouvant plus se dégager : « Et puis attention, je lui ai affiné le palais, alors maintenant il réclame que ce soit bon. » La plus petite technique apprise, la plus minuscule compétence peuvent être coûteuses au lieu d'être rentables. Anne-Sophie Delmony procédait à l'étendage du linge d'une façon très personnelle et élaborée. À tel point qu'elle ne put accepter qu'Olivier y participât malgré leur commune volonté de partage. Ni Olivier ni personne d'autre : « Je faisais rire tout le monde avec mes manières. » Les rires et les problèmes conjugaux sur la question affaiblirent peu à peu l'évidence des gestes; l'étendage devint pénible. Elle accomplissait un travail plus important que ce qui est habituel, sans raisons apparentes, sans reconnaissance de la part d'Olivier (c'étaient plutôt des moqueries et critiques), avec désagrément. À cause des manières incorporées. Ils résolurent la difficulté en achetant un sèche-linge.

Le terme « négatif » doit être bien compris. Les tâches ménagères ne sont pas négatives en elles-mêmes et ne sont pas vécues comme telles dans la majorité des cas, elles le deviennent lorsqu'elles sont effectuées avec une conscience négative. C'est seulement alors que le capital de manières produit des pertes dans les échanges conjugaux. À l'origine se trouve la différence de manières et de degré d'exigence entre les deux partenaires. Ce décalage provoque un double effet : il pousse le possesseur du capital le plus important à faire davantage tout en interdisant au détenteur du plus petit capital de reconnaître cet effort (étant donné que ce dernier ne juge qu'à l'aune de ses propres manières). Le problème vient de l'autodéfinition grandissante des rôles conjugaux. Alors que la société fixait autrefois les grandes lignes de la comptabilité conjugale des devoirs et des dettes, ce sont désormais de plus en plus les deux partenaires eux-mêmes qui décident des règles d'évaluation. Mais ils le font chacun à sa manière, formée justement à partir du capital personnel de manières. Lorsqu'il y a décalage, les comptes sont faussés et le capital devient négatif pour celui qui en a le plus. D'autant plus négatif qu'il en possède davantage que son partenaire.

Le schéma d'analyse est clair et permet de comprendre comment un capital positif devient négatif. Le décalage de manières ne produit cependant cet effet que dans un type d'échange conjugal, entre deux pôles extrêmes (les rôles traditionnels et l'égalité stricte) où le capital positif au contraire reste positif. Le système ancien des rôles domestiques demeure vivace, même s'il n'est souvent appliqué qu'en partie. Cette application limitée est toutefois dans bien des cas suffisante pour que le pouvoir et la reconnaissance conférés par le capital de manières ne soient pas subvertis. Au pôle opposé, les tentatives de mise en pratique d'une égalité radicale placent les détenteurs d'un fort capital en bonne situation : ils acquièrent un pouvoir, sans risquer d'en faire plus qu'ils ne souhaitent, et agissent sans avoir de gros efforts à fournir étant donné le niveau élevé de leur injonction. À ces deux extrêmes, de la tradition à la modernité la plus en pointe, le capital est opératoire et produit des bénéfices. Entre les deux (c'est-à-dire dans une majorité de situations), le décalage des manières transforme le positif en négatif. Ce schéma est toutefois difficile à dégager dans la réalité quotidienne. Car il est rare que l'échange conjugal ne touche pas au moins un peu ou bien au principe d'égalité, ou bien aux rôles anciens, ou bien aux deux à la fois. Dans le même couple, tel geste conférera un pouvoir (notamment en créant un sentiment de dette chez le partenaire) alors que tel autre, techniquement semblable, sera piégeant et non reconnu. Plus compliqué encore : tel geste pourra avoir un effet à un moment et l'effet contraire à un autre moment. Il suffit que le contexte d'interaction se transforme, passant par exemple de la satisfaction au conflit. Les gestes changent alors de signification et de représentation ; les comptes ne sont plus faits avec la même monnaie. Le capital ne devient profondément et globalement négatif que dans quelques situations précises (cf. ci-dessous, « Parcours féminin : le piège »). Généralement, les résultats négatifs sont plutôt conjoncturels, produits momentanés de l'interaction, d'autant plus difficilement perceptibles que c'est le même processus qui est à leur origine et à l'origine de ce qui facilite le partage des tâches : le décalage des manières. La conclusion la plus claire est que le capital de manières est ambivalent, porteur d'effets positifs ou négatifs selon les contextes dans lesquels il s'insère. L'exemple des célibataires depuis longtemps célibataires est illustratif. Ils ont souvent appris à s'organiser seuls, acquis un bon capital de manières constituant à la fois un avantage et, sinon un désavantage, du moins un problème potentiel sur le marché matrimonial. Car le partenaire pressenti doit reconnaître et apprécier ces manières déjà lourdement structurées pour qu'il y ait avantage. À l'inverse, le capital peut s'avérer ingérable. Bernard Le Fecht sait repasser les chemises ; trop bien. Il ne peut se résoudre à ce que Géraldine touche à ses cols et multiplie les faux plis. Ne voulant pas se trouver piégé par ce capital négatif (prendre en charge tout le repassage), il a décidé l'instauration d'un système complexe (chacun son linge). Au deuxième entretien, Bernard et Géraldine étaient séparés. Nous découvrons ainsi une nouvelle raison expliquant que la jeunesse s'oppose au domestique : un capital de manières trop important rend l'ajustement conjugal difficile dans le nouveau contexte d'« invention » de la répartition des tâches et des rôles domestiques.

## *Le plaisir du geste*

Les différences de manières produisent du capital négatif pour celui des deux partenaires qui est le plus compétent et le plus exigeant. Valérie Shimmer est consciente d'interdire un meilleur partage des tâches par son comportement : « Si j'étais moins maniaque, il pourrait le faire, ça me conviendrait. Mais je préfère le faire : je trouve que c'est mieux fait. » La première phrase, se terminant par un « ça me conviendrait » ne laissant aucun doute, exprime clairement le type de répartition souhaité. La deuxième phrase dit le contraire, renvoyant dans l'abstraction et l'impossibilité la première : c'est l'injonction incorporée qui commande. Impossible de confier à Didier le lave-linge (« Il met tout à n'importe quelle température »), impossible de lui confier le fer à repasser (« Il fait plein de faux plis »). La représentation d'une autre répartition des tâches est donc condamnée à demeurer à l'état de rêve. Quand Valérie rêve (« Ça me conviendrait »), son capital de manières devient alors négatif, en rendant pénibles ses gestes et en noircissant le tableau de sa vie ; plus elle rêve, plus il devient négatif. Les détenteurs de petits capitaux jouent bien entendu sur la différence de manières, exagérant à l'occasion le plaisir et la compétence du partenaire, leur propre déplaisir et leur incompétence. Léon Goulinec sursaute lorsque l'enquêteur lui parle de repassage : « Repasser ? Ah non, ça non ! repasser c'est exclu : incapacité totale à repasser. » L'essentiel n'est cependant pas dans la résistance manipulatoire du partenaire. Il est dans la force intérieure qui pousse à agir plus et mieux que lui quand les manières incorporées le commandent. Amélie Marmandais ne peut s'empêcher de mener une petite guerre contre Didier pour qu'il s'habille mieux et change plus souvent de vêtements. Elle est pourtant seule à s'occuper du linge et vit mal cette situation. Mais « c'est plus fort que moi » dit-elle : elle ne peut pas ne pas critiquer son laisser-aller vestimentaire.

Le capital de manières pousse à agir : il « faut » le faire et on le fait. Cette injonction est rarement ressentie comme étant coercitive ; au contraire, c'est son affaiblissement qui rend l'action pénible. L'injonction facilite l'action, en l'inscrivant dans le silence des habitudes et les automatismes acquis. Ces derniers ne sont pas toujours parfaits. À l'automatisme et au silence se mêle en effet ou bien le déplaisir de la pénibilité naissante, ou bien le sentiment diffus d'un vague plaisir : satisfaction pour la facilité de l'action, pour l'harmonie entre l'idée de l'ordre qui est dans la tête et le concret, plaisir plus sensuel pour l'obéissance du corps et l'aisance de ses mouvements, volupté du geste lui-même, fierté pleine de contentement pour la compétence acquise. Comme l'exprime très bien Anne-Sophie Delmony, « on n'est jamais mieux servi que par soi-même. Le plaisir que j'ai à ce que ce soit comme je veux l'emporte sur l'ennui que ça peut apporter ». Le plaisir diffus et composite renforçant l'injonction est essentiel pour comprendre la force de ce qui incite à faire ce que l'on souhaiterait par ailleurs ne pas faire. Le capital de manières ne devient pas intrinsèquement négatif : c'est à certains moments de la représentation de soi qu'il prend ce caractère, notamment quand les gestes se font pénibles. À d'autres moments, l'amour du geste efface provisoirement la négativité et réalise le bonheur résultant de l'application du capital de manières incorporées. Inscrivant ainsi profondément dans les faits ce qui plus tard sera perçu différemment comme un piège.

La complexité de la question vient de l'effet double du décalage des manières pour celui qui en possède le plus : il produit soit du capital négatif, soit de l'injonction et du plaisir. Généralement, il produit les deux à la fois, ou l'un et l'autre en séquences successives. La perception de ces deux aspects est donc difficile (pour le chercheur comme pour les acteurs), chacun étant brouillé par son contraire. Il est donc logique que la place centrale du capital personnel de manières dans la répartition des tâches soit insuffisamment perçue. Celle-ci était autrefois fixée par les rôles domestiques, ce qui se perpétue encore aujourd'hui notamment dans les milieux ouvriers. Les jeunes couples tentent parfois d'appliquer une répartition moitié-moitié, tâche par tâche, pour mieux compter et respecter l'égalité. Mais entre ces deux pôles extrêmes, l'écrasante majorité des pratiques conjugales consiste à se répartir les tâches selon les capitaux de manières. À l'intérieur d'une règle souple de refus d'une trop grande inégalité, chacun fait d'abord ce qu'il aime faire et sait faire, ce pourquoi il a du goût et de la compétence, ce qui pour lui a le plus de prix et lui coûte le moins. Instinctivement Bernard et Géraldine Le Fecht expérimentent ce que pourraient être ces domaines, ignorant encore en grande partie ce qu'ils seront : « Chacun a ses spécialités, il y a des choses qu'on préfère faire, et ça se répartit naturellement. S'il ne veut pas faire quelque chose, c'est moi qui le ferai. » Ainsi se créent des spécialités, des domaines, reconnus par le partenaire quand le décalage est faible, susceptibles de ne pas l'être quand il est fort. S'il y a volonté de répartition, la règle d'équité consiste à vérifier ensuite que les efforts de l'un ne sont pas trop disproportionnés par rapport à ceux de l'autre. Sans compter, sans aller trop dans le détail. Pascal Rocher-Martin ne veut pas entendre parler du linge : « Ah non ! le linge... je préfère faire le double ailleurs, me payer toutes les courses, tout ça. C'est en ce sens qu'on parle d'équilibre. » Nul effet de manche dans son affirmation : il préférerait sans doute effectivement faire le double ailleurs. Tout simplement parce que ce « double » lui coûterait deux fois moins ; ce sont les efforts mais en rapport avec l'injonction qui comptent et non les tâches en elles-mêmes. Presque par plaisir, il commence à faire de la cuisine son domaine. Plaisir ambigu, plaisir à double tranchant du capital pouvant devenir négatif : « C'est lui qui fait à manger, parce qu'il aime bien manger, il aime bien faire à manger, il aime bien tout ça. Bon ben c'est bien. » La répartition des tâches par l'injonction est la plus facile, car elle est fondée sur la facilité des gestes. Elle est celle qui donne la plus grande impression d'évidence, celle qui permet de se répartir les efforts ménagers sans calculer, sans y penser. Le problème est que le processus est ouvert et que justement, on n'y « pense pas ». Car l'injonction, le capital de manières incorporées n'entraînent pas automatiquement où l'on souhaiterait aller, notamment quand on se réfère à l'idée d'égalité : les gestes poussent à faire plus là où la tête parfois voudrait moins. La contradiction est particulièrement aiguë dans les contextes conjugaux se rapprochant des rôles traditionnels. La femme qui souhaite s'en dégager, ne serait-ce qu'un peu, est doublement piégée : par l'effet persistant du rôle et par ses propres manières. Le cas est frappant chez les Nitournelle. Bien que mariés sous l'ancien régime des rôles domestiques, Henri serait prêt à évoluer. Marie-Hélène est d'accord en idées : elle trouve excellents les principes modernes de répartition. Simplement, c'est plus fort qu'elle, il faut qu'elle prenne tout en charge. Elle l'avoue en souriant, sourire nécessaire pour être en accord avec elle-même. Elle a un sourire identique pour parler des enfants. « C'était rigolo », dit-elle en parlant d'une occasion où elle avait essayé de leur apprendre à repasser leurs affaires. Ce qui dénote bien son état d'esprit de l'époque : elle ne pouvait pas prendre cette question au sérieux. Effectivement, quelques semaines plus tard, l'épisode était oublié : les enfants ne s'occupent toujours de rien. Chez les Pérez, pas le moindre frémissement de réforme : « La maison c'est le domaine de la femme. » Fernand ajoute, lui sans sourire : « On est toujours restés sur le même principe. Pour moi il est pas mauvais. » En apparence, le capital de manières ne change donc rien ici puisque les rôles anciens sont étroitement respectés (surtout par Fernand). En fait l'analyse montre qu'il permet de légitimer, reproduire et renforcer le modèle qui, sinon, pourrait être remis en cause. Thérèse a « rouspété » en quelques occasions. Fernand s'est alors défendu non en se référant au principe (« La maison c'est le domaine de la femme ») mais en arguant de son incompétence (Thérèse ajoute l'absence d'amour du geste) : « Il ne sait pas comment s'y prendre. Ça ne lui plaît pas, faut aimer premièrement pour faire du ménage. » À mesure que l'on entre plus avant dans leur histoire, il devient clair que les rôles anciens ne sont plus qu'une coquille, qui se briserait si elle était vide : ils ne se perpétuent que parce qu'ils renferment un fort décalage de manières.

# VIII

# LE DON DE SOI ET LE CALCUL DE LA DETTE

## *« Ça s'est passé tout seul »*

« Comment avez-vous mis au point votre système actuel de répartition des tâches ménagères ?

– Ça s'est passé tout seul. »

« Ça s'est passé comme ça », « ça s'est passé tout seul » : avec des variantes infimes, ce type de réponse nous a été souvent donné. Parce que les personnes interrogées ne souhaitent pas présenter le caractère organisé de leur vie conjugale ni les calculs sous-jacents. Plus profondément parce qu'elles n'ont que faiblement conscience de cette organisation et de ces calculs. Les protagonistes ignorent et veulent ignorer les règles régissant leurs échanges, vive dans l'illusion du « ça se passe tout seul », cette ignorance volontaire étant justement la première règle tacite de l'échange. L'illusion n'est possible que parce que l'économie majoritaire des échanges conjugaux est fondée sur le don de soi, qui se structure idéalement sans que les conjoints aient à y penser.

J'entends par économie du don un schéma idéal des échanges conjugaux et non une réalité concrète observable. Car cette dernière, toujours complexe, s'inscrit rarement sinon jamais dans la seule économie du don à l'état pur. Marcel Mauss (1950) prend une position contraire : partant de l'analyse concrète, il montre comment le don est souvent calculé, par exemple pour conquérir une place sociale convoitée. Les développements qui suivent sont en accord complet avec les conclusions de Mauss, la seule différence est terminologique : je préfère appeler don le schéma idéal justement pour mieux comprendre le mélange entre don et calcul, pour mieux souligner la force structurante du don. Le don de soi peut être analysé comme une économie générale des échanges conjugaux, les acteurs ne se la représentant pas, ou très peu. Les deux conjoints se contentent de développer un rapport particulier aux tâches à accomplir, rapport défini par la qualité de l'injonction qui les pousse à agir. L'automatisme de l'action, effet d'une évidence incorporée constituant l'injonction individuelle, s'élargit au fonctionnement conjugal. Passer le balai sans se poser de questions, sans se demander si ce n'est pas à l'autre de le faire ; ne rien dire, ne rien compter, ne rien penser quand le partenaire utilise deux fois plus de linge et que c'est « chacun son tour » de repasser. Chaque journée est constituée de centaines de gestes renforçant l'inscription dans le holisme conjugal. « Il faut le faire » et on le fait, sans réfléchir aux facteurs ayant produit ce « il faut », sans analyser en quoi il relève du personnel et du conjugal. L'injonction doit sans cesse recomposer les évidences fondant les automatismes, et parallèlement, construire le silence, la non-représentation du processus, condition pour que les évidences ne soient pas remises en question et que l'injonction reste opérante. D'où l'impression que « ça se passe tout seul ».

Pourtant cela ne se passe jamais tout seul. Le processus, essentiel dans la production du lien conjugal (de la même manière que le don est plus généralement, central dans la production du lien social ; Godbout, Caillé, 1991), est surveillé à un niveau de conscience intermédiaire et se confronte aux limites posées par la défense des intérêts individuels. Ces limites se manifestent surtout par l'augmentation de la pénibilité des tâches, résultant d'un affaiblissement de l'injonction. Les automatismes et la spontanéité sont socialement produits et individuellement contrôlés : l'injonction n'est pas un mouvement fou, le don de soi n'est pas libéré aveuglement. Car, mal contrôlé, il est susceptible de produire des effets non recherchés. Voyons le cas d'Hélène Tatonier. D'origine modeste, ses parents avaient réussi à lui faire commencer des études. Elle les interrompit rapidement suite à son mariage ; elle voulait tellement, fanatiquement, se dévouer à la cause ménagère, qu'elle ne trouvait plus le temps. Elle détruisit ainsi ses perspectives professionnelles : schéma classique. Son mari ne lui tint aucun gré du don considérable : sans l'avoir souhaité, chacun vit davantage pour soi que vraiment en couple. Hélène n'a pas su éviter la dérive. Comme elle n'a pas su aider Vincent, fils de cadre, à ne pas devenir ouvrier. Ses idées sont obstinément fixées sur le don de sa personne dans d'étroits repères ménagers : elle astique les recoins, repasse avec une précision d'artiste, range au millimètre. Pour elle, pour la satisfaction qu'elle éprouve à la vue du travail bien fait. Mais aussi pour lui. Qui ne regarde pas ce travail. Qui ne la regarde pas. Le calcul de la dette va audelà de la défense des intérêts personnels. Il permet de trouver un équilibre, de limiter les excès du don et de prendre du recul, de construire une stratégie. L'art conjugal consiste à savoir doser, à trouver le bon mélange. Art du concret. Car le dosage s'opère dans une multitude de micro-situations quotidiennes.

L'injonction pousse constamment à se donner, à prendre en charge des tâches sans calcul. Avec simplement l'attente, plus ou moins consciente, d'un contre-don. Ou plus précisément l'attente que le don de soi pousse le conjoint à se placer à son tour dans une position de donateur, le don étant fait plus pour que l'autre donne que pour recevoir (Bloch, Buisson, Mermet, 1989). Le paradoxe est que cette attente ne peut pas être formulée, sous peine que ne soit dénaturée l'économie du don (Boltanski, 1990). Elle doit idéalement rester silencieuse et non représentée, comme l'injonction qui la fonde. Sinon, elle se transforme progressivement en son contraire : le calcul de la dette. Celui-ci, bien que concrètement proche du don, s'inscrit en effet dans une économie radicalement différente. Le passage du don à la dette s'opère de façon imperceptible ; de l'effort sans y penser à l'évaluation de l'autre, du silence à la négociation. Comme l'économie du don de soi est portée par l'injonction, le calcul de la dette est porté par la défense des intérêts personnels. Il n'est pas opposé au conjugal : il constitue une autre modalité des échanges conjugaux, fondée sur la représentation et la discussion.

*Deux logiques contraires...*

Les échanges conjugaux, en particulier concernant le partage des tâches ménagères, se structurent donc à l'intérieur de deux économies contradictoires, composées d'une infinité de degrés et produisant de multiples intersections. La contradiction n'apparaît que rarement, parce qu'elle est constitutive de l'équilibre conjugal, parce que l'intrication est telle que nombre de segments peuvent être analysés aussi bien sous l'angle du don que de la dette. Il est cependant possible de mettre en évidence combien chaque logique est cohérente et différente de l'autre. Le don de soi s'enracine dans les certitudes et la non-représentation, alors que le calcul de la dette tend à l'évaluation et à la négociation. Le don de soi est fluide et instable, sorte d'énergie du conjugal, alors que la réflexion en termes de dette tend à la définition de règles, d'un droit conjugal.

L'injonction se traduit par la prise en charge de tâches, et la répétition de cet acte premier structure les habitudes, rendant en théorie inutile un nouveau don de soi. Mais l'injonction reste en travail, apte à répondre à des situations nouvelles, voire à subvertir les habitudes à peine constituées. Certains jeunes couples, refusant de s'enfermer dans des habitudes, prolongent au maximum un fonctionnement à l'injonction improvisée. Il est alors possible d'observer que l'économie du don de soi se confond tendanciellement avec l'absence de règles. Elle repose *in fine* sur la considération de l'autre comme objet sacré, sur le sacrifice amoureux. À mesure que la tradition perd historiquement ses effets structurants, le calcul de la dette permet de fixer des repères, d'instaurer un droit conjugal contre la perturbation des mouvements régis par le don, en définissant un système d'habitudes. Le perfectionnement de ce système allège les coûts du fonctionnement au don ou à la dette : il suffit de se laisser porter. Les jeunes couples qui refusent l'enfermement dans des routines sont au contraire condamnés à supporter l'un ou l'autre de ces coûts, ou les deux à la fois. Ce qui n'est pas rare ; nombre de couples où l'on discute ferme, où chacun tend à calculer pour ne pas donner trop, sont souvent en même temps des couples où l'on n'hésite pas à certains moments à se donner sans compter.

## ... *intimement mélangées*

Le don et la dette sont sans cesse mélangés, alternant en courtes séquences, fusionnant dans des pratiques à double sens, ou même se développant parallèlement. L'exemple le plus intéressant est sans doute celui de la « petite phrase », celle qui sort des lèvres, brève mais violente, lorsque l'on est agacé par le comportement du conjoint. Elle se présente comme une rupture dans le don, le contre-don se faisant trop attendre, elle proclame la dette du conjoint : « Tu pourrais quand même ramasser tes chaussettes ! » Mais cette apparence, tout importante qu'elle soit, n'est que l'apparence : il est nécessaire de regarder plus loin. Très souvent, la petite phrase a libéré celui ou celle qui l'a prononcée de l'agacement qui gangrenait le don ; elle a été prononcée davantage pour soi, pour reconstituer la capacité d'action, que pour le conjoint. L'attente se limitant généralement à ce que le dernier entende et prenne un instant conscience de sa dette. « Tu pourrais ramasser tes chaussettes ! » ne signifie pas « ramasse tes chaussettes ! ». Régine Sourisseau hésite presque toujours entre les deux : « Soit je le dis, soit je le fais », soit elle contraint son mari à ramasser immédiatement ses chaussettes, soit elle le fait elle-même, accompagnant son geste d'une « petite phrase » ou même sans rien dire. Les deux attitudes occupent une position opposée dans les économies contradictoires du conjugal. Pourtant elle hésite (« Ça dépend si je suis un peu énervée »), les différences pouvant conduire à l'une ou l'autre décision étant infimes. La confrontation entre don et dette oppose généralement gestes et pensées : les habitudes du corps incitent à l'inlassable répétition alors que la réflexion tend à remettre en cause les raisons du mouvement. Le calcul de la dette permet ainsi de limiter l'élan aveugle des gestes ou de les rectifier, de les replacer dans un cadre de signification nouveau.

Don et calcul de la dette se mélangent au plus fin des pratiques quotidiennes, en d'inextricables enchevêtrements et un jeu aux limites faisant passer de l'une à l'autre des deux économies conjugales. Y compris chez les Labarthe, qui ont pour particularité que chacun est porteur de l'une des deux économies contraires. Alors que Nadia se protège dans ses anciennes habitudes personnelles, Bruno se donne au point de prendre en charge la quasi-totalité des tâches ménagères. Nadia se contente de faire un peu (ils mangent souvent à l'extérieur) de cuisine. La réaction immédiate de Bruno est des plus intéressantes : « Elle fait la bouffe, eh bien alors je me dis : je vais la dédommager, je vais faire la vaisselle. » C'est-à-dire qu'au seul moment où elle fait effort pour se donner, il oublie la situation globale des échanges pour évaluer sa dette dans l'instant, comme s'il utilisait ce subterfuge pour relancer sa capacité de don. Si Bruno utilise un furtif calcul de dette pour relancer le don, c'est que ce dernier n'est pas aussi facile, aussi spontané qu'il peut paraître. Bruno l'a en effet construit et tente de le maintenir à l'intérieur d'une stratégie visant à déclencher le contre-don de Nadia. Il se donne en exemple en même temps qu'il se donne, attendant qu'elle le suive. Ce don utilisant parfois le calcul pour se renforcer est donc lui-même un peu calculé. À certains moments d'ailleurs, Bruno ne parvient plus à rester dans la logique du don. Ils ont défini la répartition du linge en deux parties : fragile et non-fragile. Nadia lave à la main le fragile. Mais aucun vêtement de Bruno n'entre dans cette catégorie. Bruno s'occupe du non-fragile, qui comporte autant de linge appartenant à l'un ou à l'autre. L'acceptation de cette catégorie de définition marque déjà la capacité de don de Bruno. Mais il reste quelques zones floues. Qui doit ranger le linge, celui de l'un, celui de l'autre, et le linge commun ? Cet aspect des choses n'a jamais été discuté. Lorsque Bruno revient du lavomatique, il ne peut s'empêcher de ruminer cette question. Que souhaite-t-il vraiment ? Ses pensées fluctuent. Il accepte aisément de ranger ses propres vêtements, quoique l'idée de sphères personnalisées aille à l'encontre de ce qu'il cherche à construire. Il accepte moins de ranger le linge commun. Au retour du lavomatique, après le temps passé et l'effort consenti, il aimerait que Nadia prenne conscience de sa dette envers lui, et le dédommage un peu, comme il le fait lui-même en lavant la vaisselle quand elle fait la cuisine. Au lieu de cela, elle ignore ses revendications silencieuses, à tel point qu'elle « oublie » de ranger ses propres vêtements. Bruno sent alors monter en lui l'agacement, la réflexion en termes de dette balayant d'un coup l'élan de son action. Il renverse alors son sac sur le lit, laissant le plus ostensiblement possible le linge en tas, d'un geste violent qu'il souhaite expressif. Manière de dire son insatisfaction sans briser le silence. Hélas, interrogée séparément, Nadia nous déclare n'avoir jamais rien remarqué.

## *La répartition des tâches*

La répartition des tâches ménagères ne s'effectue jamais dans le cadre d'une seule des deux économies. L'art du conjugal réside au contraire dans le mélange, quelles que soient la proportion entre don et dette et les modalités particulières de l'assemblage. Le don s'intègre souvent dans une stratégie floue tendant implicitement à faire comprendre au conjoint qu'il est en dette, et que la seule façon d'effacer cette dette est de se mettre à son tour en position de donateur. Même Nadia en prend parfois fugacement conscience : « Quand il bosse, je suis moins feignante. Je me dis : il bosse, il faut l'aider. » En vérité, elle se dit simplement : « Il faudrait l'aider. » Face à l'enquêteur, l'emploi du présent tend à montrer à la fois sa reconnaissance d'une dette à l'égard de Bruno et sa bonne volonté pour équilibrer les échanges : au-delà des apparences, de l'impression qu'elle donne de ne rien voir, Nadia subit la pression du don.

Le donateur agit généralement sans y penser, surtout quand il est porté par les habitudes acquises. Parfois avec l'idée d'une compensation a posteriori (s'il se considère débiteur) ou l'espoir d'un contre-don (s'il se considère créditeur). Telle semble être la combinaison la plus fréquente entre don de soi et calcul de la dette. Le point de départ est donc rarement une tentative d'évaluation rigoureuse, se référant à l'idée d'égalité : « Ça se fait naturellement, on s'aide, c'est tout, mais sans compter » (Isabelle Jaillou), « Égalité ? j'aime pas ce mot-là : plutôt une entraide » (Hélène Tatonier). La notion d'aide, de « coup de main », est fondamentale. Le don n'est pas fait pour récupérer explicitement un contre-don de valeur identique. Sinon il ne serait pas don : il y a dans tout don de soi une mise à fonds perdus, un investissement aveugle dans le conjugal. L'espoir, lorsqu'il est formulé, se limite à un retour (mal défini) de niveau inférieur, dont l'archétype est le « coup de main ». Ce dernier cumule tous les avantages. Il constitue d'abord une aide matérielle, certes limitée. Car le coup de main est par définition second dans une action principale. C'est justement son second intérêt : il s'inscrit dans une hiérarchie qui a pour effet de renforcer et de valoriser le premier rôle, celui du donateur. Ce qui explique que beaucoup de femmes continuent à le préférer à une froide tentative de répartition fondée sur l'idée d'égalité ; elles n'ont pas obligatoirement tout à gagner à un partage plus équitable : « L'égalité complète, non ! Moi j'apprécie qu'on me donne un bon coup de main » (Marie-Hélène Nitournelle). Elles risquent de perdre un pouvoir, un pouvoir ambigu bien entendu, dont les limites sont bien illustrées par le cas de Marc et Brigitte Rizzolino. Brigitte sait faire subtilement comprendre à son mari qu'il est en dette concernant la répartition des tâches ménagères, d'autant plus que cette inégalité tend à s'aggraver. Marc ne se sent pas très à l'aise, multipliant coups de main symboliques (« Quand elle fait quelque chose, je ne vais pas à la plage ! ») et faux-fuyants. Elle joue sur cette culpabilité latente pour obtenir gain de cause dans des domaines divers (par exemple pour qu'il taise ses exigences de rangement, plus élevées que les siennes). Mais au prix d'un enfermement ménager qui donne la véritable mesure de ce pouvoir dérisoire. Marc ne se sent pas très à l'aise, surtout face à l'enquêteur. Car l'iniquité de la répartition, dont il est lui-même conscient, saute aux yeux (il ne cherche même pas à trouver des arguments qui pourraient la justifier). Il est en cela peu représentatif de la majorité des couples qui, s'ils ne souhaitent pas une égalité ni une équité absolues, tentent par contre d'éviter une inéquité trop apparente (Kellerhals, Coenen-Huther, Modak, 1988a). La satisfaction dans le couple est alors liée à l'impression de justice qui émane moins de l'évaluation des résultats que du sentiment que l'un et l'autre ont fait leur possible pour s'en approcher. C'est l'élan qui compte, le « geste » comme dit si bien le langage courant, et non le prix exact des cadeaux.

Sauf en certaines circonstances, où l'évaluation des dettes occupe le devant de la scène. Circonstances diverses : moments d'agacement et de crise ouverte, de discussion calme et franche inscrite dans la mise au point d'une stratégie conjugale, réponses à des tâches imprévues et mal définies. Ces dernières surgissent tout au long de la journée. Ou bien l'un des deux partenaires agit sans rien dire, ou bien est posée la question : « Qui fait ? » Lorsque l'un se porte alors volontaire, il ne s'agit plus d'un don. Car après en avoir ouvertement discuté, l'autre est contraint de reconnaître officiellement sa dette. Il ne peut atténuer l'importance de cette dernière qu'en trouvant des justifications : « C'est à toi de faire parce que... » Ce qui devrait nécessiter de bien savoir qui fait quoi d'une manière plus générale. Mais on entrerait alors dans le domaine très problématique de l'évaluation globale. Pour éviter ce risque, la discussion-négociation est généralement partielle, ponctuelle, coupée de son contexte, du genre : « C'est à toi de faire, parce que je l'ai fait la dernière fois. » Elle est donc souvent factice, avec pour fonction véritable de masquer le don de l'un et l'étendue proportionnelle de la dette de l'autre.

## *L'impossible évaluation*

J'avais imaginé une procédure d'enquête que je pensais astucieuse. Il s'agissait, pour chacun, de définir le temps passé à laver, étendre, repasser, ranger le linge : son propre temps et celui du conjoint. La confrontation des deux tableaux à deux colonnes devait ainsi nous permettre d'évaluer les surestimations et les sous-estimations croisées de l'un et de l'autre partenaire. L'échec fut complet. Il nous apprend quand même (heureusement) quelque chose : le temps passé aux tâches ménagères n'est jamais sérieusement évalué par les protagonistes.

D'abord, tout simplement, parce que l'instrument de mesure du temps n'est pas le même pour tous : à l'évidence, les minutes des uns durent beaucoup plus longtemps que celles des autres. Mais aussi et surtout parce que cette question n'était guère venue à l'esprit, parce que, comme l'exprime bien Madeleine Goulinec : « C'est machinal alors je ne peux pas vous dire combien de temps. » Anne Chadeau et Daniel Verger (1989) notent que les écarts concernant le temps passé aux tâches domestiques, entre une réponse spontanée et une réponse plus réfléchie obtenue en se guidant sur divers points de repères, sont souvent de l'ordre de un à deux. Les mêmes variations ont été constatées dans l'enquête. Par exemple, Brigitte Rizzolino avait évalué le temps passé à quatre heures hebdomadaires au premier entretien. Elle a compté plus précisément avant le deuxième entretien. Résultat : deux heures. Mais le plus significatif est sans doute ailleurs, dans la lourdeur du silence en réponse aux questions, dans l'incapacité à répondre. « Ça c'est une colle ! » (Régine Sourisseau), « Ah ! là ! là ! c'est difficile comme question, on n'a jamais calculé ! J'essaie de réfléchir, j'essaie de m'imaginer » (Régis Sourisseau). Comme beaucoup, ce dernier fait un effort considérable pour se représenter les scènes, ne parvenant pas à distinguer les différentes opérations, tentant d'évaluer, avant de lancer un chiffre pour se débarrasser de la fatigante question. Carine Chouchern témoigne du sérieux avec lequel les personnes interrogées ont cherché malgré tout à répondre : « Ah non ! là, vraiment j'arrive pas ! » s'exclame-t-elle après une dizaine de minutes de réflexion improductive. À noter également les tentatives de refus de réponse, dont la moins étonnante n'est pas celle de Bruno Labarthe : « Je ne vais pas calculer l'égalité, ça se fait au feeling, je suis comme ça vient », le généreux donateur ne souhaitant sans doute pas que des comptes grossiers n'envahissent leurs relations conjugales.

Le temps passé aux tâches ménagères n'est habituellement pas évalué, pour la simple raison qu'elles sont constituées en habitudes : on les fait parce qu'il « faut le faire », en y pensant le moins possible. Lorsque est tentée une évaluation, celle-ci s'avère très difficile, les réponses recueillies en témoignent. Si l'on ajoute qu'une mesure du temps et des efforts ménagers n'a aucun sens coupée de son contexte, c'est-à-dire si elle n'est pas replacée dans l'ensemble des échanges conjugaux, on comprend que les deux partenaires se hasardent rarement à compter. Car les éléments les plus hétéroclites, dont certains impalpables, entrent dans ces échanges : les circulations financières, le temps libre pris par chacun, la remarque désobligeante d'un beau-parent, la bonne ou la mauvaise humeur du conjoint, la satisfaction sexuelle, etc. Des milliers de facteurs se croisant et se cristallisant à un moment donné dans un vague sentiment globalisé de contentement ou de mécontentement. Une évaluation replacée dans le contexte global des échanges est donc tout simplement impossible. Ce qui ne pose pas problème. Car le plus important n'est pas l'évaluation en elle-même, mais l'impression que l'on a de pouvoir évaluer, le sens de l'effort pour atteindre ce but plus que le résultat, comme pour le sentiment de justice. Ainsi se comprend mieux la fréquence avec laquelle s'observent des comptes partiels, artificiellement séparés du reste des échanges. Peu importe en effet que leur portée soit limitée, l'essentiel est qu'ils permettent de créer l'illusion, de s'imaginer que l'on compte vraiment et que l'on partage équitablement. Géraldine Le Fecht vit depuis deux semaines avec Bernard. Elle rêve d'une égalité complète. Elle a compté avoir étendu le linge quatre fois contre une seule pour Bernard : ce déficit est inscrit dans sa mémoire en attente d'une compensation. Surtout ces chiffres la rassurent, ils sont la preuve qu'elle tient bon dans sa volonté d'évaluation et de répartition strictement égalitaire, feignant d'oublier que l'étendage représente peu dans l'ensemble ménager et que la seule utilité de le mettre à part est de pouvoir mieux le compter. Après une demi-heure d'entretien, confrontée à l'épreuve du tableau, Géraldine s'embrouille dans ses chiffres, et signale trente minutes d'étendage pour chacun.

Le couple n'a pas les moyens de mesurer avec précision la répartition des travaux ménagers. L'idée de l'égalité pousse cependant certains à aller le plus loin possible dans cette direction. La seule méthode fiable consiste alors à évaluer tâche par tâche. Avec l'inconvénient majeur d'induire une organisation domestique, basée sur la non-spécialisation, peu efficace et productrice d'hésitations et de conflits potentiels. Mais y compris dans ces cas les plus avancés, nous avons pu observer que seuls certains éléments étaient comptés (je te donne ceci contre cela). Régine et Régis Sourisseau souhaitent évaluer activité par activité, avec précision. Hélas leurs manières de faire et leurs exigences étant différentes, les comptes sont problématiques. La balance en effet n'est pas égale : étant donné ses conceptions plus faibles, l'effort coûte plus à Régis. Quant à Régine, son rêve est que son mari parvienne à construire une injonction qui soit à la hauteur de la sienne. Mais ce dernier n'y parvenant pas « spontanément », elle utilise le partage égalitaire pour l'éduquer. Le calcul apparent est donc intégré dans un système d'échange beaucoup plus complexe (le don de soi pour Régis, une stratégie éducative pour Régine).

L'idée d'égalité de répartition semble à l'opposé du don de soi. Car elle est fondée sur l'évaluation et la défense des intérêts personnels alors que le don se développe dans l'oubli et le dépassement de ces intérêts. Et il est vrai que la structure des échanges conjugaux est très différente suivant la place occupée par l'idée d'égalité. L'exemple des Sourisseau illustre cependant que, derrière les apparences, leur tentative de fonctionnement à la dette est profondément dépendante du don (du don de Régis et de l'attente de l'incorporation de ce don dans les habitudes pour Régine). Plus généralement, les tentatives d'évaluation égalitaire entretiennent un lien des plus subtils et des plus paradoxaux avec le don. Car, outre les difficultés purement techniques de la mesure, l'essentiel est que la norme n'est jamais la même pour les deux conjoints : chacun a ses manières particulières, ses définitions du propre et du rangé. L'acceptation du mode général d'organisation du travail et de vagues normes communes de calcul représente donc toujours une concession, un don de l'un. Les comptes sont ensuite tout à fait secondaires, ils ont surtout pour but de renforcer l'impression d'égalité. Le plus important s'est déroulé avant, dans la mise au point des règles du jeu. C'est pourquoi certains couples à la volonté égalitaire affichée donnent singulièrement l'occasion d'observer des formes très prononcées de don, l'idéologie égalitaire constituant le meilleur paravent pour que le don se structure dans le silence et la non-représentation.

## *La défection secrète*

Jean Kellerhals, Josette Coenen-Huther et Marianne Modak (1988b) notent comment dans la situation d'avant-guerre le système d'échange s'équilibre autour de la norme de « réciprocité potentielle » : le mariage fonctionne comme un fonds d'assurance où l'on donne sans compter pour recevoir sans réserve si la nécessité s'en fait ressentir un jour. Les auteurs remarquent qu'aujourd'hui au contraire, étant donné l'importance de la probabilité de la séparation, les couples ont plutôt tendance à mettre l'accent sur la réciprocité immédiate. Les essais d'application de l'idée d'égalité aboutissent effectivement à des expériences de réciprocité point par point, généralement sur de courtes périodes. Mais ceci reste l'exception, la réciprocité étant techniquement difficile à mettre en œuvre et s'intégrant mal dans l'économie du don, qui reste dominante. Un autre type de régulation, très discret, permet en fait de gérer une nouvelle modalité de réciprocité potentielle : la défection secrète. Le terme de « défection » (*exit*) est repris de l'analyse d'Albert Hirschman (1972), qui l'oppose à « prise de parole » (*voice*), expression ouverte de l'insatisfaction. La défection permet de manifester une insatisfaction sans rien dire. Dans le couple, sa forme la plus visible est la séparation (qui s'accompagne souvent d'ailleurs d'éclats de voix !). Mais sa forme secrète, beaucoup plus courante, consiste simplement à se détacher un peu du partenaire, sans rien changer dans les apparences, sans rien dire. En théorie : pour un temps, dans l'attente d'un contre-don qui élimine l'insatisfaction.

La défection secrète est un processus extrêmement mouvant, aux aspects multiformes, permettant de faire circuler avec souplesse dons et dettes, satisfactions et insatisfactions de toutes natures et de toutes origines. La considération de la beauté de la femme croise les compliments des amis admirant les qualités sportives du mari, le déplaisir de ce dernier causé par l'omelette trop cuite et l'énervement de la première dû aux affaires de sport qui traînent. La défection secrète fait tampon, évitant d'exiger à chaque fois une compensation ou une explication, différant la réponse. Chacun enregistre discrètement ses dûs dans cette mémoire molle, en attendant une régulation ultérieure, le flot des échanges contradictoires parvenant à annuler la plupart des dettes. Le déséquilibre des échanges est cependant parfois tel que l'effet-tampon ne suffit pas. La défection permet alors de jouer sur l'attachement pour compenser le déficit, de se rembourser soi-même en monnaie sentimentale. Par exemple en s'offrant un plaisir personnel illicite, en mentant, en s'autorisant des rêves éloignés de la morale conjugale, en s'identifiant « ailleurs ». Ces mesures n'ont pas toujours pour conséquence d'affaiblir le sentiment mais elles y aboutissent indirectement souvent. L'enquête a ainsi permis d'observer plusieurs cas de femmes, donatrices généreuses souffrant peu de la faiblesse du contre-don. Maîtresses de leur foyer, où l'homme n'occupe qu'un rôle marginal, il est évident qu'elles s'intègrent davantage dans l'espace domestique, leur espace, que dans le conjugal. Elles peuvent de cette manière parvenir à n'attendre plus grand-chose du conjoint, agissant avant tout pour elles-mêmes. Hélène Tatonier en est le parfait modèle, au point que son mari la dérange désormais le week-end par sa simple présence. La semaine, tout va mieux, il est en déplacement.

Aussi utile soit-elle pour mettre de l'huile dans les rouages des échanges conjugaux, la défection secrète, se payant en monnaie sentimentale, est contrôlée et limitée, certains préférant les désagréments de l'immédiateté : payer tout de suite plutôt que de risquer le crédit conjugal. Madeleine et Léon Goulinec ont à gérer un gros problème de divergence de conception concernant le propre et le rangé. Léon fait sans cesse effort sur lui-même pour ne pas critiquer. Elle est consciente de l'effort silencieux de son mari et le comptabilise. Lavant « à la va-vite », il lui arrive d'abîmer de « belles chemises » : « Croyez-moi, ça barde ! » Car alors Léon explose, et Madeleine ne dit rien. La scène est désormais ritualisée. Madeleine attend l'explosion et subit les reproches en silence. Pour payer le prix tout de suite et être quitte.

Le don de soi domine les échanges conjugaux, mais il serait erroné d'en avoir une vision angélique : il est souvent calculé et miné par des calculs, travaillé par la défection secrète. Le don n'est jamais pur.

Les travaux d'Erving Goffman sont connus. Yves Winkin en propose une lecture permettant de comprendre que le sujet calculateur cher à Goffman, acteur rusé de la vie quotidienne vécue comme une mise en scène, est aussi capable de constituer l'autre en objet sacré. Plus : que la combinaison des deux aspects est la condition de la réussite de l'interaction (Goffman, Winkin, 1988). Le point de départ du couple est la constitution de l'autre en objet sacré. Mais cet aspect particulier n'invalide pas les observations faites sur l'interaction ordinaire, dans le couple comme dans une discussion entre amis ou avec des inconnus, les protagonistes sont aussi des acteurs rusés. Le donateur est souvent aussi un bluffeur.

L'histoire de Régine et Régis Sourisseau est pleine de rebondissements : au deuxième entretien, leur situation avait complètement changé. Mais au premier, il n'est pas exagéré de dire que Régis faisait preuve d'une capacité de don tout à fait exceptionnelle. Ses propos exprimaient la culpabilité que Régine avait réussi à lui inculquer pour parvenir rapidement à l'égalité. Il s'était fait élève attentif et discipliné, étudiant les gestes et les techniques, tentant d'oublier ses anciennes manières et ses conceptions du rangement moins élevées (qui augmentaient d'autant la pénibilité de ce qu'il avait à effectuer), n'osant aucune remarque (par exemple sur le fait que le plus gros du linge était celui d'un enfant venu d'une première union de Régine). Régine maîtrisait parfaitement jusqu'où elle pouvait aller. Elle avait ainsi fait des remarques parce qu'il mettait plus souvent qu'elle ses vêtements à laver et que cela augmentait la charge globale. Elle sentit qu'elle ne devait pas insister. Mais elle s'arrangea pour présenter cela comme une concession généreusement offerte. Le contre-don limité mais spectaculaire est l'arme préférée du bluffeur. Régine l'avait principalement mis en scène à propos du repassage, très difficile à effectuer, d'une robe de soirée.

Le repassage était strictement divisé par moitié, mais Régine avait décidé de retirer sa robe du lot commun, sans demander de compensation. Non qu'elle ait eu peur que le repassage soit mal effectué : c'était un geste gratuit, pour faire un cadeau. Il suffit de savoir le présenter, le plus petit des cadeaux peut atteindre une valeur considérable dans les échanges. Le bluff d'Anne Boniface est encore plus calculé. Elle a en effet découvert (à peine commence-t-elle à parler de cette histoire qu'elle éclate de rire) que Pat déteste recoudre les boutons. Elle n'avait pas le moindre talent de couturière ni le moindre goût particulier pour la couture. Mais l'occasion était trop belle. Elle se « dévoua » alors avec force effets pour la couture des boutons, s'installant ostensiblement quand Pat commençait son tour de repassage. Alors qu'ils sont tout à fait représentatifs de la génération-Kleenex, elle se découvrit alors une vocation pour la petite couture, allant jusqu'à repriser les chaussettes. Devant tant de bonne volonté, qui la délivrait de l'angoisse d'avoir à recoudre les boutons, Pat décida de lui-même qu'il assurerait désormais l'ensemble du repassage. C'est pourtant la tâche qu'il déteste le plus (après les boutons). C'est pourquoi Anne ne laisse jamais Pat seul à repasser, trouvant toujours mille prétextes à s'activer autour de lui.

### *Faire payer le don*

Un don, par définition, ne se monnaie pas. Le don de soi dans le couple est pourtant un vrai don qui dans certaines circonstances se monnaie. Le don de soi est dominant dans les échanges, structurant l'attachement entre les partenaires. Mais il s'avère parfois nécessaire de faire les comptes. Or dans ces moments de calcul, ce sont les dons qui sont mis dans la balance. Ils peuvent auparavant avoir été vécus comme des dons, généreusement, sans y penser ; ils sont considérés alors sous un tout autre angle par celui qui les a mis en œuvre. Tout dépend du contexte. Il est généralement néfaste de se présenter le don dans le feu de l'action. Cela risque en effet de fragiliser l'injonction et d'accroître en conséquence la pénibilité des tâches. Il peut par contre être utile de le faire dans un moment de discussion, pour définir un meilleur équilibre des échanges et rectifier les règles de l'interaction. Passer de l'une à l'autre position n'est pas une mince affaire : c'est un nouvel aspect de l'art du conjugal.

Le don se monnaie. Il est hélas parfois tellement important et inscrit avec lourdeur dans les habitudes, tellement silencieux et peu reconnu par le conjoint, que les quelques moments de discussion et d'évaluation apparaissent dérisoires. La discussion et la négociation trouvent d'ailleurs difficilement leur place dans ce type d'échange conjugal. Reste alors pour seule solution à faire payer le don, par une petite vengeance non exprimée comme telle et sans commune mesure avec l'étendue du don. Mais qui suffit à dissiper les réflexions critiques et les envies de protester, à retrouver son équilibre dans l'équilibre maintenu des échanges conjugaux, à entretenir la capacité d'injonction.

L'histoire d'Agnès Archambaud se conforme à un schéma classique. Adolescente, elle s'était révoltée contre la maniaquerie et l'enfermement ménager de sa mère, rêvant d'un avenir très différent. Pourtant, lorsqu'elle rencontra Jean, elle se laissa porter vers ce qu'elle critiquait. Sans que personne ne la contraigne, elle répondit à l'attente de rôle silencieusement exprimée. Et au jour du mariage, elle retrouva les gestes de sa mère : elle se fit parfaite maîtresse de maison. Leur vie s'est depuis organisée, calme et apparemment heureuse, dans la répétition et le renforcement des règles d'interaction improvisées dès le début. Elle est prisonnière de ce système qu'elle a en partie elle-même installé, sans avoir jamais cherché à le remettre en cause, sans toutefois qu'il la satisfasse pleinement. Elle garde secrètement la nostalgie d'une autre vie, et cette déchirure rend parfois pénibles certains travaux ménagers, surtout le repassage. Elle laisse le linge s'accumuler, attendant le dernier moment : la chemise de Jean est repassée en catastrophe, le matin même. Il s'énerve mais elle le rassure : à quelques minutes près, la chemise est toujours prête à temps. La scène se répète plusieurs fois par semaine. À l'origine, elle n'avait pas été préméditée par Agnès. Mais elle trouva peu à peu son compte dans l'agacement de Jean : l'agacement efface son insatisfaction. Comment poursuivre ce petit jeu sans provoquer un conflit ? Agnès a trouvé la méthode : il suffit d'en rire, avec éclat, comme s'il s'agissait d'une bonne farce. D'ailleurs le rire a un autre avantage, il renforce considérablement son plaisir et donc le poids de la vengeance. Ils se battent sur la définition de la scène : est-ce un événement important et sérieux, ou non ? Le rire a la vertu de faire perdre Jean aussi sur ce terrain de la définition. Il en est encore plus agacé. Et ce sur-agacement remplit d'aise Agnès. D'autant qu'elle n'a aucun remords : elle plonge dans son rire avec la plus grande sincérité.

Comme elle rit à propos des boutons; la guerre des boutons est étroitement liée à celle du repassage des chemises. Et plus violente encore. Le motif : les boutons de chemise de Jean sont sans cesse décousus et elle oublie régulièrement de les recoudre. L'analyse des causes est évidemment contradictoire. Agnès : « Je ne sais pas comment il se débrouille, il a toujours ses boutons de chemises qui sont toujours décousus. Alors ça c'est une source perpétuelle de... parce que moi mes boutons... Lui ça doit l'énerver beaucoup d'avoir des boutons qui lâchent, et moi je ne comprends pas comment il fait. Des fois je rouspète, je lui dis : t'as qu'à faire attention. » Jean explique longuement comment il n'avait pas ce problème chez sa mère : « Donc c'est un problème vraiment lié à notre couple. Mon épouse a une manie, c'est qu'elle ne vérifie jamais les boutons. Alors les boutons craquent régulièrement. C'est assez énervant ! » Puis, désabusé, « de toute façon je sais que là-dessus elle ne changera pas. Elle est comme ça, elle est comme ça ! Elle le sait de toute façon, je pense qu'elle en est consciente, je lui ai dit plusieurs fois. (...) Je n'essaie jamais de la faire changer de comportement, je pense que c'est inutile, c'est comme ça, c'est comme ça. Il n'y a pas de solution, c'est une fatalité. » Comme s'il avait compris qu'au-delà de la résistance d'Agnès, de sa façon de ne rien entendre, se dissimulait quelque chose de l'ordre de la nécessité. Il faut pourtant donner raison à Jean : le problème est plus important qu'il n'y paraît, et son agacement, violent, n'est pas sans causes. Surtout qu'il s'ajoute à celui qui est dû au non-repassage des chemises, la double scène se déroulant dans le même laps de temps le matin. Pour Agnès, il s'agit sincèrement d'une vengeance amusante et minuscule. Et utile, puisqu'elle suffit à faire payer le don d'autant plus lourd que sa nostalgie pour une autre vie ne lui permet pas de l'oublier en tant que don. La guerre des boutons et des chemises occupe une grande place dans leur existence. Elle a spontanément meublé une grande partie des entretiens, sur une tonalité évidemment très différente ; aux éclats de rire d'Agnès répondaient les tentatives d'explication de Jean sur les causes et le caractère sérieux du problème. Nous attendions avec curiosité l'entretien collectif. La guerre des boutons fut largement le sujet le plus débattu. Un double monologue se développa, le rire d'Agnès se déroulant parallèlement aux démonstrations sérieuses de Jean (et balayant ces dernières) sans qu'ils s'écoutent l'un l'autre. Calmement malgré l'aspect contradictoire des points de vue, sans la trace d'un conflit. Tout risque de dérapage et d'explosion semble en effet à écarter : ils se sont protégés dans la ritualisation de cet aspect particulier de l'échange. Comme dans beaucoup d'autres couples où des subterfuges de toutes sortes permettent de préserver les acquis et de manipuler sans trop d'efforts et de dangers la combinaison complexe entre don de soi et calcul de la dette.

# IX

# LE SILENCE ET LA PAROLE

## *Histoires sans paroles ?*

L'on parle en couple. Plus ou moins certes, mais souvent beaucoup. De choses et d'autres, vues et entendues à la télévision, chez des amis, de la journée de travail, de la varicelle du bébé, des projets de vacances. Question : discute-t-on aussi des innombrables contradictions non résolues, de la répartition du travail ménager, des droits et des devoirs de chacun, de la satisfaction mutuelle ? L'opinion établie nous incite à répondre oui. Notre enquête nous apprend au contraire que, dans le secret bien protégé des foyers, c'est très majoritairement non. Les couples parlent, mais très peu des sujets posant vraiment problème. Sauf en quelques circonstances conflictuelles que nous analyserons, ils discutent rarement de ce qui les sépare et négocient ouvertement encore moins. Nous avons utilisé la campagne d'entretiens comme un instrument pour tester cette langueur des débats conjugaux. Rappelons que les premières interviews, préparant la confrontation prévue dans la séance suivante, portaient notamment sur les contradictions et conflits dans le couple. Il aurait été logique de s'attendre à ce que les deux partenaires parlent abondamment entre eux de cette intrusion dans leur vie privée, des questions inhabituelles et dérangeantes. Or, il n'en fut rien ou presque. Nous avons systématiquement commencé les entretiens collectifs en demandant aux couples de nous dire de quoi ils avaient discuté après notre premier passage. La plupart avaient échangé quelques mots ou ri d'une anecdote, mais fait silence sur l'essentiel. Quelques-uns, ayant tenté d'aller un peu plus loin, étaient rapidement tombés sur les limites habituelles de la discussion conjugale, comme l'explique Léon Goulinec : « On a reparlé de l'interview, mais sur des détails, pas en profondeur : on a bloqué plutôt qu'autre chose. »

Ceci pour une raison centrale, que nous comprendrons mieux par la suite : le silence, voire la non-représentation des problèmes, sont fortement structurants du conjugal. Il convient cependant d'atténuer notre propos. Nous ne savons de la discussion conjugale que ce que les principaux intéressés ont bien voulu nous en dire. Or, le rôle central du « silence conjugal » fait que les partenaires oublient très vite les épisodes parlés. Ayant affirmé qu'ils ne discutent jamais, Agnès Archambaud précise, sans prendre conscience de la contradiction : « Des fois ça doit l'agacer quand je lui dis : range tes trucs, range tes affaires. » À cela s'ajoute le fait que les discussions et négociations, lorsqu'elles ont lieu, ont généralement une forme brève ; fractionnées, éphémères, improvisées dans le feu de l'action, leur inscription dans la mémoire ne s'en trouve pas favorisée. « C'est des trucs vite réglés qui me paraissent vraiment sans importance » (Brigitte Rizzolino). L'analyse fine révèle donc que la discussion sur les problèmes essentiels n'est pas aussi inexistante que ne le laisse penser une première observation. Cette réserve ne doit pourtant pas être exagérée, elle ne remet pas en cause le fait que le couple fonctionne centralement au « silence ». Une des meilleures preuves est constituée par ceux qui tiennent à se présenter comme négociateurs. L'étude détaillée de leur cas montre que leur discours est décalé par rapport au processus d'ajustement, que la négociation, ou bien porte sur des points secondaires, ou bien a peu d'effets : ils jouent à négocier plus qu'ils ne négocient vraiment. Les Brastignac, passé le mois de fureur ménagère de Sabine, ont eu de fréquentes discussions sur le partage équitable des tâches. Ils étaient toujours d'accord. Ils n'ont cependant pas les mêmes manières et idées du propre et du rangé. Romain ne « voyait jamais » ce qu'il y avait à faire. Sabine insista, répétant rappels à l'ordre et mises au point : la négociation en paroles se traduisit un peu dans les gestes et la discussion alors se tarit. Mais le résultat n'est pas à la mesure de ce que fut la débauche de discours, et rien ne permet de penser qu'il soit définitif. Les jeunes couples modernes réinventant les rôles domestiques constituent un autre exemple privilégié. La complexité des échanges, des décisions à prendre, des habitudes à inventer, la liberté de ton de la jeunesse devraient produire une expression conjugale plus forte. Or les jeunes couples, comme les plus anciens, évitent la discussion frontale des questions difficiles et des règles de fonctionnement. Les Boniface ont un système de répartition des tâches exigeant des choix continuels qui pourraient être facilités par la discussion. Pourtant, l'illusion nécessaire du « ça se passe tout seul » fait que le moins possible est dit. « Tu vois le bac qu'est plein : tu fais la machine. Ça se passe comme ça. » Caricaturant sans doute un peu, Bernard Le Fecht va jusqu'à affirmer : « Je ne sais pas si c'est arrivé qu'on se demande mutuellement de faire une chose ou l'autre. »

Ces conclusions rapides sur la faiblesse de la négociation ne prennent pas en compte les variations induites par les différentes configurations conjugales. Les anciennes générations, qui se sont installées dans des rôles domestiques socialement prédéfinis, ont peu à négocier : l'homme et la femme savaient d'avance, grosso modo, ce qu'ils devaient faire. Alors que les couples plus jeunes ou appartenant aux classes moyennes sont mis en situation de décider mille choses, donc, en théorie, de négocier beaucoup plus. Il reste cependant que la discussion et la négociation conjugales ont rarement la forme qui leur est généralement attribuée. Certains couples parlent beaucoup, mais sans rien négocier. D'autres parviennent à négocier beaucoup, mais sans user de la discussion, ou par le moyen d'un bavardage d'apparence banal. La parole joue un rôle important malgré le poids du silence conjugal : pour le comprendre, il faut saisir ses expressions subtiles.

## *Les deux types de paroles*

L'on parle en couple, souvent beaucoup, de choses et d'autres. La plupart de ces conversations se présentent comme des bavardages sans intérêt. Peter Berger et

Hansfield Kellner (1988) nous apprennent qu'il n'en est rien et qu'elles jouent un rôle majeur : elles sont l'instrument qui permet, jour après jour, de construire un point de vue commun, une réalité commune, de se sentir concrètement validé dans ses idées les plus diverses parce qure l'autre écoute et parle de la même voix. La voix échangée crée des conditions de la voie partagée.

Parfois l'on parle d'une autre manière : en ouvrant une franche discussion sur un différend. Il faut comprendre ce que cette discussion a de difficile et de risqué : les règles tacites sont brusquement mises au jour (révélant une infinité de problèmes non résolus) et le ciment du « ça se passe tout seul » rendu inopérant. C'est le deuxième type de langage conjugal : lorsqu'il y a des divergences, des conflits à traiter, des insatisfactions à gérer, ou des décisions à prendre mettant en jeu des intérêts potentiellement divergents (par exemple se répartir les tâches ménagères). J'ai évoqué sa faible importance quantitative : les discussions ouvertes sont ponctuelles (excepté quand elles se développent dans le cadre de conflits), temporaires, ou en décalage avec les faits les plus brûlants. Ce mesurage pourrait donner à penser que la négociation conjugale est une réalité de second ordre. Une telle conclusion est cependant erronée, car l'essentiel ne se situe pas dans les discussions officielles ; la négociation s'insinue surtout dans les ruses du bavardage et dans la communication non verbale.

Dans les ruses du bavardage, de la façon la plus simple : en présentant des positions discutables comme des évidences à partager, une confrontation de points de vue comme une recherche commune de la vérité. Géraldine Le Fecht a précisé un jour que tel torchon était pour la vaisselle alors que tel autre était pour les mains. Bernard a été surpris. Mais il n'a rien dit, acceptant la définition ; le silence est retombé. Il en aurait sans doute été autrement si le torchon supplémentaire avait été présenté comme une option à discuter. Cet exemple porte sur un détail, mais le champ de réalisation habituel est très large, le paradoxe des ruses du bavardage étant de pouvoir obtenir beaucoup plus que par la négociation ouverte. Cette dernière permet d'appliquer certaines règles qui bien qu'officiellement définies restent trop théoriques, par exemple l'égalité de répartition. Elle est donc utilisée de façon privilégiée par ceux ou celles qui se sentent victimes d'injustices dans le couple. Les ruses du bavardage permettent d'aller au-delà de ce qui peut être ouvertement débattu dans une négociation. Il en va ainsi du discours des hommes sur le linge « domaine de la femme ». Si la femme accepte cette version, même du bout des lèvres, alors qu'elle supporte mal que son mari n'en fasse pas davantage, il lui sera alors difficile de changer sa situation. Le mari, extérieur aux tâches ménagères, mis en demeure de changer son comportement, est sûr de se trouver en difficulté s'il entre dans une négociation ouverte, alors qu'il peut maintenir sa position en se battant sur le terrain du bavardage conjugal reproduisant les valeurs anciennes du ménage. Modalité particulière des ruses du bavardage : la critique indirecte. Jean Archambaud, prenant appui sur la révolte de la fille contre sa mère, n'hésite pas à critiquer les maniaqueries de sa belle-mère. Agnès ne peut qu'acquiescer. Elle affaiblit cependant ainsi sa possibilité de le critiquer pour son insuffisance d'efforts.

La négociation passe aussi par la communication non verbale. La forme la plus simple est le coup de force silencieux pour imposer une idée. Romain Brastignac est très agacé par le fait que Sabine soit sensible aux regards extérieurs sur la tenue de son ménage, notamment à ceux de la belle-famille : « Elle a des normes, j'aimerais bien qu'elle change. » Il parvient difficilement à en discuter avec elle, Sabine s'énervant à son tour lorsque sont ainsi remuées ses évidences intimes. Ce jour-là, le père de Romain devait venir le chercher. Il y avait un gros tas de linge non rangé dans le salon. Sabine demanda à Romain d'attendre dehors pour éviter que son beau-père ne monte et surprenne le désordre. Il grommela, mais la discussion était impossible. Il descendit les marches, ruminant sa défaite, et prit sa décision : il fit monter son père. Sabine était atterrée. Romain, libéré, en rajoutait, plaisantant à propos du tas de linge. « Par provocation, pour désenfler cette gêne qui me paraissait artificielle. » Pour désenfler aussi sa propre gêne, accumulée parce que la parole était sans effets. Toutes les communications non verbales ne se situent pas dans un tel contexte de confrontation. Elles constituent un langage ordinaire, parallèle à la parole, pour suggérer une idée, prendre une décision, concrétiser un sentiment. Mais cet exemple nous fait comprendre que leur caractéristique essentielle est de se situer sur une autre scène. La parole critique ou négociatrice met à nu les mécanismes de l'échange conjugal. Ce qui est contraire au « devoir d'évidence » qui incite à les oublier : fortement opératoire, elle n'est pas toujours possible. La communication non verbale, par sa souplesse et son ambiguïté, par sa non-remise en cause du fonctionnement ordinaire, permet d'en dire plus et plus souvent. Elle prend parfois la forme d'un jeu de signes très explicites, petits gestes ritualisés dont le seul intérêt est d'économiser le recours à la parole négociatrice, porteuse d'un potentiel explosif. Pat et Anne Boniface ont un problème avec l'étendage : « Pour étendre le linge, y a pas la presse. » Ils en discutent parfois mais cette discussion n'arrange pas les choses. Ils sentent bien d'ailleurs qu'il leur faut se limiter à quelques mots : un débat plus poussé gèlerait les positions antagonistes. Ils préfèrent fonctionner à l'implicite, par une communication sans paroles, qui leur permet de garder pour eux leurs insatisfactions. « Par exemple, il y en a un qui le sort de la machine et qui le met dans le bac. Et il va au boulot. Ça veut dire : tu l'étendras. » La communication silencieuse peut également emprunter des chemins complexes, se manifester sous la forme de la bonne volonté culinaire ou de la bouderie affective (de Singly, 1976). Voire être éloignée de tout système de signes décodables, totalement ignorée par la personne à qui elle est censée s'adresser. Elle est alors une expression autant pour soi que pour l'autre, souvent ambiguë, à plusieurs sens. Ne pouvant donc absolument pas se couler dans le cadre trop net de la parole. Les Chouchern communiquent beaucoup, sur des choses importantes, tout en fonctionnant parfaitement au silence. Ils sont divisés sur la question de l'ordre : Michel est insatisfait de l'insuffisance d'efforts de sa femme. Il ne dit jamais rien. De temps en temps (« quand je me sens fatigué »), il entre brusquement dans une « crise » qui le pousse à ranger lui-même, comme un fou. C'est plus fort que lui. Il en explique bien les raisons après coup : « Pour retrouver comme un nid », « mon sens de la maison ». La crise est en effet d'abord pour lui-même, concrétisation brutale (et éphémère) de la fraction de personnalité qu'il parvient mal à refouler. Mais c'est aussi un signal envoyé à Carine (« Ça doit l'agacer je pense »), qui le comprend très bien. Qui le comprend très bien tout en n'y répondant jamais. Car elle refuse de se laisser piéger par les maniaqueries ménagères (elle a peur d'une telle évolution, ce qui la rend d'autant plus intraitable). Michel sait qu'elle comprend et qu'elle lui répond par la négative. Il ne dit rien... parce qu'il est d'accord avec elle ! Le débat en effet est avant tout interne à lui-même, entre sa conception de l'ordre inexprimée et l'acceptation totale des arguments de Carine, base sur laquelle fonctionne actuellement le couple. Il est aisé de comprendre que dans une telle situation la parole introduirait trop de clarté, exigerait d'expliciter trop de choses, y compris ce qui ne peut l'être. Ninette Rocher-Martin a également l'habitude de « parler » par crises de rangement silencieuses. Pascal est très embêté dans ces moments-là. Elle ne lui demande rien, mais il imagine qu'elle lui demande vaguement quelque chose et il a sans doute raison. Il sent, à sa manière de faire du bruit, de passer près de lui, qu'il lui serait impossible de ne pas participer. « Quand elle a ses crises de rangement, je ne reste pas à bouquiner, je suis dans l'obligation... »

## *Les deux niveaux*

La négociation non verbale ou celle qui se dissimule dans la conversation banale peuvent être qualifiées de communications douces, y compris quand leurs formes sont agressives. Car elles se déroulent à un niveau d'expression intermédiaire, permettant de se faire comprendre sans trop clarifier les problèmes. Il est rare cependant que ce niveau soit maintenu de façon stricte, sans que deux ou trois choses soient ouvertement dites : la conversation est presque toujours duale, voire multiple, se déroulant simultanément sur plusieurs scènes. Autour d'une même question, il y a ce qu'on explicite ouvertement, ce qu'on laisse entendre à demi-mot, ce que l'on suggère par des mimiques et comportements, ce que l'on exprime pour soi, ce que l'on cache à l'autre, ce que l'on se cache à soi-même. Car la pensée, comme la conversation, est presque toujours duale également, voire multiple, à plusieurs niveaux. Ces différentes couches de l'interaction et de la pensée personnelle peuvent véhiculer indistinctement un même type d'informations comme elles peuvent être spécifiques à un message particulier. Il n'est pas rare qu'un mode de communication dise le contraire de l'autre. Ainsi Michel Chouchern dit à Carine son accord sur son comportement ménager, et par ses gestes de temps de crise fait comprendre qu'il n'est pas d'accord. Les Rizzolino sont dans un schéma d'échange semblable. Marc sait que Brigitte a compris car il observe qu'elle fait effort sur elle-même, comme il le lui demande silencieusement. L'équilibre trouvé est à la fois parfait et fragile, chacun se garde donc de le remettre en cause. Sans le dire et sans trop se le dire, Marc surveille de près cet équilibre. Leur communication est donc continuellement à deux niveaux : l'apparence de calme et de satisfaction de la conversation banale et la vigilance critique de Bernard, perçue par Brigitte. Les deux niveaux de communication sont ici simultanés. Comme chez les Delafontaine, la différence étant qu'entre Marcel et Yvette une contradiction profonde est apparue depuis quelques années : Yvette ne se sent plus à l'aise dans le rôle domestique traditionnel. Après quelques premières explications orageuses, Marcel a bloqué toute possibilité de discussion (et d'évolution). Depuis cette crise, chacun garde cependant très présents en mémoire les arguments adverses. Puisque rien ou presque ne peut être dit, leur conversation reste la même qu'autrefois. Mais la communication se déroule désormais à deux niveaux. Il y a l'accord autour des banalités qui sont dites. Et le lourd silence qui entoure le conflit, rompu parfois par quelques épisodes, parlés ou non, chargés de violence.

Simultanés chez les Chouchern et les Delafontaine, les différents niveaux de la communication peuvent aussi être successifs. Face à Nadia, qui ne comprend pas les raisons de son dévouement ménager, qui ne semble même pas voir ce dernier, Bruno ne dit rien, et tente de s'empêcher d'y penser. À certains moments cependant, un torrent de colère intérieure l'oblige à s'expliquer. Il le fait autant que possible en silence, par des gestes, en déversant nerveusement son sac de linge au retour du lavomatique. À d'autres moments, plus intenses, face à

Nadia qui semble ne toujours rien comprendre, les gestes ne suffisent plus. Ce sont alors d'inattendus « coups de gueule » où Bruno, très énervé, perd sa maîtrise et sa capacité d'argumenter, où il raconte n'importe quoi. Nadia, évidemment, profite de la confusion des propos pour ne rien entendre.

Les différents niveaux de la communication se structurent également suivant les contextes de l'interaction. Le couple a ses moments, qui ne définissent pas le même type d'échange. Et surtout le débat conjugal se mène largement en dehors du couple lui-même. Ainsi Carine Chouchern, qui discute si peu avec Michel, parle beaucoup avec ses copines, surtout de ses difficultés conjugales. Ainsi Amélie Marmandais, qui s'est piégée elle-même dans son rôle de ménagère, parvient mal à en discuter avec Daniel, qui se satisfait très bien de leur situation. Ordinairement résignée (« Je ne me prends pas la tête avec ce problème-là. J'accepte et puis c'est tout, il faut faire avec ce que tu vis »), elle s'aperçoit dans le deuxième entretien que son mari est très mal à l'aise face aux questions posées. Elle saisit aussitôt l'occasion, se range du côté de l'enquêteur, et porte cruellement l'estocade. Elle libère d'un coup le flot de critiques qu'elle portait en elle, vraisemblablement sans trop le savoir.

## *Les deux silences*

L'on parle en couple. Mais l'on sait aussi se taire sur ce qui doit être tu. Car certains silences sont essentiels. Plus qu'une vertu, une obligation conjugale.

Le premier type de silence, qui n'est pas particulier au couple, est le nécessaire silence des habitudes. Les habitudes sont notre mémoire, sédimentée dans les automatismes et les interactions, hors de la mémoire consciente. Chacun le sait quand il dit qu'elles libèrent l'esprit, qu'elles facilitent la vie. Mais cet intérêt pratique est secondaire. Si nous nous construisons hors de notre propre conscience, c'est avant tout pour une autre raison : pour préserver les évidences qui nous constituent. La conscience est trop une machine à poser des questions, à douter de tout. L'habitude qui la quitte pour se déposer dans les seuls gestes acquiert le calme et la puissance de l'indubitable; on est ainsi et c'est ainsi, il faut le faire et on le fait. Rappelons le mécanisme, ci-dessus analysé, de l'injonction : la pensée critique diminue la facilité de l'action et crée les conditions de la sensation de pénibilité. L'habitude parfaite, c'est-à-dire clairement et fortement productrice de pratiques, est donc idéalement silencieuse. Plus que silencieuse, non pensée. L'habitude qui non seulement est représentée mais publiquement discutée ne repose plus sur un socle d'évidences, ne structure plus de rituels d'action. Elle est devenue une idée comme une autre, que l'on agite; qui ne nous agit plus.

Une variante de ce premier silence est celle qui a trait aux habitudes interactives, notamment conjugales. L'habitude interactive est comme l'habitude individuelle : le silence et la non-représentation sont fortement structurants. La conscience des mécanismes du fonctionnement conjugal (notamment : le partage des tâches et la gestion des différences de manières) amène inéluctablement à s'interroger dessus et la discussion à leur propos à la possibilité de les remettre en cause. Ceci peut bien entendu être justifié, et il ne s'agit pas ici de juger. L'important est que la règle d'interaction perd alors son apparence d'extériorité et son caractère d'imposition absolue, conférés par l'oubli. Elle peut rester opérante (si elle recueille l'agrément des différents partenaires), mais peut aussi rapidement se diluer sous le coup des mots et des pensées. Richard Sennett (1979) analyse comment les masques de la société traditionnelle permettaient de vivre sans tensions interpersonnelles alors que celles-ci sont reportées aujourd'hui sur l'intimité. Les habitudes interactives permettent en fait de se protéger des tensions comme le faisaient les masques et les rôles socialement constitués. La différence est que nous les inventions nous-mêmes. L'art consiste donc à savoir oublier cette invention, le caractère construit de la règle interactive, à vivre l'habitude comme donnée, évidente. Plus exactement, l'art consiste à rompre le silence quand il doit être rompu et à le reconstituer ensuite, totalement.

J'emploie le terme silence dans une double définition. D'abord selon le sens commun : l'absence de parole. Mais le silence, comme la communication, se forme à des degrés divers. Le silence le plus épais ne se limite pas à l'absence de parole ; il se densifie encore lorsque l'habitude n'est pas même pensée. Le silence constitutif de la puissance structurante des règles d'interaction commence par la non-discussion à leur sujet. Et s'approfondit dans la capacité à ne pas se les représenter. L'ordinaire de la vie conjugale est fait d'un tel silence sur l'essentiel des échanges. Seule une petite fraction remonte à certains moments à la conscience, pour être individuellement analysée, et parfois discutée. Ce qui explique que les couples interrogés aient eu tant de mal à répondre à nos questions. Parce que nous leur demandions de parler des choses mises en mémoire hors de la mémoire consciente. Ils avaient des intuitions, mais trouvaient difficilement les mots, les idées. Ils savaient, sans pour autant pouvoir parler avec précision. Comme l'a très bien exprimé Éliane Vilot, ça leur faisait « bizarre » : « Ça fait bizarre, parce qu'on ne se pose jamais des questions sur tout ça. » Les Rizzolino sont dans un système d'échange complexe : Brigitte est plus « désordre » que Marc, alors que ce dernier est conscient de ne pas participer aux tâches ménagères autant que le souhaiterait sa femme. Ils ont trouvé un équilibre, fondé sur la non-discussion de ces problèmes : « Tout ça n'a jamais été abordé. » Fondé également sur leur représentation la plus faible possible, pour préserver le caractère protecteur et structurant de l'habitude : « C'est des habitudes qui se sont mises sans que l'on se pose tellement de questions. » À ce silence des profondeurs s'ajoute la simple fonctionnalité de la non-réflexion et de la non-discussion à tout propos, qui facilite le quotidien : « Je n'ai pas envie de toujours regarder qui fait quoi, et j'ai pas envie d'en parler tout le temps, de discuter une demi-heure pour savoir si c'est toujours moi qui fait ça ou pas. »

Le second type de silence conjugal est le produit de la défection secrète. Nous avons évoqué plus haut ce mécanisme, en empruntant un concept d'Albert Hirschmann (1972) : l'insatisfaction conjugale se gère principalement selon deux modalités, la discussion franche et la défection secrète. Cette dernière permet d'enregistrer vaguement, dans une mémoire molle, les plaisirs et les peines, de remettre les comptes à demain ou d'attendre qu'ils se rééquilibrent. Et lorsqu'il y a déficit chronique, de faire payer en secret l'insatisfaction en monnaie sentimentale : par un détachement quelconque, une distension du lien conjugal. La parole est une modalité de gestion des insatisfactions possédant de grandes qualités. Elle va brutalement au cœur des problèmes et permet parfois de les résoudre, elle est l'outil majeur de la réforme conjugale. Mais elle est souvent difficile d'emploi et coûteuse. Surtout parce qu'elle bloque le mécanisme de la défection et supprime la souplesse ; elle ramène tout dans l'instant présent et dans l'explicite, elle incite à faire des comptes parmi une infinité d'échanges, à s'engager dans une tractation qui peut être sans fin. La perspective est si risquée et fatigante qu'une majorité de couples préfère payer au sentiment, à l'identification « ailleurs », y compris quand les problèmes sont graves et le déséquilibre des échanges flagrant et mal ressenti par l'un des partenaires. La prise de parole a un autre coût : comme nous l'avons vu, elle peut fragiliser les habitudes, troubler les évidences acquises et les repères de l'action. La gestion de l'insatisfaction par la défection secrète se mène au contraire en parallèle, sur une autre scène. Le déficit doit être considérable pour que l'effet se fasse sentir sur les règles d'interaction. Ce qui explique qu'elle soit peu opératoire pour changer les choses, résoudre les problèmes. Ce qui explique aussi qu'elle soit fréquemment utilisée. Car elle laisse intacte la force structurante du quotidien (tant les habitudes individuelles et les cadres d'injonction que les règles d'interaction). Léon Goulinec pense ne pas avoir « tiré le bon numéro ». Il se convainc cependant de « faire avec » et refoule les critiques. Il fait payer cette insatisfaction latente, notamment en s'investissant dans des loisirs personnels hors du ménage. Mais en même temps, peut-être parce qu'il se sent un peu coupable du temps et du bonheur pris ailleurs (va-et-vient typique de la défection secrète), il améliore, lentement mais régulièrement, son comportement face aux tâches ménagères. Ici la défection, non seulement ne déstabilise pas le quotidien, mais permet de le corriger doucement. Elle n'est donc pas seulement une modalité de dénégation des problèmes.

Le silence n'est pas fait de vides et de riens. Il fonde le conjugal tout autant et même davantage que la parole. Il s'inscrit dans des processus complexes et multiples. De la même façon qu'il y a différents types de discussion conjugale, il y a aussi différents types de silence.

## *La petite phrase*

Si l'on parle en couple, on parle peu des insatisfactions ou de l'évaluation mutuelle. « Des désaccords ? On n'en a jamais discuté » (Brigitte Rizzolino). La parole, abondante, prend des détours plutôt que d'affronter ouvertement les problèmes les plus aigus. Quand elle éclate franchement, c'est presque toujours de façon brève, comme si l'incursion sur une autre scène des échanges devait très vite être oubliée. « On n'en discute pas comme ça, on va pas faire un briefing, c'est par coups de gueule » (Bernard Le Fecht). Les quelques mots dits le sont parfois au cœur de l'action, calmement, simplement pour harmoniser les gestes des deux partenaires : « Je mets la table » ou « Tu vas chercher les enfants ce soir ? » Plus souvent, ils expriment un désaccord tenace, difficilement exprimable mais qui ne peut plus ne pas être dit : c'est la petite phrase.

Pas obligatoirement agressive en elle-même, elle se développe toujours sur fond de conflit (ou au moins de contradiction conjugale). Elle a une fonction libératoire et de rappel. Libératoire pour l'individu qui ne peut plus s'en tenir au silence. C'est-à-dire qui ne peut plus jouer sur la défection secrète, au risque de payer trop cher en monnaie sentimentale. « Quand c'est trop aigu, on vide le trop-plein » (Léon Goulinec). Elle a également une fonction de rappel en remémorant au partenaire que le motif de conflit, bien qu'enfoui sous le silence, est toujours présent, et qu'il doit veiller à ne pas l'aggraver par ses comportements. Accessoirement, la petite phrase signale brièvement une dette, sans interférer dans le déroulement de l'action, tel le classique « tu pourrais ranger tes chaussettes ». « Il manque un bouton, il le fait remarquer. Mais c'est lui qui le recoud, ce n'est pas moi » (Madeleine Goulinec). Sitôt atteints ces objectifs, ce qui est très rapide, le silence peut retomber. « Dès fois ça éclate (c'est le foutoir sur ta chaise ! et vice versa). Et puis, silence super : chacun range son petit coin » (Madeleine Goulinec).

Comme les diverses formes de communication ou

comme le silence, la petite phrase se situe à tous les degrés de l'interaction. Elle est parfois prononcée uniquement pour soi, en vertu de sa seule fonction libératoire. Que le partenaire comprenne ou non n'a alors pas d'importance : il suffit qu'il entende vaguement ce qui est dit, sorte de bruit de fond conjugal, souvent routinisé. Nous avons relevé de nombreux cas de telles communications unilatérales. Thérèse Pérez, très agacée par de nombreux détails, ne cesse de faire des remarques, tellement inscrites dans l'ordinaire que son mari nous dit ne rien avoir constaté. Didier Shimmer, lui, entend bien la ritournelle lamentative de Valérie. Mais il fait comme s'il ne l'entendait pas : « Il y a bien souvent des petits coups de gueule, mais je laisse dire. » La petite phrase unilatérale libératoire n'est pas une variante atténuée ; si elle ne s'inscrit que faiblement dans l'interaction, cette caractéristique lui permet justement d'être plus aisément libre d'exagération, violente. Le partenaire peut ne rien entendre ou faire semblant de ne rien entendre, l'important est que les choses soient dites. La situation est très différente lorsqu'elle n'est pas même prononcée : il n'y a alors ni fonction de rappel ni fonction libératoire, mais division de la personnalité et affaiblissement de certains injonctions. Éliane Vilot est continuellement irritée parce que Yves laisse son linge sale en tas devant la douche alors que le panier est à un mètre. Elle ramasse sans rien dire, elle n'a jamais rien dit. Mais à chaque fois elle se fait une « petite phrase » dans sa tête, qu'elle paie en monnaie d'attachement conjugal par la défection secrète. Pourquoi n'avoir jamais rien dit, ne serait-ce que pour soi, sans attendre d'effet immédiat ? Parce que la parole négociatrice est coûteuse et que nombreux sont ceux qui ont systématiquement tendance à l'économiser. Souvent la petite phrase ne jaillit que lorsque d'autres formes de communication, plus douces, n'ont pu être utilisées. Parmi celles-ci, le petit geste, pendant de la petite phrase dans la communication non verbale. Le petite geste n'est pas toujours une modalité atténuée. Ainsi Valérie Shimmer, après s'être longtemps lamentée sans résultats, a mis au point une communication par gestes, plus efficace. Auparavant, elle ramassait les affaires traînantes de Didier en doublant son action de petites phrases. Ce dernier « laissait dire ». Désormais elle les met en tas (en silence), obligeant ainsi son mari à les ranger. Le petit geste est ici plus fort que la parole car, organisé différemment, il dépasse la pure fonction libératoire. Mais dans un cadre identique, le geste est une forme atténuée. Parce que la parole, quelles que soient ses modalités, est toujours porteuse d'une possible mise à nu des évidences, d'une déconstruction des habitudes. Souvenons-nous de Nadia, de Bruno et de son sac de linge nerveusement déversé en silence. Bruno ne voulait pas entrer sur la scène des choses ouvertement dites, il voulait faire comprendre à Nadia, mais sans paroles. Hélas Nadia n'entendait rien. C'est pourquoi, après quelques mois (au deuxième entretien), Bruno a décidé de parler. Pas de façon non maîtrisée, comme lors de ses « coups de gueule ». Mais froidement, par des petites phrases, qui sont autant de demandes adressées à Nadia pour qu'elle agisse sur-le-champ.

La petite phrase s'inscrit dans un vaste ensemble de communications et dans une histoire des échanges conjugaux. Son ambiguïté tient d'ailleurs souvent au fait qu'elle délivre en même temps plusieurs messages. Pour être bien comprise, elle doit être mise en situation, avec tous ses arrière-plans. Souvent le matin, Sabine Brastignac se lève et réveille Romain par une plainte lasse : « Oh ! là ! là ! t'as vu le tas de linge, c'est pas possible ! » Petite phrase classique pouvant rappeler la dette ou formuler une demande d'aide. Mais étudions de plus près son contexte. Sabine se couche et se lève toujours plus tôt que Romain. La petite phrase est donc agressive par le moment où elle est prononcée. Sabine ajoute généralement « qu'en plus elle a des copies à corriger toute la journée » (Romain). La demande adressée à Romain semble manifeste, fondée sur une insatisfaction concernant le partage des tâches. Pourtant elle n'explicite jamais davantage et se contente de se plaindre, parlant en apparence pour elle-même. Romain pourrait faire comme s'il n'entendait rien si la phrase n'était pas si dérangeante (parce qu'elle le réveille). Comme Sabine elle-même, il a beaucoup de difficulté à l'interpréter : l'agression dépasse l'insatisfaction sur le partage des tâches, le sens n'est pas clair. Car en fait (mais ils n'en ont pas conscience), la petite phrase est ici surtout libératoire (d'où sa violence), déchargeant Sabine d'un agacement provoqué par le continuel affrontement de leurs divergences de conceptions et de rythmes. Sabine se lève tôt, Romain voudrait se lever tard ; elle est poussée vers l'ordre ménager, il critique ses maniaqueries ; elle doit toujours « commencer par liquider les corvées », alors qu'il remet le travail à plus tard (enfant elle faisait ses devoirs avant de jouer et lui le contraire). La vue du tas de linge matinal cristallise tous les problèmes : elle sera seule à faire la lessive, de plus elle la fera alors qu'il reste au lit, qu'il persiste à vouloir prendre du plaisir avant que le droit en soit acquis par le travail. La petite phrase exprime brutalement son désaccord global, et rétablit presque aussitôt un équilibre intérieur. Romain, bien que ne comprenant pas clairement les messages, répond cependant avec une certaine précision, en déglobalisant. De son lit, à peine réveillé, il lui dit de commencer par ses copies. Nouvelle petite phrase à double sens. Car elle mélange une éventuelle concession sur le partage des tâches (commence par tes copies, je pourrai mieux t'aider ensuite) et une réaffirmation de ses propres conceptions et rythmes (remets donc la corvée à plus tard). Après quelques minutes, soigneusement dosées, Romain se lève et donne un coup de main très symbolique (car évidemment Sabine ne l'a pas écouté) en mettant deux ou trois vêtements dans le lave-linge. Montrant ainsi qu'il a compris le message relatif au partage des tâches. Mais il ne se lève pas trop vite et n'en fait pas trop, pour marquer son désaccord sur la divergence de manières. Au total, deux phrases brèves ont été dites, chargées de sens bien que quantitativement peu importantes. Elles se sont inscrites dans un large faisceau de communications gestuelles et silencieuses, véhiculant des messages très complexes. La conversation conjugale est souvent ainsi : d'apparence franche et abondante, elle évite les problèmes les plus difficiles ; d'apparence banale, elle construit les évidences nécessaires ou porte de façon masquée la négociation ; d'apparence précise, elle est ambiguë et complexe ; d'apparence brève et insignifiante, elle est intense.

# X

# DU RIRE AUX LARMES

## *Les mini-guerres*

Entre la petite phrase et la scène de ménage, le pas est vite franchi. Comme la discussion conjugale, les scènes de ménage sont multiformes et majoritairement brèves, voire minuscules. Elles sont dans ce dernier cas très semblables aux petites phrases, d'autant plus que les fonctions sont alors identiques : libératoire et de rappel d'une règle ou d'une dette. La différence est le degré dans la confrontation, marquant souvent une volonté plus nette d'obtenir un résultat. Nadia Labarthe confirme ce que nous avait expliqué Bruno ; la communication silencieuse et même les petites phrases étaient inopérantes, il devait pour se faire entendre déclencher des mini-guerres : « S'il rouspète mais que j'estime que ce n'est pas urgent, je ne vais pas le faire. Ou faut vraiment qu'il pique une colère. » Quant à Fernand Pérez, il nous confie en secret que si sa femme se fâchait vraiment, il « donnerait la main ». Étant donné qu'elle se limite à quelques petites phrases, il fait celui qui n'entend rien. La recherche d'efficacité peut pousser à rendre le sens de la scène de ménage plus clair que celui de la petite phrase, à supprimer les ambiguïtés. Mais la complexité des contextes ne le permet pas toujours. À preuve la scène des deux chaises du couple Goulinec. Le soir, Léon et Madeleine mettent chacun leurs habits sur une chaise, de part et d'autre du lit. Un même désordre règne sur les deux chaises, les vêtements, entre propre et sale, étant chiffonneusement entassés. Un même agacement envahit Léon et Madeleine, éclatant en scènes brèves mais violentes. Les raisons de la colère sont cependant différentes. Si Léon ne range pas sa chaise, c'est parce qu'il est encore fortement imprégné par l'idée que c'est à la femme de s'occuper de toutes les choses de la maison. Madeleine refuse avec fermeté : « J'estime que ce n'est pas à moi de les ranger. » Léon est troublé, d'autant plus agacé par ce qui se passe sur sa chaise que l'idée très haute qu'il se fait de l'ordre le pousse parfois à ranger lui-même, introduisant ainsi une contradiction majeure dans sa manière de penser et de faire. Il est retenu d'agir par un autre agacement, provenant cette fois de la chaise de Madeleine : ce fouillis-là est l'insupportable preuve qu'elle n'a changé en rien ses attitudes négligentes. Léon est donc simultanément énervé par les désordres très différents des deux chaises. Madeleine également : par la demande insupportable de Léon de ranger ses affaires personnelles et par les remarques sur sa propre chaise qui ne le concerne pas. Au moins quatre raisons croisées structurent donc l'algarade, cette multiplicité interdisant toute clarification : ils se limitent à des éclats de voix violents mais purement libératoires.

La scène des deux chaises est régulière, codée, ritualisée, comme l'est souvent la petite phrase, comme le sont beaucoup de micro-conflits conjugaux. La ritualisation a un inconvénient : elle signale qu'aucun résultat n'a été obtenu et le confort de la routine anesthésie la volonté d'en obtenir dans l'avenir. Elle a par contre deux intérêts, qui expliquent sa fréquence. Le premier est d'interdire d'oubli une règle, un problème, une idée. Erving Goffman (1974) explique que les règles de conduite, liens diffus de la société, ont besoin de manifestations publiques pour se fixer. Theodore Caplow (1986) en donne une bonne illustration à propos des cadeaux de Noël, qui rappellent avec précision à chacun la nature et l'intensité des interactions, qui témoignent des liens qui unissent la famille. La scène de ménage ritualisée joue le même rôle que la manifestation publique de Goffman ou la cérémonie familiale de Caplow : elle fixe, rend visible, affiche « officiellement » l'état d'une relation. Le deuxième intérêt de la ritualisation est de désamorcer le conflit, ou au moins de le contenir dans des limites sûres. Comme les acteurs d'une pièce à succès, les deux partenaires répètent leurs répliques habituelles, pris par le jeu de scène, sans toujours penser fortement à ce qu'ils disent. À tel point que la colère peut disparaître et faire place à l'amusement dans les cas les moins graves. Dans les cas les plus graves, le rituel donne des repères pour ne pas aller trop loin. La scène de ménage ritualisée, comme la petite phrase, a donc des fonctions régulatrices et thérapeutiques.

Pourtant, dans certaines circonstances, la répétition au contraire aggrave le conflit. Nous constatons une nouvelle fois que rien n'est simple dans les échanges conjugaux et qu'il est nécessaire de détailler finement l'analyse : pour comprendre ce qui fait glisser ici dans le sens de la dédramatisation ou au contraire de l'accentuation de la crise. Lorsque la mini-guerre conjugale est dirigée vers une recherche de résultat, c'est bien sûr la non-obtention de celui-ci qui aggrave la crise. Les Nitournelle se sont affrontés au sujet de l'affectation personnelle (marquée par des couleurs différentes) des serviettes de tables : « Alors là ! ça a été la guerre ! » Ils sont parvenus à mettre au point leur système et racontent aujourd'hui cet épisode le sourire aux lèvres : « C'était une guerre gentille. » Il en aurait sans doute été autrement si un accord n'avait pas été trouvé. Mais la plupart des scènes de ménage ritualisées ne sont pas directement liées à une recherche de résultat. Cette analyse des causes du glissement dans un sens ou dans l'autre est donc limitée. L'explication centrale porte sur l'ambivalence de la répétition elle-même. La ritualisation permet ordinairement de maîtriser la crise, mais si, justement, celle-ci n'est plus maîtrisée, elle produit un effet opposé, ouvrant la perspective de la vraie crise se répercutant sans contrôle d'un secteur à l'autre de la vie conjugale, pouvant déboucher sur la rupture. Tout dépend donc, en apparence, de la gravité du motif profond du conflit : la petite scène de ménage serait neutralisée par sa routinisation alors que la grande serait enflammée par sa réapparition incessante. Ce à quoi il convient d'ajouter la clarté du motif. L'exemple des deux chaises l'illustre : l'absence de clarté conduit à une expression purement libératoire, bien endiguée par la ritualisation. L'observation d'un grand nombre de situations montre toutefois qu'il n'est pas possible de s'en tenir aux seuls motifs sous-jacents. La perte de maîtrise (qui fait perdre aussi les bénéfices de la ritualisation et au contraire aggrave ses effets devenus négatifs) n'est pas uniquement liée aux causes profondes de divergences. Elle est largement déclenchée en effet par des prétextes, des détails, des futilités. La crise la plus explosive est celle qui survient inopinément, par la brusque redécouverte d'une manière de faire exécrée, d'indestructibles et détestables tics et maniaqueries. Bien sûr, le geste minuscule est porteur d'une conception plus vaste, et c'est en même temps celle-ci qui est réprouvée. Mais dans le choc de l'instant, c'est le geste en lui-même qui provoque l'émotion, faisant perdre la maîtrise de la situation et mettant ainsi en branle un engrenage négatif. Léon et Madeleine Goulinec contrôlent parfaitement la scène de ménage des deux chaises. Les problèmes qui sont derrière sont pourtant récurrents et brûlants dans ce couple. Plus importants que celui qui explique une autre scène : Madeleine lave mal les assiettes. Cette question est davantage locale, parce que la propreté est moins en discussion que le rangement chez les Goulinec et que les ramifications sont moins nettes avec leurs divergences centrales. Pourtant, quand Léon prend une assiette pour l'essuyer (moment rare de collaboration ménagère), qu'il a oublié pour la millième fois le défaut incorrigible de sa femme, qu'il prend donc l'assiette et sent sous sa main la viscosité infecte, sa colère explose dans la seconde, réaction émotionnelle et corporelle, incontrôlable. Conflit très semblable chez les Rocher-Martin. Ninette est enrhumée toute l'année et l'on peut suivre son passage aux « vieux mouchoirs qui traînent partout ». Cette habitude « énerve prodigieusement » Pascal : « C'est notre grande bataille. Je gueule, je gueule, je gueule... ça fait un moment que je gueule... et ça ne change rien. » L'énervement de Pascal ne s'est pas cristallisé par hasard sur ce détail. Celui-ci est en effet révélateur d'une insatisfaction concernant les conceptions du rangement de Ninette, plus faibles que les siennes : « Il y a des fois je la trouve bordélique quand même, honnêtement. » Insatisfaction qu'il ne peut généralement pas exprimer étant donné sa position qu'il sait critiquable sur le partage des tâches : le caractère personnel des mouchoirs lui permet au contraire d'exprimer ses critiques refoulées. La bataille des mouchoirs est donc symptomatique de problèmes sous-jacents importants. Toutefois, c'est le fait concret en lui-même, la découverte des mouchoirs sales, qui déclenche l'émotion conflictuelle, qui fait dangereusement perdre la maîtrise des événements. Ainsi que sa répétition : « Il y a des petites conneries comme ça, ça m'énerve, ça m'énerve, ça m'énerve ! Et ça m'énerve de me répéter. » De même, l'explosive « bataille du beurre » est devenue d'autant plus dangereuse qu'elle semble se réduire à un détail ridiculement anodin qu'ils ne parviennent pas à régler et qu'elle se répète inlassablement. Là encore, il y a derrière de nombreuses explications. Pascal fait des efforts limités concernant le partage des tâches tout en ayant conscience de l'insuffisance de ces derniers. Il privilégie quelques actions, qu'il met soigneusement en valeur. En les choisissant pour leur vertu pédagogique en direction de Ninette, dans ce qui lui tient le plus à cœur, et attendant qu'elle reconnaisse son travail. Alors que celle-ci ne peut le faire étant donné ses conceptions différentes. Ainsi est-il intraitable sur le fait de ranger le beurre dans le réfrigérateur, immédiatement après chaque repas. Ninette, comme lui, a coutume de débarrasser la table le plus tard possible. Elle ne fait pas de différence pour le beurre. Une interminable bataille s'est donc engagée sur son rangement, d'autant plus aiguë que Ninette ne comprend pas les raisons de cette guerre violente sur un détail insignifiant. Et s'énerve justement contre l'insignifiance du motif, persistant volontairement à ne pas ranger. Il leur est impossible de clarifier davantage. Car, quand bien même elles pourraient être explicitées, les divergences générales ne sont pas l'essentiel : le cœur du conflit est dans l'évidence du geste appris, le silence inexprimable d'une petite habitude personnelle.

Je ne parle pas ici de toutes les scènes de ménage. Certaines ont d'autres causes que les questions ménagères, notamment liées à la faiblesse de l'attachement conjugal, certaines revêtent d'autres formes, quand la crise devient violente. Il n'en reste pas moins que les mini-guerres provoquées par les divergences de manières et la répartition des tâches sont très fréquentes, constituant l'essentiel des conflits conjugaux. Et que leur aspect minuscule ne doit pas tromper : les mini-guerres, affrontements autour d'objets ridicules et risibles pour l'observateur extérieur, tiennent souvent une place importante dans la vie du couple. Souvenons-nous des Boniface et de leur guérilla permanente : Anne lave à 30 °C et Pat aussi souvent que possible à 60 °C. Le problème est certes aggravé parce qu'ils s'occupent tous les deux du linge et doivent donc plus impérativement s'accorder. Le motif semble néanmoins mineur. Pourtant, depuis neuf ans, le conflit persiste, minuscule seulement en apparence : comme le dit Anne, il est tout à fait au centre, il règle leur existence. « Les histoires de température, ça fait depuis qu'on est ensemble, ça fait neuf ans qu'on se bat. Notre vie en fait est réglée par ces histoires de températures. » L'agacement est continuel, attisé par le choc des gestes inharmoniques. Exemple : Pat met de côté ses vêtements de travail pour qu'ils soient lavés plus tard à forte température. Anne arrive et met tout ce qu'elle trouve à laver, à 30 °C. Pat, sachant que la discussion est désormais inutile, adopte la tactique de la guerre silencieuse : après que le pantalon a été lavé, séché, repassé, il le prend dans l'armoire et le remet à laver, à 60 °C. Lors de l'entretien collectif, l'orage conjugal éclate : il n'est question que de températures de lavage. Pat explique les raisons qui le poussent à refuser toute concession ; il suspecte Anne d'agir ainsi par souci d'économie, ce qu'il trouve inacceptable. S'il résiste fermement, c'est donc dans une perspective pédagogique, pour corriger son défaut d'avarice. Piquée au vif, Anne argumente sur un tout autre terrain, les aspects techniques, illustrant leur incommunicabilité et la gravité du conflit : « Oh ! lui il lave le linge beaucoup trop chaud, il le froisse, le rétrécit, il le bout... ça me rend malade. Des trucs qu'il m'a bousillés ! Il croit que c'est mieux lavé, c'est complètement idiot. »

## *L'agacement et l'amusement*

Dans les entretiens, les mots choisis par les personnes interrogées ne le sont pas au hasard ; lorsque certains mots se répètent avec insistance d'une interview à l'autre, ils indiquent à coup sûr l'existence sous-jacente d'un processus social. Pour parler des petites phrases et des mini-guerres, les termes définissant l'amusement et l'agacement (« ça m'amuse », « ça m'agace ») reviennent continuellement. Il nous faut donc nous arrêter pour comprendre ce qu'ils cachent, surtout le plus inattendu des deux dans ces circonstances conflictuelles : l'amusement.

Prenons pour commencer l'amusement observable lors même des entretiens. Nos questions portaient majoritairement sur les problèmes et contradictions conjugales. Peu de réponses nous ont été données sur un ton sérieux ou sombre. Au contraire, de nombreux récits de conflits furent hachés par les rires. De nombreuses critiques du conjoint furent présentées sous une forme ironique. Des tentatives furent faites (venant surtout de la part d'hommes mis en difficulté) pour tourner l'entretien en dérision. La conclusion est évidente : l' « amusement » n'est pas anodin. Il a une double fonction, de protection et de dissimulation, dans la vie ordinaire du couple comme dans la situation d'entretien. Le rire, la plaisanterie et l'ironie sont d'abord destinés à protéger, en cassant le sérieux de la parole, en interdisant un développement risqué de la conversation conjugale. Le rire et l'ironie également dissimulent, en désamorçant les conflits par refus de s'expliquer davantage, en permettant d'écouter d'une oreille filtrante les questions du partenaire, en leur barrant le passage vers sa propre pensée. Tout en conservant une trace légère, évitant l'oubli complet : le problème est gardé pour mémoire en mémoire, vidé de son potentiel agressif. Le rire et l'ironie constituent un type particulier de langage, utilisé dans des circonstances précises de l'interaction (Ogien, 1990). Langage paradoxalement adapté à des contextes conflictuels (n'ayant cependant pas atteint un trop grand degré de gravité). Le chercheur ne doit donc pas commettre l'erreur qui consiste à rire de bon cœur avec les rieurs conjugaux. Il doit travailler à la mise en évidence et à la description des liens unissant rire et conflit.

Le rire est étroitement interdépendant de la ritualisation des mini-guerres. Nous avons vu que celle-ci, dans certaines limites, dissout les ferments conflictuels par effet de répétition. La distance humoristique, voire ouvertement comique, est un instrument privilégié de cette dissolution. Les scènes de ménage tenaces sont mises en scène et incorporées telles des anecdotes au jeu des acteurs. La capacité à pouvoir les raconter de façon drôle (à des amis, à l'enquêteur) est essentielle : elle permet de construire un niveau de représentation parallèle, utile pour canaliser au plus étroit les moments vifs d'affrontement. Les deux partenaires travaillent donc constamment à imaginer et renforcer la version comique de leurs conflits, et à lui donner de la réalité en la racontant. Ceci explique qu'il soit si fréquent que reste un bon souvenir et une histoire drôle à raconter après que le conflit a été réglé : ils avaient été formulés pendant l'action et restent ensuite en mémoire. La violence et la peine au contraire sont refoulées autant que possible, parce que leur rappel serait dérangeant dans le présent du couple. La mémoire disponible est donc principalement celle de l'humour. Anne-Sophie Delmony, maniaque de l'étendage, avait l'habitude de commencer ce dernier sans prévenir, au moment où ils devaient sortir. Olivier savait que ses protestations seraient inutiles, la réponse de sa femme était tranchante : « J'en ai pour une seconde. » Cette prétendue « seconde » était interminable (une vingtaine de minutes). Olivier sentait une colère incontrôlable l'envahir, surtout parce que (situation typique de la perte de contrôle aggravant le conflit) il n'y avait rien à faire, que cette scène était idiote. Et idiotement répétée. Leurs relations devenaient hautement électriques. Car Anne-Sophie s'énervait également en sentant l'agacement d'Olivier. Mais elle ne pouvait pas ne pas étendre : « C'était plus fort que moi. » Les motivations qui poussent à l'achat d'appareils électro-ménagers sont parfois étonnantes : ils ont désormais un sèche-linge. Et ils rient avec un sincère bonheur en racontant leur histoire. Rire encore utile aujourd'hui ; il permet de parler sans risques de l'agacement d'hier et constitue une preuve que l'avenir ne devrait plus être terni par ces épisodes difficiles. Même évolution, du drame au comique, chez les Rizzolino. Marc avait été très surpris de découvrir la manière de procéder de sa femme : elle retournait tous les vêtements, les lavait, les repassait et les rangeait ainsi. Et très vite agacé : au moment de les enfiler, il redécouvrait ce détail à chaque fois oublié. Une fureur sèche et fugacement violente l'emportait. Le conflit ne dura qu'un temps, Brigitte ayant rapidement changé ses manières de faire. Aujourd'hui, Marc rit à son évocation et ne se fait pas prier pour raconter longuement sa bonne histoire. Pris par le comique du récit, il est vraisemblable qu'il minimise un peu l'agacement passé et surtout exagère sa capacité à en rire alors. La trahison des faits est cependant mineure. Car s'il ne lui arrivait guère de rire autrefois des pantalons retournés (l'agacement était trop fort), les tentatives pour imaginer la version comique étaient certainement déjà présentes.

L'amusement est au cœur de la plupart des conflits, modalité d'expression complémentaire de l'agacement. En quantité variable, parfois très faible, mais s'inscrivant dès que possible dans les échanges conflictuels, avec une tendance au développement quand se résout le problème. Ainsi Jean Archambaud, très énervé par le conflit des boutons, fait effort sur lui-même pour accepter parfois la version drôle racontée par sa femme : « Ça m'énerve sur le moment, mais quand j'y réfléchis à d'autres moments, ça me fait plutôt rire. » Les chaussettes du mari fournissent un autre exemple. Dans plusieurs couples, l'odeur des chaussettes masculines est mal vécue par la femme (ce détail est également relevé par Sylvette Denèfle, 1990). C'est-à-dire que cette dernière ne parvient pas à « oublier » ce problème, qu'il l'irrite secrètement d'autant plus que les petites phrases libératoires ne sont guère possibles (l'homme ne pouvant guère changer par son comportement le motif du désagrément) : la chaussette masculine est constituée en objet conjugal sensible. Il n'est donc pas étonnant de la retrouver (négativement) mise en valeur dans la question du non-rangement des vêtements. La femme qui s'emporte contre son mari ne dit pas : « Tu pourrais ranger ta chemise ! » ou « ton slip ». Mais, quand elle ne se limite pas à l'indéfini « tes affaires » : « Tu pourrais ranger tes chaussettes ! » Au total, la chaussette occupe dans bien des couples une place centrale dans les miniguerres. Mais comment en même temps ne pas rire de cette chaussette conflictuelle ? Sujet pouvant dans certains cas être grave, elle est aisément tournée en dérision, endiguée dans la version drôle, simplement parce qu'elle est la chaussette, objet comique de banalité, sans aucune mesure avec l'agacement latent. Constituée en objet conjugal sensible, elle se trouve aussi socialement constituée en objet comique. Comique d'apparence certes, qu'il faut savoir décoder : le rire peut, de mille façons, cacher la violence. Romain Brastignac manie continuellement l'ironie et la dérision. Il ne s'agit pas d'un trait de caractère abstrait, la fonction sociale est très claire, parfaitement dissimulée dans les ruses du bavardage : Romain affirme ainsi sa conception de l'ordre et se protège contre une participation plus importante aux tâches ménagères. La virulence de l'attaque continuelle est si évidente que les plaisanteries sont parfois ouvertement cruelles (souvenons-nous quand il avait fait monter son père sans prévenir Sabine).

L'amusement et l'agacement constituent deux modalités de communication conjugale, à la fois opposées et étroitement liées ; étroitement liées justement parce qu'opposées. Ce n'est pas un hasard si Agnès Archambaud rit à propos des boutons pendant que Jean s'énerve. Ou que Didier Shimmer plaisante de l'irritation de sa femme à propos de ses affaires qui traînent. Dans ces deux cas en effet, les partenaires choisissent clairement l'une des modalités, soit pour élargir, soit pour réduire le conflit. Ce schéma classique montre comment les deux émotions peuvent être mêlées dans le même événement. Il n'est pas rare de constater leur simultanéité, à des degrés d'intensité élevée : rires et larmes à la fois. Ordinairement, les deux langages du conflit sont cependant soigneusement dosés, et plutôt alternés, l'amusement étant utilisé comme instrument de contrôle et de régulation. S'il y a « une pile de linge à repasser d'un mètre cinquante », Jean Archambaud va « faire la réflexion ». Mais « de façon ironique ». « Je ne m'énerverai pas. Ça n'ira pas plus loin. »

constituée et celui comique. Comique d'apparences cachées, qu'il faut savoir décoder ; le rire peut de multiples façons cacher la violence. Romain [illegible] manie constamment l'ironie et la dérision. Il ne s'agit pas d'un trait de caractère abstrait, la fonction sociale est très claire, parfaitement dissimulée dans les ruses du bavardage ; Romain affirme ainsi sa conception de l'ordre et se protège contre une participation plus importante aux tâches ménagères. La virulence de l'attaque conjugale est si évidente que les plaisanteries sont parfois ouvertement cruelles (souvenons-nous quand il avait fait monter son père sans prévenir Sabine).

L'amusement et l'agacement constituent deux modalités de communication conjugale, à la fois opposées et étroitement liées. Étroitement liées justement parce qu'opposées. Ce n'est pas un hasard si Agnès Archambaud rit à propos des boutons pendant que Jean s'énerve. Ou que Didier Shimmer plaisante de l'irritation de sa femme à propos de ses affaires qui traînent. Dans ces deux cas en effet, les partenaires choisissent clairement l'une des modalités soit pour élargir, soit pour réduire le conflit. Ce schéma classique montre comment les deux émotions peuvent être mêlées dans le même événement. Il n'est pas rare de constater leur simultanéité, à des degrés d'intensité élevée : riés et fâchés à la fois. Ordinairement, les deux langages du conflit sont cependant soigneusement dosés, et plutôt alternés. L'amusement étant utilisé comme instrument de contrôle et de régulation. S'il y a « une pile de linge à repasser d'un mètre cinquante », Jean Archambaud va « faire la réflexion ». Mais « de façon ironique ». « Je ne m'énerve pas. Ça n'ira pas plus loin. »

*Quatrième partie*

# HOMMES ET FEMMES

# XI

# PARCOURS FÉMININ : LE PIÈGE

## *Le mécanisme*

Nous avons vu comment la différence de manières et de conceptions entre les deux partenaires pouvait être pénalisante pour celui qui est le plus compétent et le plus exigeant. Il aurait presque été possible de remplacer le neutre « celui » par le féminin « celle » tant le processus est sexuellement marqué : ce sont généralement les femmes qui voient se transformer leur capital de manières en capital négatif. J'emploie le terme de « piège » pour désigner ce mécanisme, terme qui doit être bien compris. Il n'y a pas piège simplement parce que les femmes accomplissent plus de tâches ménagères que les hommes, ceci constituerait un jugement d'ordre moral, que je me garderais de porter ici. La notion de piège renvoie au mécanisme dans son fonctionnement ; quand la femme renforce elle-même un système de pratiques qu'elle critique par ailleurs, quand une partie de sa personne fait le contraire de ce que pense l'autre partie, quand la vie devient difficile à cause de cette incohérence interne. Le piège se repère par la distance existant entre la réalité des gestes et la représentation, rendant certaines activités pénibles. Il est fondé sur les différences conjugales de manières, qui poussent à agir malgré soi, offrant au partenaire la possibilité de ne pas reconnaître les efforts fournis. Il est d'autant plus sournoisement désagréable qu'il est construit par soi-même (par une partie de soi), à la différence de ce que pouvait être la perception négative des rôles anciens. Le piège s'inscrit dans l'histoire : il succède aux rôles inscrits dans la tradition et, bien que vécu individuellement, constitue désormais le principal mécanisme social par lequel s'ajuste la division sexuée des manières de faire. C'est en ce sens qu'il faut entendre « parcours » : le parcours féminin menant au piège est à la fois un parcours individuel, dans le cycle de vie, et un parcours social des femmes face aux tâches domestiques, dans son évolution historique. Avant étaient les rôles, socialement prédéfinis, qui laissaient comme seule possibilité d'être plus ou moins bien vécus. Puis les individus cherchèrent progressivement à réinventer les rôles à partir de leurs conceptions et façons de faire. Surtout les femmes, armées de l'idée d'égalité, qui peut déplacer des montagnes mais aussi diviser la personnalité quand le concret est trop résistant. Romain Brastignac donne l'exemple de sa mère, ménagère parfaite s'occupant de tout avec abnégation. Elle avait eu le tort de dresser une oreille un peu trop attentive aux idées de l'époque. Le tort car aucun de ses gestes ne changea : ils devinrent moins évidents, plus pesants. Elle qui ne s'était jamais plainte prit l'habitude de se lamenter continuellement (« Je ne suis pas MLF mais quand même ») tout en persévérant dans des maniaqueries qu'elle est seule à estimer nécessaires.

## *L'homme protégé*

La différence de manière est très rarement piégeante pour les hommes. Bruno Labarthe est agacé parce que Nadia semble ne pas voir ses efforts et comprendre l'intérêt d'une meilleure organisation domestique ; cette situation est cependant provisoire. Bernard Le Fecht est bien embarrassé par sa compétence pour repasser les chemises ; mais il s'agit du cas particulier d'un célibataire depuis longtemps rompu aux choses ménagères. En général, quand un homme est détenteur d'un surplus de capital, l'effet reste limité, éphémère, car ne s'inscrivant pas dans un ensemble cohérent lui conférant durablement une puissance structurante. Au contraire, le moindre surplus féminin est mis en concordance avec un faisceau d'éléments renforçant la réalité inégalitaire du partage, trouvant sa place dans la « réflexivité institutionnelle » qui, selon Goffman, confirme les arrangements et les classements entre les sexes (Winkin, 1990). À peine ébranlés, l'identité et les rôles sexuels se reconstruisent dans l'ordre de l'interaction.

L'ancien régime des rôles domestiques n'a qu'en partie disparu (et reste même dominant dans les générations âgées et les milieux populaires). Les rôles sexuels se recomposent ; leur emprise, plus diffuse, demeure néanmoins considérable. Outre le fait que l'excès masculin de manières est souvent trop ponctuel pour produire de vastes effets, c'est principalement cette perdurance des rôles, les classements sexuels institués, qui expliquent que l'homme soit protégé. Vincent Tatonier avait appris à s'organiser seul, y compris à repasser son linge. Quand il se mit en ménage avec Hélène, ce passé masculin de manières fut immédiatement oublié. Chez les Fayet, le surplus masculin de manières est trop important pour être effacé. Sa mère avait élevé Alain comme la fille qu'elle n'avait pas eue : il était pour son père et ses frères le suppléant attitré en questions ménagères. Il en tira de la compétence et du goût pour les choses de la maison. Yolande au contraire n'a aucune expérience, et une fragilité sociale qui la pousse à se réfugier dans ce qui lui semble le plus évident : être une bonne mère et une bonne ménagère. La compétence d'Alain n'est donc pas pour elle un avantage : elle lui fait peur, lui interdisant d'atteindre son objectif de protection. Elle se bat au besoin pour lui interdire d'effectuer certaines tâches. « J'aime mieux le faire moi-même. Pas parce qu'il le fait mal, mais parce que je sais pas... c'est mon style de... et ma mère c'est pareil. » Débordée, incapable de faire face, elle ne peut s'empêcher de grommeler en repassant. Alain réagit aussitôt : « Quoi ? ça t'énerve ? Donne-moi ça, tu vas voir, ça va être vite fait. » Et de nous dépeindre le repassage comme un plaisir dont il serait en manque : « C'est super, tu penses à rien, t'es dans le vide. » L'exigence de rôle de type ancien est ici extrême, presque pathologique, et la différence de manières en faveur du mari considérable. Le schéma des échanges est donc caricatural. Peu représentatif, il permet cependant de comprendre comment tout surplus masculin de manières, même important, reste sans effet s'il est effacé par une recherche de classement sexuel. Souvent le poids des rôles est moins fort que dans cet exemple ; mais souvent aussi, quand il existe, le surplus masculin de manières est également moins fort. Les classements sexuels habituels, bien que devenus plus flottants, sont donc généralement suffisants pour éviter tout risque de piège. D'autant plus que la composition du capital de manières n'est en moyenne pas la même pour les hommes et les femmes : les hommes ont davantage des idées générales séparées des gestes, incorporation de modèles vus dans l'enfance, peu étayées par des techniques et ne produisant guère d'injonctions à agir. Ce qui les incite plutôt à critiquer leur partenaire qu'à prendre eux-mêmes en main les tâches. Souvenons-nous de Michel Chouchern et de ses brusques crises de rangement : elles n'ont pas pour but de ranger mais de retrouver pour quelques instants un accord avec ses idées de l'ordre, et de faire comprendre à Carine son insatisfaction.

## *L'invisibilité et l'inacceptabilité du piège*

Le piège se construit dans le monde des gestes, des injonctions, dans le silence des habitudes. Il est donc logique qu'il ne soit guère perçu par les acteurs, qui donnent d'autres explications à la répartition inégalitaire des tâches ménagères : les perspectives professionnelles différentes entre hommes et femmes et les rôles sexuels. En fait, ces trois éléments interagissent étroitement. Les obstacles rendant plus difficile la réussite professionnelle des femmes poussent à la reproduction des rôles anciens, mais ces obstacles viennent autant de la famille que du marché du travail ; et dans la famille, les rôles sont à la fois producteurs d'un cadre de pratiques et le produit des pratiques. Il serait donc erroné de surestimer le poids des gestes, en oubliant l'impact persistant des rôles et le marché du travail. Mais il est pareillement erroné de ne prendre en compte que ces deux facteurs visibles : bien que n'expliquant pas tout, la différence des manières est centrale (et cela de plus en plus) dans les choix de répartition et la définition d'une organisation domestique.

Les rôles sont aujourd'hui moins imposés de l'extérieur, moins construits à l'avance, moins prêts à vivre : même s'il s'agit en partie d'une illusion, ils se donnent à inventer. Ils étaient (officiellement) fabriqués par la société; ils tendent à être (officiellement) fabriqués par les individus eux-mêmes. Conséquence : ils correspondent moins aux modèles anciens et se différencient. Ils constituaient la matrice des manières; ils sont désormais interactifs avec ces dernières. Les rôles ne sont donc plus ce qu'ils étaient. Ils continuent cependant à jouer un rôle en tant que rôles. Sur la base du passé des manières, du présent de l'interaction, et des exemples environnants, les deux partenaires conjugaux se forgent une idée de ce que sont et devraient être les deux rôles domestiques. Cette représentation, en partie personnelle et secrète, en partie commune et explicite, sert ensuite de guide pour canaliser les pratiques et diriger leur évolution. Le classement sexuel est d'autant plus puissant qu'il n'y a pas réinvention par les individus mais imposition de l'extérieur. Or, le modèle ancien de définition des rôles, bien que perdant de l'importance, est encore très vivant. Géraldine Le Fecht doit lutter pour résister aux pressions de sa mère : « Ma mère trouvait scandaleux que je ne m'occupe pas du linge de mon homme. » Valérie Shimmer est deux personnes en une : la maniaque du ménage, qui ne peut s'empêcher d'épousseter et briquer jusqu'à l'excès, et la femme moderne, égalitariste, qui pense qu'elle est bien bête et que Didier mène une vie de pacha. Elle semble donc correspondre au type même de la femme piégée par ses propres gestes. Dans son cas pourtant, la forme présente de l'interaction est surtout héritière de ce qui se passa au début du couple. À son mariage, Valérie était parfaitement entrée dans le rôle que tous attendaient d'elle. Elle tenta ensuite de s'en retirer, mais il était trop tard : ses gestes et l'interaction avaient pris trop de poids. Ses efforts, très coûteux pour elle-même, ne lui permettent désormais que de changer quelques détails, en surface. Nadia Labarthe ne court pas ce risque : elle entre lentement en ménage, et c'est Bruno qui s'occupe de tout. Nous sommes donc là dans une situation conjugale où l'on imaginerait que les rôles anciens aient totalement disparu. Quelques phrases dissonantes avec son présent montrent néanmoins que des idées d'un autre siècle trottent parfois dans la tête de Nadia : « Et puis je suis la fille, alors c'est vrai que la fille on lui demande plus de trucs côté ménage. »

Parce qu'il appartient au monde des gestes et du silence, parce qu'il se mélange aux effets de rôles et au marquage sexuel du travail, le piège est invisible. Les personnes interrogées ne nous en ont donc pas parlé (ou très peu) et nous avons dû reconstruire son existence entre les mots. Les réponses fournies (notamment pour nous expliquer les raisons du mode de répartition des tâches) n'en sont pas moins intéressantes. Elles sont tranchées : soit la raison invoquée se rapporte aux choix conjugaux, conscients et volontaires, soit au contraire aux rôles sociaux, qui imposent un cadre de conduites. Le premier type de réponse est surtout le fait de couples appartenant aux classes moyennes et supérieures, ayant tenté d'appliquer l'idée d'égalité et de déplacer les classements sexuels, ou simplement tenant à se présenter comme maîtrisant leur existence. Anne-Sophie et Olivier Delmony illustrent bien ce premier type de dénégation du piège. Anne-Sophie est un exemple caractéristique de femme peu à peu piégée par ses gestes. Contre leur volonté passée d'égalité, ils ont « décidé » qu'elle resterait désormais au foyer. La « décision » était en fait inéluctable, provoquée par le mécanisme caché. Ils veulent cependant la vivre comme totalement souveraine, se la représentant et la présentant ainsi à l'enquêteur. Ce refus de considérer le poids des gestes est d'autant plus fort qu'il y avait eu recherche d'égalité et que celle-ci a échoué : il est par conséquent nécessaire pour reconstituer la cohérence personnelle et conjugale, autour de la « décision ». Il est nécessaire aussi pour atténuer les effets du piège : en se représentant en accord avec sa situation, comme l'ayant voulue telle qu'elle est, Anne-Sophie combat la déstructuration de l'injonction, évite la pénibilité des gestes. Il existe donc une manière paradoxale de fuir le piège, en parvenant à l'ignorer totalement, à faire comme si on l'avait volontairement construit. Ce qui incite encore à renforcer son invisibilité, et ce qui le rend doublement inacceptable : pour éviter de se représenter prisonnier de ses dérisoires manières ménagères, et surtout, parce qu'accepter la réalité du piège renforce le piège.

Il faut donc nier le piège si on ne peut le fuir autrement. Soit par l'argumentation du choix volontaire pour ceux qui en ont les moyens sociaux et culturels. Soit, lorsqu'une telle position de maîtrise de son existence est hors de portée, par l'invocation du poids social des rôles. Il n'est donc pas étonnant que dans les milieux populaires les rôles sexuels restent fortement revendiqués. Outre qu'ils constituent un repère essentiel de l'identité et de la légitimité menacées (Schwartz, 1990), ils évitent la perception du piège qui accentuerait la pénibilité des gestes. Il n'est donc pas étonnant non plus que les femmes les revendiquent autant que les hommes. Isabelle Jaillou rit de bon cœur en nous disant « les poussières il ne connaît pas ». Ce rire est essentiel : il renvoie au rôle masculin traditionnel, à l'incapacité ménagère socialement instituée, il la protège. Amélie Marmandais s'est elle-même enfermée dans un rôle non souhaité, en grande partie à cause des différences de manières. Aujourd'hui, elle est condamnée à se persuader que le résultat final est la cause première : « Je suis à la maison, lui il a d'autres tâches, il travaille à l'extérieur, il rentre tard. » Fernand Pérez récite son credo sans même y réfléchir, par peur de le mettre en doute, de déstabiliser son présent : « La maison, c'est le domaine de la femme, c'est des tâches qui lui reviennent plus que le mari qui est souvent à l'extérieur. » Thérèse lui répond en écho : « C'est plutôt à la femme de le faire... » Mais subrepticement la suite de sa réponse dérape vers un autre type d'argumentation : « ... si elle a le temps et si elle aime ça ». Elle sort des classements institutionnalisés et met en avant l'interaction et les manières, se découvrant ainsi face au piège. Petite erreur de langage, phrase à ne pas prendre au pied de la lettre ? Non pas. Si Thérèse s'aventure un peu hors de la protection conférée par le rôle, c'est que des raisons supérieures commandent son attitude. Au risque de pénibiliser ses gestes et de provoquer quelques tiraillements conjugaux, elle voudrait que Fernand fasse parfois un minuscule effort. Elle est donc sans cesse sur le qui-vive, principalement abritée par son rôle de parfaite ménagère, mais prête à en sortir fugacement pour une attaque éclair. Fernand au contraire verrouille le rôle : en dehors du fait qu'il exagère la pression sociale, il tente par ses comportements de renforcer l'inégalité sexuelle. Il n'y a pas seulement invocation des rôles anciens, mais efforts personnels pour les reconstruire. De la part des hommes (comme dans l'exemple de Fernand), ce qui est aisément compréhensible. Mais également de la part des femmes, pour trouver une légitimité extérieure et ne pas se sentir piégées par elles-mêmes.

## *L'amour du linge*

L'origine du piège est dans la formation historiquement nouvelle de deux scènes distinctes et souvent contradictoires : celle de la représentation, de plus en plus dominée par l'idée d'égalité, et celle du poids conservateur des manières. Le piège se construit autour de la femme en la divisant parce que l'idée d'égalité est socialement forte et individuellement inaccessible. Il est d'autant plus aigu et néfaste dans ses conséquences (insatisfaction conjugale, pénibilité des tâches ménagères) que la discordance est grande entre représentation et pratiques. Il peut être masqué et contourné comme nous l'avons vu. Mais ces stratégies défensives doivent composer avec l'inévitable noyau dur : la féminité profonde de certains gestes et notamment tout ce qui touche au linge.

Certes il s'agit d'une construction historique et non d'un donné biologique ; certes les personnes interrogées ont majoritairement déclaré que le linge n'était pas spécifiquement féminin. Mais le mariage de la femme et du linge est trop ancien pour se défaire en quelques générations ; et les réponses à caractère général ne traduisent que la force sociale de l'idée d'égalité. Quand les questions ont été plus précises, elles ont révélé la réalité des faits, à savoir que le linge est encore aujourd'hui profondément féminin. L'amour féminin du linge a une longue histoire ; la femme lisait son destin dans la blancheur et les plis impeccables. Il continue à faire corps avec elle, il est dans ses moindres gestes. Les femmes ne touchent pas les étoffes comme le font les hommes : elles les respectent et les caressent, les considèrent et y prennent plaisir. De cette intimité, de cet amour, naissent un goût, une compétence et un savoir. Comme le goût, la compétence et le savoir pour le repassage, sexuellement très marqués. Comme le tri : la femme trie alors que l'homme ne parvient pas à le faire (Denèfle, 1990). Car elle connaît les fibres et les matières, elle inspecte les détails et les saletés par estime pour son linge. Ce serait se faire violence à elle-même que faire violence à son linge. « Le linge on doit le respecter, moi j'aime bien qu'il soit impeccable. Il ne me viendrait pas à l'esprit de tout balancer dans l'armoire comme ça. Je ne pourrais pas » (Marie-Hélène Nitournelle). L'amour féminin du linge est dans le respect pour son importance, la maîtrise des techniques de son entretien et la fierté du travail bien fait, la volupté de son toucher. Il est aussi dans la relation particulière que la femme entretient avec le vêtement. Bien que la différence sexuelle tende à s'atténuer un peu, les habits et sous-vêtements féminins se distinguent des vêtements masculins : plus nombreux (Herpin, 1986 ; 1987), plus diversifiés et plus raffinés. Spécificité vestimentaire intimement liée aux rapports de sexe : le vêtement est un instrument central de la séduction féminine. L'entretien des vêtements et sous-vêtements féminins nécessite donc plus de temps et des soins plus délicats (notament des lavages à la main plus nombreux), incitant à une prise en charge du travail et une exigence de qualité qui ne sont pas celles des hommes. Le rapport au vêtement ne constitue qu'un élément parmi d'autres. Mais il n'est pas négligeable dans la mesure où la plupart de ces éléments sont convergents et concourent à aggraver le piège. Comme l'apprentissage des gestes ménagers, qui reste encore aujourd'hui très marqué sexuellement (Maurin, 1989). Il n'est donc pas étonnant que mis en situation de ne pouvoir utiliser le partenaire ou d'être utilisé par lui (c'est-à-dire vivant seuls), hommes et femmes ne traitent pas leur linge de la même manière : 65 % des hommes le lavent eux-mêmes contre 90 % des femmes (les 10 % restant étant principalement des personnes très âgées) ; 44 % des hommes le repassent contre 87 % des femmes (Grimler, Roy, 1990). La mise en couple ne fait par conséquent qu'accentuer un peu une inégalité sexuelle individuellement incorporée.

Pourtant les choses bougent un peu. Même s'il s'agit d'une réponse de convention sociale imposée par la force de l'idée égalitaire, il n'est pas sans signification qu'une majorité affirme que le linge n'est pas féminin. Les choses bougent aussi dans les faits. Lentement certes, et seulement dans une partie de la société (les jeunes et les groupes culturellement dotés), mais le changement est notable : les hommes, doucement, entrent dans le domaine du linge, comme ils sont entrés depuis peu, à pas comptés, dans d'autres domaines ménagers. Ils n'y entrent pas n'importe comment, par certaines portes et à leur manière. Les portes sont celles de la technique : les machines qui créent de la distance avec la féminité persistante du matériau traité, médiatrices permettant paradoxalement de le toucher. Dans les jeunes couples, les hommes sont devenus des pratiquants assidus des lavomatiques ; dans les générations installées, ils sont des propagandistes convaincus du sèche-linge. Grâce au lave-linge, ils « font la lessive » eux aussi. Mais ici l'évolution est moins nette. Ils sont prêts pour mettre le linge et la lessive dans la machine, appuyer sur le bouton. Pas pour trier et choisir un programme. Ils entrent dans le domaine du linge par les machines et à leur manière. Manière qui laisse inchangé le mécanisme du piège, en refusant un contact trop intime et un respect trop grand. La machine à laver n'a plus beaucoup de secrets pour l'homme mais le linge en a encore ; la femme se cache dans ses derniers replis.

## *Le jeu du mari*

La femme se piège elle-même, divisée par une injonction contradictoire : d'un côté ce qui la pousse à agir, portée par le décalage positif de manières, et de l'autre la pression sociale qui l'incite à tendre vers l'égalité. Le processus est objectif, en grande partie indépendant du jeu des acteurs. Au deuxième entretien, Sabine et Romain Brastignac discutent devant nous de cette question. Sabine (parlant de l'incapacité de Romain à faire correspondre ses gestes au droit ménager défini d'un commun accord) : « J'ai bien senti que c'était quelque chose de très fort en toi, que tu étais sincère. » Ni l'un ni l'autre n'ont de stratégie vraiment arrêtée ; ils perçoivent au contraire combien ils sont pris dans une mécanique qui les dépasse. Ce cas de figure n'est cependant pas le plus courant. Généralement les partenaires conjugaux prennent position, cherchant par leur action à atténuer ou aggraver les effets du piège. Le mari notamment occupe une situation privilégiée pour accentuer l'écart (diminuant ainsi sa participation aux travaux ménagers) en muselant ses propres injonctions, en

« oubliant » ses compétences et exigences incorporées : il s'en prive rarement. Amélie et Daniel Marmandais sont aujourd'hui inscrits dans des rôles bien tracés : « Elle c'est plutôt enfants-maison et moi l'entreprise. » L'entretien nous apprend qu'il a toutefois fallu des années pour en arriver là : Amélie travaillait autrefois dans l'« entreprise » (un bar) et Daniel s'était essayé aux tâches domestiques. Il avait rapidement compris qu'Amélie était emportée par un élan plus fort que le sien en ce domaine. Il laissa d'abord la différence se creuser d'elle-même. Puis amplifia le mouvement en proclamant de plus en plus ouvertement son indifférence et même son refus d'exigences trop fortes : « C'est pas parce que j'ai une tache ou une déchirure que je fais une angoisse. » Conforté par l'absence de réactions apparentes d'Amélie, il n'hésite pas aujourd'hui, non sans un certain plaisir sadique, à critiquer ses maniaqueries : « Moi je ne me laisse pas vraiment prendre par tout ça. Il ne faut pas se préoccuper des choses plus qu'elles n'en valent la peine. » Faisant ainsi d'une pierre deux coups : en affirmant ouvertement son mépris pour le rangement il renforce encore le piège, et tente dans le même temps de faire croire à Amélie qu'elle est seule responsable de cet état de fait. Sous les pressions conjuguées de son injonction à agir et de la mise en scène de Daniel, celle-ci, malgré son insatisfaction diffuse, parvient mal à réagir : « Autrement ça s'accumule, alors il faut bien que quelqu'un le fasse. »

Dans quelques situations remarquables, certes minoritaires, l'homme au contraire cherche à réduire l'écart de manières générateur d'inégalité. Soit en faisant effort sur lui pour renforcer son cadre d'injonction, soit en luttant contre sa femme pour qu'elle ne se piège pas davantage. En critiquant ses excès, un peu comme Daniel Marmandais, mais dans un but opposé : non pour légitimer l'écart mais en visant des résultats concrets, pour le réduire. Olivier Delmony a essayé, avec sincérité ; les discussions ont été orageuses. « Le repassage, ça me dépasse, je ne comprends pas, je trouve ça idiot. » Des signes évidents montrent quelle fut autrefois sa réelle volonté d'harmoniser leurs références. Ainsi quand il la voyait « déballer tout l'attirail » du repassage, il ne pouvait s'empêcher de ressentir de la mauvaise humeur. Mais il semble bien que cette sincérité des débuts fasse progressivement place à un discours de légitimation de la différence, parallèlement à la reconstruction de rôles sexuels contrastés (et à l'abandon de l'objectif d'égalité). Anne-Sophie ayant trop fortement résisté, l'absence de résultats devait logiquement déboucher sur ce type de situation. D'autant qu'Olivier n'est pas sans prendre goût à sa composition de héros désintéressé et moralisateur, se laissant emporter par des exagérations : « Un truc à laver à la main, il n'y aurait que moi je le mets à la poubelle tout de suite. Pour moi c'est de l'esclavage, c'est pathologique. » Par ses déclarations enflammées, il renforce désormais le piège alors que ses critiques étaient auparavant formulées pour le réduire. Mais si le décalage de manière n'avait pas été si important, si Anne-Sophie ne s'était pas obstinée avec un tel fanatisme, l'évolution aurait pu être tout autre. Car la volonté égalitaire du mari peut, dans certaines limites, faire de petits miracles.

## *Portraits de femmes piégées*

Dans les premiers temps de leur ménage, les Delmony étaient loin d'imaginer ce que serait à l'avenir leur organisation domestique. Ils souhaitaient se répartir équitablement les tâches et avaient commencé à mettre ce souhait en pratique : chacun s'occupait de son linge. À vrai dire, pas exactement de la même manière : Olivier le ramenait souvent chez sa mère et, à la maison, rangeait très sommairement ses vêtements ; Anne-Sophie fut dès le début très méticuleuse. Mais le désordre et la négligence d'Olivier ne la choquaient pas, elle les remarquait à peine, comme à distance, ne se sentait pas obligée de « repasser derrière ». Puis, peu à peu, les choses changèrent. Elle commença à inspecter ses cols et ses poignets pour l'obliger à mettre plus souvent à laver, elle rangea quelques vêtements traînant par terre, refit les piles dans l'armoire : doucement le désordre d'Olivier devenait le sien, donc intolérable. Ils constatèrent alors l'immensité de leurs différences : à la décontraction d'Olivier s'opposait la maniaquerie extrême d'Anne-Sophie, plaçant le linge en attente de repassage dans des sacs plastique de peur qu'il ne reçoive de la poussière, emportant avec elle un flacon d'alcool pour laver les mains des enfants quand ils vont en promenade. Dans de telles conditions l'idée d'égalité ne peut recevoir qu'une application limitée et superficielle. Ils parvinrent à lui donner une apparence de réalité tant qu'ils purent freiner l'intégration ménagère. Mais la naissance du premier enfant précipita l'évolution. Il était impensable qu'Olivier puisse s'occuper du linge du bébé. Non qu'il le refusât : c'est Anne-Sophie qui ne pouvait tolérer ses pratiques approximatives. Ils ne voulaient cependant pas renoncer à l'illusion du partage égalitaire : Olivier continua donc à s'occuper de son propre linge. Pas longtemps. Le bébé avait renforcé l'implication domestique d'Anne-Sophie; elle ne pouvait plus retenir ses injonctions à tout ranger, tout régimenter. Ils ne se souviennent plus très bien des circonstances de ce changement (« Ça s'est passé comme ça, il y a un jour où on a trouvé plus simple... »), comme s'ils n'avaient pas perçu la sourde lutte entre deux types d'échanges conjugaux. L'idée d'égalité occupe une place trop importante dans leur histoire pour que cet épisode ne soit pas dérangeant : s'ils s'en souviennent mal, c'est donc surtout qu'ils s'efforcent de l'oublier. Anne-Sophie représente un cas typique de femme piégée par son capital de manières, par les gestes appris. Le constat en est même fait officiellement par Olivier, qui tient à montrer qu'il n'est pas responsable : « Des fois elle aurait tendance à dire : Oh! là! là! j'ai du boulot avec le linge. Mais s'il y a une victime, c'est une victime consentante! » Il ne leur reste qu'une solution pour atténuer les effets pervers du mécanisme : le nier, proclamer que leur situation est le résultat d'un choix volontaire. Et pour Anne-Sophie, tenter de s'en convaincre elle-même. Cela est d'autant plus indispensable qu'à la naissance du troisième enfant ils ont « décidé » qu'elle abandonnerait son travail salarié. Ils sont intarissables pour présenter le caractère voulu et la réversibilité de leur décision. Ils sont en fait condamnés à raconter ainsi leur histoire et à se la raconter ainsi. Anne-Sophie y parvient si bien que l'insatisfaction émerge peu de l'entretien, que la division de sa personne pointe à peine. Des indices montrent cependant à quel point elle contrôle ses réponses (comme elle doit refouler ses critiques). L'incohérence entre leur idéologie officielle (qui est toujours aujourd'hui l'égalité de répartition) et la réalité des faits présents est trop grande, la non-reconnaissance des manières d'Anne-Sophie par Olivier trop ouvertement proclamée : elle doit lutter pour masquer ses contradictions. Elle constitue notre premier portrait : celui d'une femme sur le qui-vive qui, à force de volonté et d'imagination, parvient à croire à l'histoire qu'elle se raconte et ainsi ne pas trop ressentir les effets pénibles d'un piège pourtant caractéristique.

Le second portrait, celui d'Agnès Archambaud, illustre au contraire la conscience malheureuse du piège, conscience malheureuse accentuant les effets piégeants. À l'encontre de ses idées d'adolescente, le mariage la fixa brusquement dans un rôle de femme au foyer, parfaite ménagère. D'autant plus aisément que les conceptions incorporées et les gestes appris la poussaient irrésistiblement à aller dans ce sens : « Je ne supporte pas le désordre, c'est impossible. Je devrais passer ma journée à quatre pattes à ramasser ce que les enfants ont laissé derrière eux, je le ferais. » Condamnée à faire corps avec cet élan intérieur, elle justifia le type d'échange conjugal mis au point. Jean en profita pour développer un discours qui le déculpabilisait : il déclara à leurs amis et à des interlocuteurs occasionnels qu'il n'était pas opposé à ce que sa femme prenne un emploi et qu'il y aurait alors répartition des tâches ménagères, mais que c'est elle-même qui avait choisi « de rester à la maison ». Il continue à tenir ces propos, sans hésiter : parce qu'il les sait sans conséquences et qu'Agnès ne proteste pas. Si Agnès ne dit rien, c'est que toute son énergie est dirigée vers le renforcement de sa cohérence menacée, qu'elle cherche en fait à être d'accord avec ce que dit Jean, pour que ses gestes en soient facilités, que le quotidien soit supportable. Elle n'exprime son irrépressible insatisfaction que dans le cadre très particulier de mini-guerres à propos du repassage et des boutons de chemise. Dont on se souvient qu'elle rit de bon cœur. Il devient clair maintenant que ce rire dissimule une réelle détresse. Après plusieurs rencontres avec l'enquêteur (qui en l'occurrence était une enquêtrice), Agnès, hors magnétophone, livre d'un coup la partie cachée de sa vie. Une autre Agnès se révèle, loin des rires et près des larmes, empêtrée dans son présent, ne pouvant s'empêcher de s'échapper dans des rêves qui lui font mal, mettant en scène l'existence qu'elle n'a pas eue. Elle rêve à une autre vie, s'imagine reprenant ses études et se détachant de la maison. Et elle rêve que ce n'est pas un rêve : elle nous parle d'un vague projet d'inscription à la fac. Mais il s'agit bien d'un rêve : elle demande à l'enquêtrice de ne pas en dire un mot à Jean, de ne pas en parler à l'entretien contradictoire. Non parce qu'elle a peur des réactions de son mari, mais vis-à-vis d'elle-même ; parce que cette pensée ne peut pas dépasser l'horizon du rêve, sous peine de déstabiliser gravement son cadre d'injonction. Elle se contente donc de rire des boutons. Se tenant d'autant plus sur ses gardes pour ne pas s'exprimer plus ouvertement qu'elle sent combien ses gestes ménagers sont souvent sur le point de devenir pénibles. Elle cherche sans doute aussi à moins rêver. Pour s'en tenir à l'unité fragile de sa personne socialisée en tant que femme au foyer.

Agnès Archambaud est l'exemple type de la femme piégée, amoureuse de ses gestes et qui les hait à la fois. Surtout quand un regard extérieur (celui de l'enquêtrice est dans ce contexte insoutenable) lui suggère qu'ils l'empêchent de vivre la vie qu'elle aurait peut-être aimé vivre. Cet amour détestable est le même qui interdit d'employer une personne pour s'occuper du linge. Le mari, souvent, ne comprend pas ce refus obstiné, et la femme ne souhaite pas s'en expliquer. Marc Rizzolino saisit l'occasion de l'entretien contradictoire pour obtenir enfin une réponse. Brigitte ne parvient pas à trouver ses arguments et finit par s'énerver, fermant la discussion par un « c'est comme ça et c'est comme ça, c'est tout ! ». L'explication est d'autant plus désagréable que l'impossible intervention d'une tierce personne renforce le mécanisme du piège. Heureusement, il existe quand même un argument protecteur (que Brigitte Rizzolino avait oublié), l'intimité : « Avoir quelqu'un qui trifouille dans mes affaires, ah non ! Je suis tellement maniaque que je préfère faire moi-même, que je préfère que ça me fasse chier et faire moi-même que de confier ça à quelqu'un d'autre » (Valérie Shimmer).

## *Femmes en lutte contre le piège*

Madeleine Goulinec ne se satisfait pas de la situation actuelle des échanges dans son couple : elle voudrait que Léon participe davantage. Il ne s'agit cependant pas d'une femme aux prises avec le mécanisme du piège tel que nous l'avons défini. Car elle n'est pas prisonnière de ses propres gestes (« Je ne suis pas esclave de la propreté, je ne suis pas esclave du ménage »; au contraire Léon aurait plutôt des exigences supérieures aux siennes). La forme de l'interaction a été définie par les rôles à l'intérieur desquels ils se sont inscrits au mariage. Madeleine est entrée en guerre contre ces rôles, pour les changer un peu. Ce combat est bien différent d'un combat contre le piège. Il est clair, opposant deux individus, et s'analyse en termes de rapport de forces. « Je lui dis : j'en ai marre de t'entendre râler, tu couds ton truc, tu te débrouilles et puis c'est tout. »

Prise au piège de ses manières personnelles, le combat de la femme est beaucoup plus complexe et confus. Car elle doit alors avant tout se battre contre elle-même, choisir entre l'accord avec son corps et son présent et la représentation d'une autre vie. La plupart des femmes piégées luttent contre le piège. Mais prudemment, à pas comptés, car elles sont condamnées à rester d'abord elles-mêmes, car l'on ne se bat pas violemment contre soi. La lutte passe justement le plus souvent par un contrôle de soi, pour éviter de nouveaux glissements, un nouvel élargissement de l'écart entre capitaux de manières, et, plus exceptionnellement, pour tenter d'effacer de ses automatismes un geste que l'on est parvenu à sortir des évidences acquises. Géraldine Le Fecht, qui n'en est pourtant qu'aux tout débuts de l'intégration ménagère, est consciente du risque et surveille ses gestes : « Je me laisserais avoir si je ne me surveille pas, j'aurais tendance à trop ranger. » Aidée par Bernard, elle a fait son autocritique concernant un épisode récent : elle avait repassé deux tee-shirts appartenant à son compagnon. Le soutien du partenaire conjugal est essentiel et offre de plus grandes chances de réussite, surtout quand il y a référence à une norme égalitaire. Le cas le plus fréquent est toutefois celui du combat silencieux et solitaire de la femme contre elle-même. Amélie Marmandais a construit le rôle qui allait l'enfermer. Au début, Daniel aurait été ouvert à un autre type d'évolution, mais très vite il utilisa ce que lui offrait Amélie et accentua volontairement le décalage. Il décrit aujourd'hui leur organisation domestique avec des accents de triomphe qui ne trompent pas : il pense avoir été un fin stratège et parle comme si tout était fini. Il ne perçoit pas qu'Amélie l'écoute avec attention et que ces accents triomphants la heurtent bien qu'elle ne dise rien. Ce sont sans doute eux qui l'ont décidée à entrer dans une deuxième phase de son existence ; si elle ne peut remettre en cause les rôles constitués, elle peut par contre éviter de nouvelles aggravations. Son attitude a complètement changé, elle est entrée dans une guérilla discrète. Elle reproduit les gestes appris, mais se surveille dans les moindres détails pour ne pas en inventer de nouveaux. À force de volonté, elle a même réussi, victoire considérable, à retirer du repassage quelques types de vêtements. Le résultat est plus important qu'il n'y paraît, et il ne serait pas étonnant que Daniel soit moins volubile dans un proche avenir. Cette victoire est cependant limitée, et il peut difficilement en être autrement. Parce que réfléchir à ses gestes revient à les sortir du silence qui les rend aisés. Parce que se battre contre ses manières c'est se battre contre soi.

Il existe une autre modalité de lutte contre le piège, moins ingrate et moins secrète. Elle consiste à se battre non pas geste par geste, obscurément, mais en pleine lumière, sur le théâtre grandiose de l'idée d'égalité. Les systèmes de répartition des tâches radicalement égalitaristes s'opposent en effet frontalement aux effets structurant des différences de manières. Le « chacun son linge » ou le « chacun son tour » interdisent en théorie que les gestes sexuellement marqués construisent des rôles. Les résultats peuvent être spectaculaires, pendant plusieurs années. Au moment de la mise en couple, Régine Sourisseau fut prise comme beaucoup d'autres par la fièvre féminine de l'installation ménagère. Très vite elle se ressaisit et définit des principes égalitaires intransigeants : « Au début, c'était moi par-derrière. Et puis après j'ai dit : je ne le ferai pas, tu le feras. » Le décalage de manières étant très important, Régine dut suivre Régis pas à pas, corrigeant ses erreurs, le critiquant ou l'encourageant, l'incitant à faire mieux et davantage. Au premier entretien, elle donnait l'impression d'avoir obtenu une étonnante victoire, victoire en apparence contre Régis, en réalité contre elle-même. Au deuxième entretien, Régine avait « volontairement » décidé d'arrêter son travail salarié et de rester au foyer. Bien que caricatural, cet épilogue met parfaitement en évidence ce que peut être la portée de l'idée d'égalité contre le mécanisme du piège : potentiellement considérable dans un contexte précis, mais provisoire. S'il peut être mis en sommeil pour un temps, le capital de manières ne tarde pas à faire ressentir ses effets.

# XII

# PARCOURS MASCULIN : L'ÉLÈVE COUPABLE

## *L'homme-élève*

La position d'homme élève de sa femme (en ce qui concerne les tâches domestiques) est une position sociale. Elle est construite par le décalage existant entre l'objectif d'égalité et l'inégalité sexuelle des manières. Elle est donc d'autant plus forte que ce décalage est grand. Elle est une position sociale inscrite dans un parcours historique, davantage marquée dans les jeunes générations, qui se réfèrent ouvertement à la norme d'égalité. Le changement avec le « coup de main » masculin caractéristique des générations précédentes est très important. L'homme reste certes généralement un suppléant, comme le notent Danielle Chabaud-Rychter, Dominique Fougeyrollas-Schwebel et Françoise Sonthonnax (1985). Mais la suppléance n'est plus structurelle : elle est par défaut, concomitante avec un apprentissage dont l'objectif est de réduire les écarts dans la hiérarchie ménagère. La position d'homme-élève traduit donc une volonté d'évolution future entre les sexes. Qui ne doit pas être seulement mesurée aux résultats concrets obtenus. Car la contradiction (qui produit cette position particulière) se place justement entre cette résistance du concret et la volonté de changement. Mesurer les résultats signifie fixer son attention sur ce qui s'oppose au changement ; alors qu'étudier la position d'homme-élève dans son mouvement signifie au contraire souligner les facteurs de réduction des écarts entre les sexes.

Adolescent, Régis Sourisseau s'était révolté contre sa mère quand elle insistait pour qu'il range ses affaires. Lors de la mise en couple, il ne se révolta pas contre Régine quand celle-ci lui demanda la même chose et bien davantage. Parce qu'elle exerce un ascendant certain sur lui (il est d'ailleurs à noter qu'elle est d'un an plus âgée que lui) mais aussi, et surtout, parce que Régis était gagné à l'idée d'égalité conjugale. Ce n'était pour lui qu'une théorie abstraite, mais l'important était l'accord de principe, sur lequel s'appuya Régine. La distance entre l'égalité théorique et la capacité à l'atteindre étant considérable, Régis ne put faire autrement que de se mettre à l'école de sa compagne. Il le fait avec application, systématiquement. Ils prennent appui sur les quelques techniques qu'il connaissait auparavant (notamment le repassage, appris à l'armée). Cependant, y compris sur ces points forts, rien n'est simple : il sait repasser mais « oublie » sans cesse de le faire. Régine doit lui rappeler ses devoirs ; lui-même s'efforce d'y penser souvent, pour ne pas « oublier ». Cet « oubli » n'est toutefois pas une question de mémoire : il est produit par la faiblesse de l'injonction incorporée. Faiblesse qui est encore plus grande dans d'autres domaines, comme le rangement : « Je me suis toujours laissé aller du point de vue rangement. Ça va se corriger je crois, enfin j'espère. » Étant donné la structure de leurs échanges, Régine et Régis ne peuvent fonctionner au silence des habitudes. Régine est l'organisatrice, le censeur et l'éducatrice qui dresse les perspectives, critique les erreurs et montre comment faire ; l'action de Régis est subordonnée à cette parole et à ces gestes exemplaires. Ils doivent donc continuellement réfléchir à ce qu'ils font, maintenir le rapport maître-élève, et seront condamnés à cet autocontrôle tant que l'égalisation des capitaux de manières n'aura pas atteint le niveau permettant d'agir « spontanément » en respectant la norme d'égalité.

La position sociale d'homme-élève doit être considérée dans son importance historique. Tout en notant bien entendu ses limites. Car pour un Régis Sourisseau dévoué et studieux, on observe beaucoup d'élèves moins assidus et convaincus de l'intérêt des leçons. Depuis ceux qui, loin du principe d'égalité, n'apprennent que quelques détails secondaires pour se donner bonne conscience jusqu'à ceux qui, comme Romain Brastignac et Didier Shimmer, font semblant d'apprendre pour mieux se proclamer incapables. Cependant, y compris dans ces derniers cas, et au-delà des maigres résultats, la position d'homme-élève adoptée malgré tout traduit un léger changement dans les rapports de sexe concernant les tâches domestiques.

L'homme-élève a d'autres instructeurs que sa femme : il apprend aussi par lui-même, en observant des amis, en lisant des magazines, etc. Mais cet apprentissage diversifié porte sur des détails techniques. Globalement, la femme demeure l'éducatrice principale : à un degré ou à un autre il se rapporte à elle, même lorsqu'il parvient à maîtriser un domaine et à le diriger (par exemple la vaisselle ou les courses). Les interconnexions avec les autres domaines et la vision domestique d'ensemble étant données par la femme, il continue à se positionner en élève aux marges de ses spécialités (en reprenant nos exemples : pour ranger la vaisselle ou décider des repas). C'est dans ce positionnement général que s'intègrent les apprentissages particuliers de manières de faire, la femme transmettant directement un savoir domestique au mari. L'enquête montre que la réussite de ces apprentissages n'est pas une question de technique mais dépend de la position globale adoptée par l'homme : s'il joue à l'élève sans y adhérer vraiment, les leçons échouent. « Au début je lui disais : tu vois il faut faire comme ça. Lui convenait qu'il ne savait pas faire : il ne l'avait jamais fait. Il avait envie d'apprendre aussi. On avait vraiment l'impression que moi je savais plein de trucs qu'il ne savait pas. » Romain Brastignac avait de réelles difficultés à apprendre les techniques d'entretien du linge. Sabine avait conscience de ses efforts : « Je me suis aperçue que c'était difficile de reprocher à quelqu'un de ne pas faire ce qu'il n'avait jamais appris à faire. » Passé les tout premiers temps du couple, Romain utilisa cette tolérance et mit en scène avec exagération la contradiction entre sa volonté (de plus en plus feinte) et son incompétence (amplifiée à souhait) : il était toujours d'accord en paroles et incapable dans les faits. La vérité est qu'il avait conservé les phrases et répétait les interactions fondatrices du couple mais qu'elles étaient désormais vides de sens : il s'était secrètement retiré de la position d'homme-élève. L'évolution est identique chez les Shimmer. « Il étendait n'importe comment, pour le repassage après c'était galère ! Je lui ai appris comment faire, maintenant ça va. » Valérie nous présente la version optimiste. Didier quant à lui nous affirme que malgré ses efforts il est toujours incapable de bien étendre. L'avenir va lui donner raison. Trois mois plus tard, Valérie reconnaît : « Il ne s'en occupe plus du tout, c'est moi qui fais. » Les deux descriptions différentes de la même pratique constituaient déjà un signe laissant présager cette évolution : dans sa tête Didier se voulait incapable et ne continuait à jouer l'élève que pour assurer la transition. Valérie, comme Sabine, ne pouvait guère deviner. Car l'homme-élève a normalement beaucoup de mal à apprendre ; un rien sépare donc la mauvaise volonté de la difficulté réelle. L'apprentissage en effet n'est que secondairement technique ; l'essentiel est l'incorporation de l'injonction à agir. Or les injonctions sont parfois si profondément sédimentées dans le système d'habitudes qu'il s'avère impossible de les déplacer. De là le nombre considérable d'hommes qui « savent » mais « n'y pensent pas », qui savent mettre le linge sale à laver mais n'y pensent pas, qui savent repasser mais n'y pensent pas. Ou bien qui auraient été « sur le point d'y penser », comme nous ont dit plusieurs hommes, toujours devancés par leurs femmes. Ou bien qui invariablement « font mal » malgré leur application.

Une technique sans injonction s'oublie ; une injonction trouve rapidement ses techniques d'application. Y compris lorsqu'en apparence il apprend une technique, l'homme-élève essaie surtout d'intérioriser une conception du propre et du rangé. C'est ce qui rend l'apprentissage particulièrement difficile, nécessitant parfois une destruction/reconstruction identitaire, ce qui explique la force des résistances.

## *Le mauvais élève*

L'homme-élève est généralement un mauvais élève. Ce qui vient d'être dit permet de le comprendre : il est peu doué, apprend laborieusement, ajoutant parfois à cette difficulté de la mauvaise volonté ; il est mauvais élève même quand il s'applique et il ne s'applique pas toujours. Ses faibles capacités d'apprentissage sont perçues d'autant plus négativement par sa partenaire qu'elle le juge à partir de ses propres idées et manières. Il lui est par exemple impossible de comprendre que l'effort puisse coûter davantage pour une même tâche (parce que l'injonction est moins forte). Il lui faut donc une grande dose de tolérance et de compassion amoureuses pour ne pas s'indigner de ses oublis et maladresses. Sentiments qui expliquent le ton particulier adopté par les femmes pour parler du travail ménager accompli par leur mari. Outre la fierté (fierté parce que l'on peut ainsi se montrer comme un couple moderne) qui pousse à valoriser les moindres gestes ménagers et les rires qui indiquent au contraire (sans le dire ouvertement) que le chemin parcouru est bien court, la musique des phrases est maternante, harmonies d'excuses, de justifications pour l'être fragile et de douces remontrances. C'est sans méchanceté que Régine dit : « Il ne connaît pas les programmes, il fait des conneries. » Elle veut avant tout lui apprendre. Et Régis aussi veut apprendre. Il connaît ses insuffisances. Il sait qu'il ne parvient pas à prendre un vêtement en bas d'une pile sans la déranger (insuffisance technique) et qu'au lieu de la refaire il ne peut s'empêcher de se dire « on verra ça demain » (insuffisance de l'injonction). Il sait que Régine l'épinglera par une remarque, brève et presque gentille, mais infantilisante. Il sait que si elle ne l'oblige pas à ranger davantage son placard personnel, c'est pour discrètement mesurer ses progrès hors de la contrainte. Il se sent pris en faute lorsqu'elle y jette un regard. Par ce moyen pédagogique sournois, il constate l'ampleur de ce qu'il lui reste à apprendre.

L'homme-élève est aussi un mauvais élève parce qu'il ne s'applique pas, qu'il joue au besoin la comédie, prenant prétexte de ses difficultés réelles pour ne pas apprendre. Il est presque impossible de distinguer à l'analyse ce qui a trait à la complexité d'apprentissage et ce qui relève davantage d'une stratégie égoïste. Car il est évident que les deux se renforcent mutuellement. Et que la norme de répartition égalitaire doit être fortement prégnante pour que les partenaires conjugaux s'opposent à la logique d'exclusion masculine du domaine domestique. Il ne s'agit pas ici de justifier les résistances masculines, mais de comprendre un processus. Notamment dans les jeunes couples, moins protégés par les rôles sexuels socialement construits. Si l'on prend les cas de Romain Brastignac et de Didier Shimmer (qui constituent des exemples de mauvaise volonté succédant à des tentatives égalitaristes), l'écoute détaillée de leur récit montre que les difficultés d'apprentissage ont incontestablement joué un rôle central dans leur changement de comportement et que leur mise en scène pour dissimuler leur fuite du ménager n'est venue qu'ensuite. Romain a été sincèrement obsédé par le fait de ne pas parvenir à « y penser » avant Sabine : « De bonne foi : j'avais toujours l'impression que c'était à quelques jours près. » L'oubli provoquait une brève colère de sa compagne. Il était désolé, confus, agacé par ses oublis incompréhensibles. D'autant qu'il tentait de fixer son attention sur les quelques gestes qui énervaient le plus Sabine. Mais il oubliait quand même. Ses oublis exprimaient en fait son désaccord profond, alors que ses mots disaient le contraire. Il le comprit sans doute peu à peu. Et sans rien dire ramena ses gestes à ses idées secrètes. Didier Shimmer oublie également : « C'est pas que je veux pas le faire, c'est que je n'y pense pas. » Comme Romain Brastignac, il comprend mal ses oublis : « C'est ça surtout qui m'agace. » À certains moments, rompant avec l'argumentation sur l'oubli, il est prêt à s'accuser : « C'est plutôt la fainéantise. Je me dis : elle est là, elle va le faire. J'ai besoin d'être à moitié assisté. » Valérie vit dans un autre monde ménager. Elle fait tout avec aisance, presque trop : elle a exclu Didier autant qu'il a cherché à s'enfuir. Gagnée à l'idée du partage des tâches, l'état présent de leur organisation domestique lui pose donc un problème. Pour le résoudre, elle a mis au point une série de petits rituels sur des aspects secondaires, grâce auxquels Didier est censé faire preuve de sa bonne volonté égalitaire. Mais la contradiction entre la prise en charge presque complète (et compétente) des tâches ménagères par Valérie et ces rituels différemment organisés n'aide pas Didier. Valérie est d'autant plus énervée que ce qu'elle lui demande est très limité, de l'ordre du symbolique. Didier ne comprend pas cet énervement pour des détails. Il est prêt en contrepartie à s'accuser, car l'ensemble de la répartition est très inégalitaire. Ce qui explique ses phrases à certains moments : il reconnaît être un très mauvais élève. Mais quand il est très énervé par l'agacement de Valérie, il ne se sent plus coupable d'être un mauvais élève ; il glisse alors vers des simulations d'apprentissage.

## *L'homme coupable*

La position de mauvais élève tend logiquement à culpabiliser l'homme. Régis Sourisseau ne cesse de répéter : « Je pourrais faire mieux » ; Olivier Delmony se sent pris en faute quand Anne-Sophie met au lavage ses vêtements qu'il avait laissés en tas. Cette culpabilité liée à la difficulté des apprentissages est néanmoins limitée, compensée par la fierté émanant des quelques réussites. Si la culpabilité masculine caractérise de façon systématique la position de l'homme-élève, cela dépasse donc les incompétences ponctuelles. Elle est en effet structurellement inscrite dans les rapports de sexe, équivalent du piège pour les femmes : les femmes se piègent parce que leur injonction à agir est plus forte ; les hommes se sentent coupables parce que la répartition des tâches ne correspond pas à la norme égalitaire plus ou moins intériorisée. Didier Shimmer soupire : « Ça devrait être 50-50, mais... » et Romain Brastignac précise : « Je suis toujours un peu emmerdé dans un idéal d'égalité... mais comme elle connaît bien c'est elle qui fait. » Que ces deux mauvais élèves illustrent emblématiquement la figure de l'homme coupable n'est pas dû au hasard : la culpabilité est en effet d'autant plus grande que l'effort est faible, voir simulé. Il serait donc erroné d'ériger l'homme coupable en martyr domestique. À nouveau il ne s'agit pas de juger mais de comprendre, il ne s'agit pas de distribuer bons ou mauvais points mais de mettre en évidence les contraintes interactives qui fixent socialement les rapports entre les sexes. Comme le piège, la culpabilité vient de la perception d'une incohérence, d'une division de la personne entre ses gestes et ses idées (démontrant la puissance de la norme égalitaire). Elle n'est donc pas ressentie de façon constante : la culpabilité masculine émerge dans les contextes d'interaction qui valorisent la norme égalitaire. Elle est particulièrement forte dans la situation d'entretien (surtout quand l'enquêteur est une enquêtrice), dans certaines discussions avec des collègues et des amis donnant des exemples de répartition mieux équilibrée. Mais aussi dans l'interaction conjugale quand la femme remet en mémoire l'existence d'une norme d'équité, ou même dans la réflexion solitaire de l'homme qui pense quelques secondes à cette idée acceptée (sous la pression sociale) sans être appliquée. « Quand je vois la caisse de linge sale grossir je me dis : c'est chiant pour Brigitte, voilà ce que je me dis. Vous voyez le raisonnement, par contre je ne me dis pas : fais-le à sa place » (Marc Rizzolino). Michel Chouchern ressent parfaitement le déroulement d'une pensée parallèle, épisodique mais tenace, ne débouchant jamais mais alimentant un malaise diffus : « À la fois il y a l'éducation que j'ai reçue qui fait que spontanément je laisse à la femme un certain nombre de choses, et en même temps j'ai toujours la même réaction, je me dis : c'est quand même pas normal. » Didier Shimmer est très nerveux pendant l'entretien, au supplice face aux questions qui n'en finissent pas de rouvrir la plaie conjugale. Il commence à s'accuser de tous les crimes, pour se défaire de la pression insoutenable. Ces quelques excès de langage le ramènent aussitôt à la nécessité d'une construction moyenne de sa personnalité entre ses tendances extrêmes. D'une phrase, il exagère donc dans l'autre sens, pour rétablir l'équilibre : « Bon mais elle a beaucoup plus de temps libre aussi, c'est donc normal. » De la même façon que la gestion de l'insatisfaction est au cœur du lien conjugal, la gestion masculine de la culpabilité n'est pas un simple effet : elle permet d'ajuster l'incorporation de la norme d'égalité. L'exemple de Didier Shimmer permet de le comprendre. Il se situe dans une situation de transition, cherchant désormais à refuser la contrainte égalitaire, trop éloignée des faits : dans ce contexte, ses aveux de culpabilité renforcent paradoxalement son envie de ne plus se sentir coupable.

Bien entendu, tous les hommes ne se sentent pas coupables, comme toutes les femmes ne se sentent pas piégées. Sont protégés ceux qui, parce qu'ils participent à quelques tâches, ont l'impression de respecter la norme. Ainsi que ceux pour qui l'idée d'égalité n'a pas grand sens et qui se réfèrent aux rôles sexuels anciens. La situation d'entretien, qui fait ressortir la culpabilité, révèle cependant combien celle-ci est largement répandue de façon latente. Il est particulièrement significatif que les hommes de plus de cinquante ans et d'origine rurale, bien installés dans l'ancien régime des rôles domestiques, cherchent les plus minuscules preuves de collaboration ménagère et les valorisent à souhait pour se présenter sous un jour favorable. Même quand Marcel Delafontaine, s'évertuant à retrouver une participation quelconque, frise le ridicule et plonge dans l'injustice en accusant sa femme au lieu de dire simplement que c'est lui qui s'occupe de la voiture (« Elle-ne-fait-même-pas-le-plein-de-la-voiture ! », clame-t-il en martelant chaque mot), il faut bien comprendre que c'est la perception diffuse de la norme d'égalité, se traduisant pour lui en culpabilité potentielle, qui le pousse à ce dérapage verbal. Sinon il se serait contenté de réaffirmer les principes anciens de répartition.

L'homme coupable n'est pas une position psychologique mais une position sociale inscrite dans un processus de transformation historique : comme pour la femme piégée, la perception psychologique négative est facteur de changement social. La similitude entre les deux positions s'arrête là. Car le piège lorsqu'il se forme est incomparablement plus lourd à supporter qu'un simple sentiment latent de culpabilité. S'il n'y a pas équivalence entre les deux positions, le parallélisme est cependant évident. Il se matérialise notamment par le fait qu'il peut y avoir passage de l'une à l'autre des deux positions pour gérer un même décalage de manières. Ainsi Daniel Marmandais, en renforçant le piège dans lequel Amélie s'est enfermée au lieu de le desserrer (« C'est pas parce que j'ai une tache ou une déchirure que je fais une angoisse. Moi je ne me laisse pas vraiment prendre par tout ça »), est parvenu à se libérer de la culpabilité qui fut la sienne au début du couple. Olivier Delmony est parfois sur le point d'emprunter le même chemin (« S'il y a une victime, c'est une victime consentante ») quand il se sent trop coupable de n'être pas parvenu à mettre en pratique leurs idées du début. Mais il comprend intuitivement qu'il ne peut aller trop loin dans la mesure où Anne-Sophie se protège contre le piège en tentant de le nier. Se rangeant de son côté, il a donc mis au point avec elle une stratégie conjugale (plutôt qu'une concurrence interindividuelle pour se renvoyer le problème) consistant pour le couple à se raconter une histoire de choix volontaire et à y croire. Le piège féminin et la culpabilité masculine, ressentis par des individus, sont des positions sociales qui se traitent dans l'interaction : le jeu conjugal les transforme continuellement.

# CONCLUSION

Les changements actuels concernant la construction du couple sont considérables ; l'importance n'en a été qu'en partie mesurée. L'attention s'est portée à juste titre sur le refus ou le report du mariage, le développement de l'union libre. La protection des intérêts individuels et la place grandissante du choix amoureux ont logiquement été isolées comme facteurs principaux. Mais d'autres facteurs n'ont pas été vus, parce qu'ils étaient dissimulés au plus fin de la trame relationnelle. La piste du linge permet de les mettre en évidence. Le plus significatif est le passage qui s'opère sous nos yeux du prêt-à-porter conjugal à la confection sur mesure. Il est même à se demander s'il ne constitue pas, avec la défense des intérêts personnels et la place du sentiment amoureux, la troisième clé explicative de la révolution familiale de ce dernier quart de siècle. Les jeunes qui entrent en couple aujourd'hui disposent de moins en moins d'un cadre de référence préétabli fixant les comportements, d'un rôle domestique, ou, pour prolonger l'image, d'un costume conjugal définissant la coutume, d'un habit porteur d'habitudes. Ils se retrouvent nus, face à eux-mêmes et à ce qu'ils pensent être d'immenses espaces de liberté. Alors ils tâtonnent, expérimentent sans méthode éprouvée. Il leur faut du temps et une grande légèreté ménagère pour inventer ce qui doit l'être, pour trouver les bonnes habitudes, pour ne pas être affublés trop vite d'un habit ne correspondant pas à leurs mesures. Le problème est qu'ils ne parviennent pas à connaître ces dernières. Ils sont donc condamnés à coudre, déchirer, retoucher sans cesse, se sentant parfois serrés aux épaules mais bien à l'encolure, puis à l'aise aux épaules, mais désagréablement à l'étroit aux hanches. Car la reprise des vêtements conjugaux est un travail incessant. Les jeunes n'étant que la partie visible et la plus représentative de ce nouveau mode relationnel, ce sont tous les ménages qui de plus en plus se trouvent placés dans l'obligation d'avoir à ajuster leur échanges et à redéfinir les règles. Le refus ou le report de l'institutionnalisation familiale sont en grande partie liés aux contraintes de ce nouveau travail conjugal. La révolution familiale actuelle ne se situe pas centralement dans les formes observables qui n'en sont que la conséquence. Elle est dans ce rapport nouveau entre partenaires, exigeant des compétences inouïes (dont les acteurs n'ont fort heureusement que faiblement conscience), rapport qui s'inscrit dans un processus historique et n'en est donc sans doute qu'aux prémices de son développement.

La force transformatrice poussant à l'invention conjugale est l'idée d'égalité entre les sexes, profondément enracinée dans le mouvement de démocratisation sociale. Elle enjoint aux individus d'agir. Ceux-ci s'exécutent sans trop de réticences au début, ignorant qu'ils auront surtout à se battre contre eux-mêmes. Il n'est pas rare qu'ils rêvent de vêtements conjugaux unisexes, mais ne parviennent pas à les confectionner, abandonnant peu à peu leur projet, se coulant dans des habits plus traditionnels. Un opérateur caché a réduit les immenses espaces de liberté à quelques territoires concédés avec parcimonie, distribuant ailleurs de vieux habits à peine retouchés. La défaite est trop surprenante pour l'accepter : les acteurs se racontent une fable conjugale. Mais la vérité est que l'invention qui avait demandé tant d'efforts débouche sur des résultats dérisoires, l'échec étant d'autant plus manifeste que la volonté de changement avait été grande. Au centre de cet échec se trouve la résistance des gestes, gardiens d'un long passé incorporé des positions sexuelles, passé resurgissant par fragments lorsque s'alourdit l'intégration ménagère.

L'égalité entre les sexes est un des enjeux majeurs de notre époque. Trop souvent représentée comme un combat entre hommes et femmes, acteurs libres de leurs mouvements. Les acteurs ne sont pas libres, la « société » leur impose l'essentiel de leurs conduites. La puissance d'imposition sociale vient de ce qu'elle n'est pas extérieure mais incorporée en chacun de nous, de façon très personnelle et concrète, dans les manières d'être et d'agir apparemment anodines qui nous font ce que nous sommes. L'analyse montre ainsi que le centre de résistance à l'égalité entre les sexes se trouve en famille, à la maison, dans les pratiques ménagères les plus élémentaires. Et notamment les plus féminisées : les gestes du linge. Les gestes minuscules prennent alors une dimension considérable. Ceux qui constituent la personne individuelle et la personne socialisée dans le couple ; ceux qui se transforment en monnaie d'échange ou construisent un système d'habitudes ; ceux qui s'incrivent dans un capital de manières produisant des positions domestiques dans sa confrontation avec le capital du partenaire. Chaque geste pris séparément, le slip repassé, la chaussette qui traîne, apparaît d'une importance dérisoire. La société est pourtant en lui, dans le slip ou la chaussette constitués en objets sociaux, déterminant l'individu qui croit les manipuler. Ce livre aurait presque pu être entièrement écrit avec le seul exemple de la chaussette masculine. Considérée comme à sa place par l'homme quand elle ne l'est pas pour la femme, qui doit donc la remettre à ce qui est pour elle sa vraie place. En dépassant le stade verbal, en rangeant la chaussette, la femme crée une nouvelle habitude, qui déplace les positions des deux partenaires, reproduisant et aggravant le contraste sexuel. Ce n'est pas un hasard si la femme a cette idée sur la place de la chaussette : elle lui vient d'un long passé incorporé, ce geste minuscule contenant une infinité de catégories de classement, notamment d'ordre sexuel. En rangeant la chaussette, elle réveille ce passé sommeillant et l'inscrit dans son histoire comme cadre de détermination de futures pratiques. L'avenir du couple ne se réduit pas bien entendu à la façon de ranger les chaussettes : les gestes n'ont un pouvoir structurant qu'enchaînés les uns aux autres, porteurs des mêmes idées, renforcés par des interactions, encadrés par des institutions, soumis à des pouvoirs. Mais certains des enjeux majeurs de notre époque, telle l'égalité entre hommes et femmes, sont étroitement dépendants des gestes les plus simples.

C'est pourquoi cet ouvragre d'ethnographie du détail est aussi un livre très politique. Comme la plongée au plus intime des histoires individuelles à laquelle il se livre est un exercice authentique de sociologie et non de psychologie ou de micro-sociologie : dans l'individu, dans le geste simple, dans la façon de ranger la chaussette, j'ai à chaque fois cherché un processus social.

La place des gestes dans le système de détermination des pratiques n'est pas historiquement stable. Dans les sociétés fondées sur la tradition, les règles sont en grande partie explicites et collectives : elles disent comment faire. Les gestes s'intègrent alors comme simples éléments du mécanisme de reproduction de la société par elle-même. Dans les sociétés modernes démocratiques, fondées en théorie sur la responsabilisation des individus, les règles et les repères inscrits dans une tradition devenue flottante perdent leur pouvoir d'imposition : chacun peut et doit inventer ses modèles et son avenir, aidé par les schémas culturels incertains qui l'imprègnent et les contraintes d'interaction qui l'enserrent. Mais l'essentiel du sens des limites, des classements et des valeurs est désormais dans l'individu lui-même, dans l'identité socialement construite qui lui dit ce qu'il est et ce qu'il doit faire, dans les manières héritées et apprises qui ramènent ses rêves à la réalité implicite du possible intériorisé. La sociologie n'a pas coutume de travailler sur les individus. C'est à mon avis une erreur empêchant d'appréhender certains mécanismes sociaux, une manière sociologique héritée dont il sera de plus en plus nécessaire de se déprendre à mesure que la société assurera davantage sa reproduction par des opérateurs internes aux personnes.

# GUIDE DE LECTURE BIOGRAPHIQUE

**Agnès et Jean ARCHAMBAUD**

La mère d'Agnès était si exigeante pour tout ce qui concerne la propreté et le rangement que la crise d'adolescence de la jeune fille prit corps sur cette question : Agnès s'opposa, non sans passion, voulant refuser l'ordre maniaque. À son mariage, elle passa sans transition du statut de femme au foyer de ses parents à celui de femme au foyer de son mari. Du jour au lendemain, elle se retrouva à la fois mariée et maîtresse de la maison conjugale à gérer. Elle oublia aussitôt ses idées d'adolescente, et les habitudes longuement acquises se révélèrent dans toute leur efficacité et leur évidence : elle répétait les gestes de sa mère.

La trajectoire de Jean est très différente. Ses parents lui ont transmis la conception traditionnelle des rôles sexuels et lui ont appris l'importance de la présentation de soi vestimentaire : la femme doit faire le nécessaire pour que son conjoint soit toujours impeccable. Mais ils ne lui ont pas légué les vertus du rangement qui animent sa femme. La maison familiale était « vivante », manière habile de dire que le désordre ne le gênait pas.

Le choc de la rencontre de ces deux univers éloignés n'eut pourtant pas lieu. Agnès fut d'abord très agacée par les vêtements « qui traînaient ». Puis, peu à peu, elle prit l'habitude de les ranger elle-même, et elle oublia l'agacement. D'autant plus facilement que les idées de Jean sont devenues très contradictoires au sujet de l'ordre domestique : il navigue entre ses souvenirs et l'envie de partager l'éthique de sa femme. À travers ses hésitations, une lente évolution de ses comportements se produit.

Ils illustreraient parfaitement la capacité d'harmonisation conjugale à partir de conceptions individuelles éloignées si deux sujets de conflit (la couture des boutons et le repassage) ne révélaient pas le maintien en profondeur de deux visions obstinément irréconciliables.

*Jean : 29 ans, employé, parents commerçants.*
*Agnès : 26 ans, employée, mère fonctionnaire, père artisan.*
*2 enfants, tous deux au foyer.*

Voir pp. 19, 23, 35, 55, 60, 91, 102, 110, 114, 130, 131, 144, 171, 172, 173, 175, 178, 198, 199, 216, 217.

**Anne et Pat BONIFACE**

Ce couple a mis au point un système de répartition égalitaire des tâches ménagères assez radical, rendu possible par la conjonction d'un certain nombre d'éléments : l'époque, moment le plus fort du féminisme militant, le fait que Pat était au chômage lors de la mise en couple (sa disponibilité favorisait la prise en main de tâches), leurs conceptions de la propreté et du rangement qui n'étaient alors guère exigeantes. Anne parvenait à accepter qu'il accomplisse des gestes inefficaces et mal faits, qu'il multiplie les « gaffes » : elle se gardait d'intervenir et de « repasser derrière ». En un peu plus d'une année, l'essentiel de l'apprentissage était effectué, des habitudes étaient prises, des règles d'interaction définies : l'échange conjugal était solidement fondé sur l'égalité de répartition.

L'exécution des tâches demande cependant beaucoup d'efforts. Car l'idée d'égalité les a poussés à choisir la méthode du « chacun son tour » ou du « celui qui y pense ». Ce qui revient à décider sans cesse et conduit à fragiliser l'injonction. Confusément, ils recherchent donc peu à peu la définition de domaines spécialisés. Ils s'entendent bien et discutent sans passion de ces questions. Les problèmes sont néanmoins incessants et souvent difficiles à résoudre. L'interchangeabilité nécessite par exemple une harmonisation des conceptions et des manières. Une divergence sur la température de lavage, qui dans un autre couple n'aurait guère porté à conséquences, est donc ici l'objet de vives polémiques.

*Pat : 29 ans, chef d'atelier, père artisan, mère au foyer. Anne : 26 ans, étudiante, père ouvrier, mère au foyer. 2 enfants, tous deux au foyer.*

Voir pp. 20, 33, 35, 44, 107, 111, 127, 170, 176, 179, 195.

**Sabine et Romain BRASTIGNAC**

Sabine a encore en tête son passé familial : sa mère, femme active, ne s'intéressait pas aux choses de la maison et n'effectuait les tâches ménagères qu'au minimum (« Elle était la dernière à voir la poussière »), ce qui exaspérait son père ; les conflits étaient fréquents. Choquée par ces conflits et pour conjurer son malaise, elle prit l'habitude de ranger sa chambre et participa au ménage aux côtés de sa mère. Officiellement pour l'aider ; la critiquant en fait par ses gestes. Peu à peu, en réaction contre ce qu'elle avait vécu, elle mit au point l'image de la femme qu'elle serait plus tard : une vraie fée du logis. « J'avais un modèle dans la tête, qui ne me ressemblait pas trop. » En effet, la ressemblance avec sa mère n'a pas vraiment été effacée : elle se vit avant tout en femme active, elle est deux femmes en une.

La décision de s'installer avec Romain accentua le modèle « fée du logis », sous le regard supposé critique de la belle-famille. Pendant un mois, elle fut prise par une véritable fièvre ménagère, essayant d'entraîner son ami.

Mais l'itinéraire de ce dernier était bien différent. Sa mère, elle-même très ordonnée, lui avait appris à ne s'occuper de rien. Il arriva dans le couple, insouciant, pourtant gagné à l'idée du partage des tâches. Face à l'offensive de Sabine, il mesura son ignorance ménagère et se fit docilement élève, toujours d'accord en paroles, plus rarement dans les gestes. L'évolution fut lente, il traînait les pieds. Tout en corrigeant lentement ses habitudes, il compensa son infériorisation en se forgeant une conception légitimant le refus de l'ordre.

Sabine déclare avoir abandonné le modèle des débuts comme une erreur de jeunesse. En fait elle a surtout subi la pression exercée par Romain, restant encore aujourd'hui ouverte à une autre évolution possible. Bavards sur le passé, ils ne disent rien sur leur présent : les meilleures guerres se mènent en silence.

*Romain : 24 ans, étudiant, père ingénieur, mère enseignante.*
*Sabine : 23 ans, étudiante, parents enseignants.*

Voir pp. 23, 38, 57, 60, 62, 64, 71, 77, 78, 79, 81, 100, 116, 118, 122, 127, 128, 142, 144, 175, 178, 188, 189, 199, 204, 212, 223, 226, 227.

**Carine et Michel CHOUCHERN**

Par rapport à sa mère, très « nickel » et « rangement », Carine ne se sent poussée à agir qu'en ce qui concerne la propreté. Au-delà d'un minimum à assurer, le rangement et le repassage ne lui apparaissent pas comme des évidences. Opposition classique de la fille contre sa mère, mais qui se poursuit, après dix ans de mariage. Toujours aussi stricte sur la propreté, elle limite rangement et repassage, proclamant avec assurance son refus, refus légitimé par des discussions dans un groupe de copines. La raison du prolongement de cette manière de faire habituellement particulière à la jeunesse est conjugale. Michel a en effet secrètement des conceptions plus exigeantes du rangement. Et Carine sent que son identité de femme pourrait la pousser à répondre à la demande silencieuse de son mari. Elle se contrôle donc continuellement, limitant volontairement ses gestes de rangement.

Dans ce couple fonctionnant parfaitement au silence, Michel ne veut rien avouer, ni même sans doute s'avouer à lui-même. Pourtant, quand il se sent fatigué, une étonnante réaction le pousse à agir brusquement, rangeant « ce qui traîne », pour « retrouver comme un nid » et son « sens de la maison ». Carine fait semblant de ne pas entendre ces paroles muettes.

*Michel : 44 ans, animateur, parents artisans.*
*Carine : 36 ans, assistante sociale, père fonctionnaire, mère au foyer.*
*3 enfants, tous trois au foyer.*

Voir pp. 23, 26, 108, 109, 164, 179, 180, 181, 206, 228.

**Yvette et Marcel DELAFONTAINE**

Déjà, l'attitude de son père (« Il voulait être le roi de la maison ») l'avait choquée, alimentant une vague idée d'insatisfaction et de révolte féminine. Jusqu'au jour où, reprenant son travail salarié, et au contact de jeunes collègues, la contestation des rapports de sexe se fit plus précise : « Je suis féministe... mais pas trop. »

Elle ne peut aller trop loin car son quotidien est le contraire de ses idées nouvelles. Son mari (cinquante ans, d'origine rurale) s'accroche à la conception des rôles sexuels traditionnels. Il se protège en développant un discours sur le thème de la décadence de la société. Yvette est donc déchirée entre sa volonté de ne pas fragiliser la famille et les idées qui la travaillent.

Cette division intérieure a pour résultat de rendre pénibles les tâches ménagères, qui ne sont pourtant quantitativement pas très importantes. Car Yvette contrôle ses gestes pour ne pas augmenter une charge mal vécue. Il suffirait sans doute d'un effort limité de la part de Marcel pour renforcer son injonction à agir. Effort impossible à concevoir : ils vivent dans deux mondes parallèles. Très attachés l'un à l'autre, mais étrangers à propos des questions ménagères.

*Marcel : 50 ans, comptable, parents agriculteurs.*
*Yvette : 49 ans, comptable, parents agriculteurs.*
*3 enfants, tous trois au foyer.*

Voir pp. 22, 37, 79, 80, 81, 88, 181, 229.

**Anne-Sophie et Olivier DELMONY**

Ils se sont mis en couple progressivement. Au début, chacun s'occupait de son linge. Puis ils structurèrent l'organisation ménagère sur une base égalitaire. À la naissance du premier enfant, Anne-Sophie prit en charge la part supplémentaire, et, peu à peu, s'occupa de tout. D'autant plus facilement qu'ils avaient décidé d'un commun accord qu'elle resterait désormais à la maison pour élever leurs trois enfants.

À les entendre, leur histoire est simple. Mais l'observation des gestes offre une autre version de cette histoire : ils n'ont rien décidé, c'est essentiellement la différence de manières qui a joué. Olivier n'est pas très exigeant, se contentant d'une propreté et d'un rangement rudimentaire. Anne-Sophie, malgré sa volonté de se démarquer de sa mère, qu'elle qualifie de « maniaque », a au contraire des habitudes de propreté et de rangement extrêmes. Le résultat est que l'idée égalitaire, très présente dans les débuts du couple, est désormais inapplicable. « C'est plus fort que moi » : Anne-Sophie ne peut s'empêcher de refaire ce qu'Olivier vient de mal faire à son idée. Elle sent qu'elle s'enferme dans un piège qu'elle a elle-même construit. Olivier critique d'ailleurs ses efforts, à ses yeux exagérés. Mais les idées et les gestes incorporés sont trop forts.

*Olivier : 32 ans, artisan, parents employés.*
*Anne-Sophie : 28 ans, au foyer, parents artisans.*
*3 enfants, tous trois au foyer.*

Voir pp. 21, 22, 37, 54, 59, 60, 101, 115, 147, 148, 152, 197, 208, 213, 214, 215, 227, 299.

**Yolande et Alain FAYET**

Cette histoire nous fait plonger dans un autre monde du linge. Yolande et Alain sont en couple depuis deux mois, avec un jeune bébé. Leurs meubles se réduisent à un lit, un réfrigérateur, une gazinière, une table, des chaises, une petite machine à laver Calor, un vieux fer à repasser. Ils ne possèdent pas un seul meuble de rangement, le linge est empilé par terre sur des plastiques. Le travail du linge est omniprésent, le XIXe siècle n'est pas loin.

Ils sont tous les deux très exigeants sur la propreté et le rangement. Alain appris de sa mère les gestes du linge et a même un certain goût pour les effectuer : il est sans cesse tenté de repasser, coudre... Mais sa femme s'y oppose. Elle est au foyer et lui travaille. Débordée par les tâches ménagères et les soins au bébé, elle accepte que son mari lui donne un coup de main. Mais en dehors du linge. Inconsciemment, elle recherche ce qu'il y a de plus marqué par la féminité (le linge) et veut rejeter Alain de ce domaine. Contre les compétences de son mari, contre les idées du temps sur l'égalité, elle cherche en fait à constituer un rôle sexuel qui la protège, qui lui donne une légitimité.

*Alain : 23 ans, manœuvre, père ouvrier, mère au foyer.*
*Yolande : 23 ans, au foyer, père ouvrier, mère agent de service.*
*1 enfant, au foyer.*

Voir pp. 50, 205.

**Madeleine et Léon GOULINEC**

« Nous on est de la génération sans slips. On avait une chemise et c'est tout. On est partis de bien bas. » Léon ne fait pas mystère de ses origines : pauvreté et hygiène rudimentaire. Il est arrivé au mariage convaincu de la nécessité de l'effort pour faire davantage concernant la propreté et le rangement, pour atteindre la respectabilité. Dans cette visée, sa future femme devait jouer un rôle central. Car il est passé alors « d'une femme à l'autre », de sa mère à sa femme, pour tout ce qui touche au linge, et plus généralement aux questions ménagères. Or Madeleine, excepté le repassage, non seulement se contentait de gestes rapides, mais n'avait pas sa volonté d'amélioration. La contradiction était totale.

Au début, cela se traduisit par de simples « engueulades ». Puis elle trouva l'argument majeur : « Si t'es pas content, t'as qu'à le faire. » Et, peu à peu, il apprit effectivement à faire deux ou trois choses. La conception des rôles ménagers évolua en parallèle : aujourd'hui, il leur est devenu évident qu'ils peuvent être mis en discussion. Les disputes se poursuivent, avec à chaque fois un double enjeu : l'affrontement des deux conceptions et la répartition de certaines tâches.

Depuis le mariage, les idées et manières de Madeleine sont restées d'une étonnante cohérence. Léon au contraire a beaucoup changé, sans même s'en rendre compte. Il a cédé, sous la double pression de sa femme et de l'évolution de son temps. Il pense à tort que les idées qu'il avait au moment du mariage composent encore la morale guidant sa vie. Il s'accroche à des phrases sans contenu. Pris dans ces contradictions multiples, il subit un véritable éclatement de la personnalité.

*Léon : 49 ans, policier, parents agriculteurs.*
*Madeleine : 44 ans, au foyer, parents agriculteurs.*
*3 enfants, dont 2 au foyer.*

Voir pp. 32, 33, 37, 52, 60, 90, 104, 128, 151, 163, 168, 175, 185, 186, 190, 191, 192, 193, 217, 218.

**Isabelle et Antoine JAILLOU**

Ils vivent dans le silence parfait d'habitudes sans histoires. Leur conception élevée de la propreté et du rangement, la proximité de leurs façons de faire réduisent les points possibles de friction. « C'est naturel », « ça se fait d'instinct », précise-t-elle. Plus que dans d'autres couples, leur histoire ménagère est sans conflits et sans paroles.

Il faut discuter longtemps pour faire surgir quelques frêles oppositions.

À propos du linge sale qui traîne tout d'abord. Elle signale avoir exactement les mêmes idées et pratiques que son mari. Alors qu'Antoine, marqué par une éducation rigoureuse qui lui vient de sa mère, est convaincu de sa différence sur ce point : « J'aime pas le bordel alors je fais la chasse. »

À propos de l'hypothèse d'une belle pièce à linge ensuite : alors qu'elle dessine le rêve d'un espace agréable pour le repassage, il qualifie l'hypothèse de « gaspillage d'espace ». Il ignore et veut ignorer le monde du repassage, dans lequel sa femme s'enferme pendant des heures, prisonnière de ses propres exigences (elle repasse absolument tout, y compris les chaussettes).

*Antoine : 36 ans, employé, père ouvrier, mère agricultrice.*
*Isabelle : 34 ans, secrétaire, parents agriculteurs.*
*2 enfants, tous deux au foyer.*

Voir pp. 31, 54, 66, 145, 161, 209.

**Nadia et Bruno LABARTHE**

La mère de Bruno est « hyper-stricte, hyper-nickel ». Aussi Bruno s'était-il dit, en partant de chez ses parents : « Voilà un des trucs avec lesquels je ne me ferai pas chier, c'est le rangement. » Effectivement, comme le dit Nadia : « Chez lui c'était dégueulasse, il y avait même des os de poulet sous le lit. » Aujourd'hui, il est tout surpris de découvrir ses exigences et compétences ménagères nouvelles.

Parfois, Bruno ne peut s'empêcher de rêver Nadia dans un rôle de fée du logis. Pour l'heure, la réalité est loin du rêve. Passé les quinze premiers jours, et excepté une tâche réellement prise en main (la cuisine), elle est restée d'un bloc dans ses gestes personnels, comme si la vie en couple ne devait rien changer à son quotidien. Espérant secrètement un changement, Bruno se contente de montrer l'exemple, protestant rarement.

Beaucoup de choses les opposent ; lui est plus attiré par le rangement, elle par la propreté ; lui souhaite une conjugalisation plus forte et commence à la mettre en pratique, alors qu'elle se maintient dans sa bulle individuelle. Ce contraste très net semble peu poser de problèmes. La raison en est sans doute qu'il se situe à un moment particulier de leur histoire conjugale et que l'avenir est porteur de bouleversements possibles. Cette hypothèse est étayée par le fait que Nadia, en complet décalage avec son présent, se rêve aussi parfois dans le rôle de parfaite ménagère.

*Bruno : 24 ans, intérimaire, père ouvrier, mère femme de ménage.*
*Nadia : 23 ans, étudiante, père ingénieur, mère secrétaire.*

Voir pp. 20, 21, 34, 37, 38, 39, 44, 47, 57, 60, 61, 62, 66, 76, 78, 82, 83, 94, 114, 120, 146, 148, 160, 161, 164, 181, 188, 190, 204, 207.

**Géraldine et Bernard LE FECHT**

Ils ne vivent ensemble que depuis deux semaines (au premier entretien). Leur couple est donc tout neuf et même à peine rodé : ils improvisent la répartition des tâches ménagères. Géraldine est très soucieuse d'appliquer une égalité qui soit la plus parfaite possible. En ses longues années de vie célibataire, Bernard a constitué des habitudes presque maniaques concernant le repassage de ses pantalons et de ses chemises.

Le système choisi pouvait donc difficilement être autre que celui du chacun son linge. Après quelques essais, le principe des machines séparées a cependant dû être abandonné. Mais ils stockent toujours leur linge sale en deux tas distincts, repassent et rangent séparément. Ce fonctionnement a été érigé en modèle, les protégeant en tant qu'individus contre l'emprise ménagère. Dans leur esprit, il n'est pas provisoire, la limitation de l'engagement collectif atténuant les heurts possibles et laissant l'avenir plus ouvert.

Au deuxième entretien, après trois mois de vie commune, le couple était séparé.

*Bernard : 32 ans, ingénieur, père cadre, mère au foyer.*
*Géraldine : 24 ans, assistante de direction, père employé, mère au foyer.*

Voir pp. 22, 42, 68, 74, 75, 83, 105, 142, 146, 150, 153, 165, 176, 177, 186, 204, 207, 218.

**Amélie et Daniel MARMANDAIS**

Le père de Daniel était « très pointilleux » et participait largement aux tâches ménagères. Très tôt les enfants avaient été mis à contribution, dans un but éducatif. Rompant avec cette tradition familiale, Daniel s'était organisé, jeune célibataire, sur la base de gestes et d'une conception rudimentaires du propre et du rangé : « le lavomatique en tas » et « un rangement chaque printemps ».

La mise en couple prolongea la tendance. Il fit d'abord un effort. Mais rapidement il s'avéra que les gestes et la conception de l'un n'étaient pas au même niveau que ceux de l'autre : Amélie exigeait davantage (à un niveau pourtant limité, ainsi elle ne repasse pas) et n'hésitait pas à prendre en main les activités pour les effectuer à son idée. Il se laissa alors porter par cette évolution, renforçant volontairement le décalage de manières, en composant une idéologie du rangement minimal pour mieux se dégager du domaine ménager.

Subtilement poussée par Daniel, Amélie construisit ainsi elle-même le piège qui allait l'enfermer. Plutôt que de le critiquer et d'ouvrir une guerre domestique, elle prit tout en main. Daniel légitima son retrait en prenant seul en charge la tenue de leur commerce. Ce qui lui permet désormais de conclure : « Elle, c'est plutôt enfants-maison, et moi l'entreprise », oubliant le long processus qui conduisit à cette situation. Elle refuse de remettre ouvertement en cause les rôles conjugaux ainsi constitués : « Il faut faire avec ce que tu vis. » Mais parfois des phrases s'échappent, qui témoignent de son hésitation inavouée. Elle contrôle désormais ses gestes et les échanges conjugaux, cherchant à éviter une aggravation du piège ; elle remplit son rôle, mais se garde d'aller au-delà.

*Daniel : 34 ans, commerçant, père enseignant, mère infirmière.*
*Amélie : 29 ans, commerçante, parents commerçants.*
*2 enfants, tous deux au foyer.*

Voir pp. 19, 23, 25, 106, 118, 140, 161, 182, 209, 213, 218, 227, 229.

## Marie-Hélène et Henri NITOURNELLE

Quand il eut 18 ans, Henri réclama du linge mieux lavé et repassé. « Ma mère faisait ce qu'elle pouvait, mais ce n'était pas la même époque. Question de génération : j'étais plutôt plus maniaque que mes parents. » Il apprit donc lui-même assez tôt à ranger ses propres affaires. Paysage domestique très différent chez Marie-Hélène. L'éducation ménagère était sexuellement très contrastée, au point que ses cinq frères laissaient leurs vêtements « comme ça en tas ». « Et nous les filles, on faisait les chambres et on ramassait. »

Elle se souvient du jour de son mariage comme d'une bonne surprise : « J'avais un mari qui rangeait bien ses affaires. » L'ajustement ménager fut très aisé étant donné la bonne volonté des deux protagonistes. Heureusement, car le modèle à suivre n'était pas du tout évident. La référence principale qu'ils avaient tous les deux en tête était celle, héritée de la tradition, de la division sexuelle radicale des tâches. Mais l'attitude d'Henri concourut dès le début à l'atténuer. Par la suite, Marie-Hélène prit de plus en plus conscience des idées du temps sur l'entraide conjugale (elle rejette cependant l'idée d'égalité). Travaillant tous les deux, il aurait pu en résulter une évolution conjugale allant vers le partage des tâches. Celui-ci reste cependant très limité. Non pas qu'Henri résiste. Mais parce que la force de l'injonction qui pousse Marie-Hélène à agir est telle que le travail bien fait confine pour elle au plaisir.

Que les tâches soient (parfois) partagées ou (souvent) effectuées par Marie-Hélène, elles demandent donc rarement un effort. Au point que ce couple qui dit très haut apprécier les habitudes bien réglées laisse à la libre initiative de chacun le fait de décider qui doit accomplir la tâche qui est la plus partagée (l'étendage). Comme un créneau de liberté qui permet de jouir de cette capacité à se donner sans compter. Couple en apparence très traditionnel, en fait plus marqué par son temps qu'il n'y paraît.

*Henri : 44 ans, ouvrier, parents agriculteurs.*
*Marie-Hélène : 43 ans, femme de ménage, parents agriculteurs.*
*2 enfants, tous deux au foyer.*

Voir pp. 23, 25, 26, 49, 89, 110, 154, 162, 192, 211.

**Thérèse et Fernand PÉREZ**

Conformément au modèle traditionnel, Fernand, en tant que garçon, ne reçut pas d'éducation ménagère ; sa mère « s'occupait de tout ». À son mariage, « c'est ma femme qui a pris le relais. Depuis on est toujours restés sur le même principe. Pour moi, il est pas mauvais. » Thérèse s'est glissée dans ce rôle avec un sentiment de devoir parfaitement intériorisé : « Moi je savais que je devais le faire, donc il n'y avait pas à discuter sur le problème du linge, c'est tout. » Tous deux ont la même phrase de référence pour expliquer cette répartition inquestionnable : « La maison, c'est le domaine de la femme. »

Derrière ce schéma classique de la définition des rôles ménagers, les réalités de couple peuvent cependant être multiples. L'attente de rôle notamment, le regard porté sur le travail ménager effectué peuvent être plus ou moins forts. Or, comme le dit Fernand, « on est indépendant, chacun va comme il veut » : il ignore et veut ignorer ce que fait sa femme. Elle est donc réduite à construire individuellement l'injonction qui la pousse à agir. Elle y parvient heureusement si bien qu'elle n'est pas sans éprouver un certain plaisir dans beaucoup de tâches ménagères.

Elle est seulement parfois agacée qu'il refuse de lui donner un petit coup de main symbolique ou qu'il ne prête pas attention et « chiffe » immédiatement le pantalon qu'elle vient de repasser avec amour. Elle fait alors de petites remarques, mais en sachant pertinemment qu'elles ne changeront rien. Lui déclare que sa femme ne se plaint jamais.

*Fernand : 56 ans, ouvrier, parents agriculteurs.*
*Thérèse : 53 ans, agent de service, parents agriculteurs.*

Voir pp. 26, 70, 89, 154, 187, 190, 209.

**Brigitte et Marc RIZZOLINO**

Brigitte se sait plus « désordre » que son mari et elle le reconnaît. Lui se dit « peut-être un peu maniaque » mais se garde bien de critiquer sa femme. Il ne s'agit pas d'une simple prudence commandée par la situation d'entretien : il se refuse vraiment à intervenir sur les questions concernant la propreté et le rangement, il refoule ses agacements.

Derrière le silence et l'immobilisme apparent se cache en fait un subtil jeu d'échanges. Brigitte est consciente du décalage des conceptions et spontanément fait effort sur elle-même pour mieux ranger (sans jamais en faire trop quand même). Sans que cela lui coûte vraiment, elle agit au-dessus de ce qui reste secrètement sa norme personnelle. Marc le comprend intuitivement. Il sait qu'il ne pourrait exiger beaucoup plus. L'équilibre acquis le satisfait pleinement, il souhaite donc ne rien changer et s'efforce au silence.

D'autant que sur une autre question – le partage des tâches ménagères –, il n'est pas sans se sentir coupable : il en fait un peu moins que Brigitte, surtout en ce qui concerne les travaux les plus importants et les plus pénibles, et cette inégalité s'est accentuée depuis la naissance de leur enfant. Le sentiment de dette à l'égard de Brigitte est évident et il s'évertue à créer le flou pour le masquer, à s'organiser dans le silence pour renforcer le statu quo : ne rien changer, préserver l'équilibre complexe de leurs échanges. Nouvelle raison de ne rien dire sur ce qui pourrait l'irriter concernant la propreté et le rangement. Dans un coin secret il conserve sans doute ses propres idées, mais elles sont enfouies très loin, interdites d'intervention.

*Marc : 28 ans, comptable, père agent de maîtrise, mère au foyer.*
*Brigitte : 30 ans, comptable, parents agriculteurs.*
*1 enfant, au foyer.*

Voir pp. 20, 23, 25, 31, 54, 61, 71, 101, 119, 146, 162, 164, 175, 181, 184, 186, 197, 217, 228.

**Ninette et Pascal ROCHER–MARTIN**

Elle reconnaît être aussi « bordélique » que sa mère. Ninette n'a jamais vraiment appris les gestes du rangement et le monde du linge ne mérite pas selon elle qu'on lui consacre un temps important de sa vie. Depuis dix mois qu'elle vit avec Pascal, ses comportements semblent n'avoir pas bougé d'un millimètre. Elle est farouchement, idéologiquement, opposée à l'achat d'un lave-linge. Car elle sait qu'il enracinerait et approfondirait leur conjugalité. Elle préfère le système du « chacun son linge » et du transport hebdomadaire chez les parents respectifs. Elle a peur de perdre trop vite sa liberté dans le couple.

La trajectoire de Pascal est très différente. Sa mère, parfaite fée du logis, lui a montré ce que pouvaient être un intérieur bien tenu et un linge impeccable. Sans cependant lui apprendre les gestes. Le poids du concret a été plus lourd que les idées : il s'est laissé aller, un peu malgré lui, à un certain désordre. Son existence est partagée entre deux femmes : sa mère (le week-end) et Ninette (la semaine). Le séjour de fin de semaine lui permet de conserver sans effort un rapport de propreté impeccable avec son linge. Et de repousser à plus tard les discussions/négociations avec Ninette.

Tous deux ont donc intérêt à maintenir leur situation de quasi-couple, à ne pas trop approfondir l'intégration ménagère. Cela leur permet de vivre sans trop de difficultés avec leurs très nombreuses contradictions. À propos du partage des tâches (Pascal n'est pas aussi radicalement égalitariste que Ninette), de l'idée du propre et du rangé, des perspectives d'avenir. Contradictions conjugales aggravées par le flottement de leurs convictions personnelles : Ninette s'engage parfois dans une légère autocritique ; Pascal hésite sans cesse entre ses idées venues de l'enfance et la pénible pesanteur des gestes nécessaires pour les mettre en pratique.

*Pascal : 25 ans, étudiant, père infirmier, mère au foyer. Ninette : 19 ans, étudiante, père vétérinaire, mère enseignante.*

Voir pp. 23, 38, 60, 65, 67, 68, 73, 81, 82, 114, 123, 124, 125, 153, 180, 193, 184.

**Valérie et Didier SHIMMER**

N'ayant appris aucune technique ménagère dans son enfance, Didier dut improviser quand il s'organisa seul chez lui. Il y parvint sans trop de mal, assurant même le repassage de ses chemises et pantalons. Mais il profita de la mise en couple pour oublier très vite ses nouvelles compétences. Cela lui fut facilité par le fait que Valérie s'empara de tout avec une énergie débordante. Elle fait bloc avec l'évidence de ses actions ménagères et n'a jamais douté : « Comme ma mère, je suis sa trace. »

La différence d'exigence et de manières est telle entre eux (ils se situent véritablement dans deux univers du rangement) qu'il parvient rarement à penser spontanément aux quelques gestes qu'elle lui demande de respecter. Alors, régulièrement, « elle gueule » pendant que lui « laisse dire ». Les demandes de Valérie ne semblent pourtant pas importantes. Elle accepte l'inégalité concrète de répartition qu'elle a en grande partie elle-même provoquée ; mais à un autre niveau de réflexion, elle aspire à l'idée générale d'égalité entre hommes et femmes. Aiguillonnée par cette idée, et sans toucher à l'essentiel de la répartition des tâches, elle voudrait contraindre Didier à un effort limité : pour qu'il acquière des gestes plus en accord avec l'ordre des objets qu'elle a établi. Mais il « n'y pense pas », laissant régulièrement traîner ses vêtements jusqu'à ce qu'elle se fâche. Il précise : « J'ai besoin d'être assisté », vaguement admiratif vis-à-vis de sa femme. Vaguement coupable aussi : « Ça devrait être 50-50. » Son attitude est un mélange complexe d'inconsistance de l'injonction rendant le moindre effort pénible et de prétextes saisis pour se protéger dans le rôle masculin traditionnel.

*Didier : 24 ans, vendeur, père cadre du public, mère cadre du privé.*

*Valérie : 22 ans, étudiante, père agent de maîtrise, mère ouvrière.*

Voir pp. 19, 20, 35, 39, 61, 71, 79, 99, 100, 126, 140, 145, 151, 187, 188, 199, 207, 217, 223, 224, 226, 228.

## Régine et Régis SOURISSEAU

La mère de Régine était peu préoccupée par les questions de propreté et de rangement. Enfant, Régine s'en « fichait un peu ». Mais adolescente, la fréquentation de ses copines, dont les vêtements repassés contrastaient avec les siens, lui révéla sa situation particulière et comment les manières liées au linge pouvaient stigmatiser. Elle entra alors dans un long combat, les gestes de la propreté et du rangement étant les armes par lesquelles elle pourrait établir sa respectabilité.

Régis a suivi une évolution inverse, plus conforme au nouveau positionnement de la jeunesse : la résistance à la discipline ménagère imposée par les parents. Leur intégration domestique s'avérait donc particulièrement difficile à réaliser. Cela d'autant plus que Régine a la charge d'un enfant né d'une première union et que, travaillant, elle souhaite appliquer une répartition des tâches la plus proche possible de l'égalité.

Au début, Régine ne put faire autrement que concéder et elle prit en main un grand nombre de travaux domestiques. Mais parallèlement, elle entreprit un profond travail d'éducation-culpabilisation en direction de Régis. Ce dernier entra dans le jeu : « Au début je me reposais sur elle, mais petit à petit je m'y suis mis. Je pourrais mieux faire. » Malgré ses « progrès », la différence de conceptions reste encore notable. Régine doit donc sans cesse l'aiguillonner pour l'aider à construire son injonction. Elle s'appuie pour cela sur une idée très poussée du partage, souvent réalisé tâche par tâche. Ainsi le repassage est-il divisé moitié-moitié (ce qui pose quelques problèmes, les manières de procéder étant différentes).

Dans cette situation d'égalitarisme extrême, l'enquêteur est surpris de constater, au détour de quelques phrases, que Régine a le rêve secret d'être un jour au foyer.

Au deuxième entretien, la situation a radicalement changé : Régine a cessé son travail et assure la presque totalité des activités domestiques. Ils parlent de période provisoire, de la possibilité de recommencer plus tard comme avant. Mais par rapport à leurs anciennes contradictions, ils ont trouvé une cohérence, très forte.

*Régis : 25 ans, ouvrier, père chauffeur, mère au foyer.*
*Régine : 26 ans, agent de service, parents agriculteurs.*
*2 enfants, tous deux au foyer.*

Voir pp. 27, 31, 32, 42, 67, 101, 103, 159, 165, 166, 169, 170, 219, 222, 225, 227.

**Hélène et Vincent TATONIER**

Enfant, Vincent était plutôt désordonné malgré les pressions de sa mère. À 20 ans, ses parents étant partis à l'étranger, il se retrouva brusquement seul et dut s'organiser. En déplacement la semaine, il faisait une machine le vendredi soir et repassait (rapidement) le samedi.

Puis il rencontra Hélène. Après quelques mois, ils se mirent en ménage et tout changea immédiatement, chacun entrant dans un rôle extrêmement précis. Vincent part du lundi au vendredi et n'effectue aucune tâche ménagère. Il n'hésite d'ailleurs pas à déclarer que ce secteur d'activité n'est pas l'affaire des hommes. Hélène assume son travail à plein temps, l'éducation de leur petite fille et les travaux domestiques. Et quels travaux ! C'est en effet une fanatique du propre et du rangé. Issue d'un milieu rural, elle a copié l'exemple de sa mère, appris l'acharnement ménager qui permet de gagner la considération. Elle fait bouillir le linge le plus souvent possible et multiplie les machines, elle repasse tout et range avec précision. Elle en fait sans doute trop, tellement prise dans son activisme ménager qu'elle n'a pas su valoriser les études qu'elle avait commencées.

Vincent n'est pas non plus un brillant exemple de mobilité sociale ascendante. Il ne cesse de parler de son père. Mais son père était directeur de société et lui ouvrier. Ils se protègent dans leur quotidien pour mieux oublier le non-accomplissement de leur destin social. Ils sont comme un couple en dehors de leur époque, rivés dans des rôles d'un autre temps. Ils ne souhaitent pas trop parler. On les comprend.

*Vincent : 27 ans ; ouvrier, père directeur de société, mère au foyer.*
*Hélène : 29 ans, secrétaire, parents agriculteurs.*
*1 enfant, au foyer.*

Voir pp. 91, 146, 156, 161, 168, 205.

**Éliane et Yves VILOT**

Jusqu'à ses 18 ans, sa mère s'était occupée totalement de son linge. Éliane se contentait alors de « suivre » et d'observer les gestes de la propreté et du rangement. C'est à cet âge qu'elle quitta le foyer parental, pour travailler à Rennes. Du jour au lendemain, elle improvisa son organisation (elle n'a jamais ramené son linge), sur la base des gestes autrefois entrevus. De façon très rudimentaire : « J'étais un peu bordélique. »

Elle rencontra Yves peu après (« Lui très méticuleux alors ! »). L'analyse rétrospective permet de voir combien le jeu de rôles à construire était alors ouvert. Yves n'avait pas des idées très arrêtées, il aurait pu ne pas être hostile au principe de participation de l'homme aux tâches ménagères. Mais il ne « savait » pas, il n'avait jamais rien appris des gestes du linge : « J'ai toujours suivi [sa mère]. Et quand je me suis marié, ma femme a pris la suite. » L'essentiel s'est en effet passé au moment du mariage. L'importance fondatrice accordée à l'événement et la pression normative des familles permirent à l'institution de produire des rôles socialement préconstruits sur le modèle traditionnel. Les deux individus, qui avaient frôlé un autre destin, se glissèrent dans ces rôles qui les firent ce qu'ils sont aujourd'hui.

Ce ne fut pas sans difficultés au début. Mais peu à peu, Éliane devint la parfaite ménagère que tous attendaient. Au point de s'occuper vraiment de tout. C'est elle par exemple qui décide comment son mari doit s'habiller quand il change de vêtements.

*Yves : 52 ans, ouvrier, père artisan, mère au foyer.*
*Éliane : 46 ans, aide-soignante, parents agriculteurs.*
*3 enfants, dont 1 au foyer.*

Voir pp. 23, 49, 88, 90, 184, 187.

# BIBLIOGRAPHIE


ALLÉON A.-M., MORVAN O., LEBOVICI S., *Adolescence terminée, adolescence interminable*, Paris, P.U.F., 1983.

ARNAL N., DUMONTIER F., JOUET J., « Équipements et pratiques de communication », Paris, *INSEE-résultats*, n° 122-123 (*Consommation-modes de vie*, n° 23-24), 1991.

BACHELARD G., *La poétique de l'espace*, Paris, P.U.F., 1957.

BALANDIER G., *Anthropo-logiques*, Paris, P.U.F., 1974.

BATTAGLIOLA F., *La fin du mariage ? Jeunes couples des années 80*, Paris, Syros, 1988.

BATTAGLIOLA F., JASPARD M., « Séquences de la vie familiale, évolution des rapports familiaux », *in Temps et durée dans la vie professionnelle et familiale*, Paris, IDEF, 1987.

BELLAMY E., *Territoires personnels et vie conjugale*, DEA, Université Rennes 2, 1990.

BERGER P., *La religion dans la conscience moderne*, Paris, Le Centurion, 1971.

BERGER P., KELLNER H., « Le mariage et la construction de la réalité », *Dialogue*, n° 102, 1988.

BERGER P., LUCKMANN T., *La construction sociale de la réalité*, Paris, Méridiens-Klincksieck, 1986.

BESNARD P., *L'anomie. Ses usages et ses fonctions dans la discipline sociologique depuis Durkheim*, Paris, P.U.F., 1987.

BLOCH F., BUISSON M., MERMET J.-C., *Dettes et filiations. Analyse des interrelations entre activité féminine et vie familiale*, Lyon, Groupe de recherche sur la socialisation, 1989.

BLÖSS T., FRICKEY A., GODARD F., « Cohabiter, décohabiter, recohabiter. Itinéraires de deux générations de femmes », *Revue française de sociologie*, 31 (4), 1990.

BLUNDEN K., *Le travail et la vertu*, Paris, Payot, 1982.

BOLTANSKI L., *L'amour et la justice comme compétences*, Paris, Métailié, 1990.

BOTT E., *Family and Social Network*, Londres, Tavistock Publications, 1971.

BOUDON R., BOURRICAUD F., *Dictionnaire critique de la sociologie*, Paris, P.U.F., 2e éd., 1986.
BOZON M., « Les loisirs forment la jeunesse », *Données sociales 1990*, Paris, INSEE, 1990.
BOZON M., « Le mariage : montée et déclin d'une institution », *in* F. de Singly (éd), *La famille. L'État des savoirs*, Paris, La Découverte, 1991.
CAPLOW T., « Les cadeaux de Noël à Middletown, ou comment faire respecter une règle sans pression apparente », *Dialogue*, nº 91, 1986.
CHABAUD-RYCHTER D., FOUGEYROLLAS-SCHWEBEL D., SONTHONNAX F., *Espace et temps du travail domestique*, Paris, Méridiens-Klincksieck, 1985.
CHADEAU A., VERGER D., « Le séminaire Production Domestique », *Programme Production Domestique, Lettre d'information*, nº 3, 1989.
CHALVON-DEMERSAY S., *Concubin concubine*, Paris, Le Seuil, 1983.
CHAUDRON M., « Vie de famille, vie de travail », *in* F. de Singly (éd), *La famille, L'état des savoirs*, Paris, La Découverte, 1991.
CLAVEL M., « Propretés : mots, rites, images », *Cahiers internationaux de sociologie*, vol. LXXX, 1986.
CORBIN A., « Le grand siècle du linge » *Ethnologie française*, vol. 16, nº 3, 1986.
CSERGO J., *Liberté, égalité, propreté. La morale de l'hygiène au XIXe siècle*, Paris, Albin Michel, 1988.
CUTURELLO P., GODARD F., *Familles mobilisées*, Plan Construction, 1980.
CYRULNIK B., *Sous le signe du lien*, Paris, Hachette, 1989.
DAUNE-RICHARD A.-M., « Activité professionnelle, travail domestique et lignées féminines », *in Le sexe du travail*, Grenoble, Presses Universitaires de Grenoble, 1984.
DECHAUX J.-H., « Les échanges économiques au sein de la parentèle », *Sociologie du travail*, nº 1, 1990.
DENÈFLE S., *L'entretien du linge*, Université de Nantes-LERSCO, 1990.
DIRN L., *La société française en tendances*, Paris, P.U.F., 1990.
DOUGLAS M., *De la souillure*, Paris, Maspero, 1981.
DOUGLAS M., « La connaissance de soi », *La revue du MAUSS*, nº 8, 1990.
FESTINGER L., *A Theory of Cognitive Dissonance*, Evanston, III., Row, Peterson, 1957.
FILIOD J.-P., WELZER-LANG D., « " Tes désirs font désordre ". Sexes et symboliques dans l'espace domestique », *in Le propre de la ville*, Paris, Les éditions européennes, 1992.
GALLAND O., « Précarité et entrées dans la vie », *Revue française de sociologie*, 25 (1), 1984.
GALLAND O., « Un nouvel âge de la vie », *Revue française de sociologie*, 31 (4), 1990.

GALLAND O., GARRIGUES P., « La vie quotidienne des jeunes, du lycée au mariage », *Économie et Statistique*, n° 223, 1989.
GARFINKEL H., *Studies in Ethnomethodology*, Prentice Hall, Englewood Cliffs, 1967 (traduction française ronéo : J.-M. de Queiroz).
CLAUDE M., DE SINGLY F., « L'organisation domestique : pouvoir et négociation », *Économie et Statistique*, n° 187, 1986.
GODBOUT J., CAILLÉ A., « Le don existe-t-il (encore) ? », *La Revue du MAUSS*, n° 11, 1991.
GOFFMAN E., *La mise en scène de la vie quotidienne. 2. Les relations en public*, Paris, Minuit, 1973.
GOFFMAN E., *Les rites d'interaction*, Paris, Minuit, 1974.
GOFFMAN E., WINKIN Y., *Les moments et leurs hommes*, Paris, Seuil/Minuit, 1988.
GOUBERT J.-P., *La conquête de l'eau*, Paris, Robert Laffont, coll. « Pluriel », 1986.
GRIMLER G., ROY C., « Activités domestiques : faire, acheter, faire faire ou ne pas faire ? », Paris, *INSEE Première*, n° 109, 1990.
GRUMBACH M., « L'individu polyphonique », *Dialogue*, n° 102, 1988.
HAICAULT M., « La gestion ordinaire de la vie en deux », *Sociologie du travail*, n° 3, 1984.
HATCHUEL G., « Accueil de la petite enfance et activité féminine », *Collection des rapports*, n° 61, CREDOC, 1989.
HELLER G., *Propre en ordre*, Lausanne, Éditions d'en bas, 1979.
HERPIN N., « Comment les gens qualifient-ils les tenues vestimentaires ? », *Économie et Statistique*, n° 168, 1984.
HERPIN N., « L'habillement, une dépense sur le déclin », *Économie et Statistique*, n° 192, 1986.
HERPIN N., « L'habillement et le corps », *Économie et Statistique*, n° 196, 1987.
HERPIN N., « Le vêtement dans la vie quotidienne. Entretiens parallèles à l'enquête habillement », *Document rectangle*, INSEE, 1988.
HIRSCHMAN A. O., *Face au déclin des entreprises et des institutions*, Paris, Les Éditions ouvrières, 1972.
INSEE, « Les jeunes de 15 à 24 ans », *Contours et Caractères*, Paris, 1989.
JACKSON D.-D., « Les règles familiales : le quid pro quo conjugal » et « L'étude de la famille », *in* P. Watzlawick, J.-H. Weakland, *Sur l'interaction*, Paris, Le Seuil, 1981.
KAUFMANN J.-C., *La chaleur du foyer. Analyse du repli domestique*, Paris, Méridiens-Klincksieck, 1988a.
KAUFMANN J.-C., « Que serais-je sans toi ? L'individuel et le conjugal dans le processus d'identification », *Dialogue*, n° 102, 1988b.
KAUFMANN J.-C., « L'individuation du lien domestique :

l'exemple de la vaisselle », *Le lien social. Actes du XIII^e colloque de l'AISLF*, Université de Genève, 1989.
KAUFMANN J.-C., « L'entretien de recherche et son analyse », *Cahier de recherche*, n° 6, CREDOC, 1990.
KELLERHALS J., COENEN-HUTHER J., MODAK M., *Figures de l'équité. La construction des normes de justice dans les groupes*, Paris, P.U.F., 1988a.
KELLERHALS J., COENEN-HUTHER J., MODAK M., « Justices conjugales : de quelques manières de définir le juste dans les couples », *Dialogue*, n° 102, 1988b.
KELLERHALS J., PERRIN J.-F., STEINAUER-CRESSON G., VONÈCHE L., WIRTH G., *Mariages au quotidien. Inégalités sociales, tensions culturelles et organisation familiale*, Lausanne, Favre, 1982.
KNIBIELHER Y., FOUQUET C., *Histoire de mères, du Moyen Âge à nos jours*, Paris, Montalba, 1977.
LARROQUE M.-T., « Le linge de maison dans les trousseaux du Pays d'Orthe au XIX^e siècle, *Ethnologie française*, vol. 16, n° 3, 1986.
LAUFER D., *Quarante ans. La fin d'une adolescence?* Paris, Plon, 1990.
LEMEL Y., « Indifférenciation progressive des modèles de rôles féminin et masculin », *in* L. Dirn, *La société française en tendances*, Paris, P.U.F., 1990.
LÉRIDON H., « L'observation des unions consensuelles à travers les recensements et d'autres sources », *Compte rendu du Séminaire Famille de l'INED*, séance du 12 février 1991.
LÉRIDON H., VILLENEUVE-GOKALP G., « Les nouveaux couples : nombre, caractéristiques et attitudes », *Population*, n° 2, 1988.
LEROI-GOURHAN A., *Le geste et la parole. La mémoire et les rythmes*, Paris, Albin Michel, 1965.
LÉVY M.-F., *De mères en filles, l'éducation des Françaises, 1850-1880*, Paris, Calmann-Lévy, 1984.
MARC E., PICARD D., *L'interaction sociale*, Paris, P.U.F., 1989.
MARUANI M., Nicole C., *Au labeur des dames. Métiers masculins, emplois féminins*, Paris, Syros, 1989.
MAURIN E., « Types de pratiques quotidiennes, types de journées et déterminants sociaux de la vie quotidienne », *Économie et Statistique*, n° 223, 1989.
MAUSS M., « Essai sur le don. Forme et raison de l'échange dans les sociétés archaïques » et « Les techniques du corps », in *Sociologie et Anthropologie*, Paris, P.U.F., 1950.
MENAHEM G., « Les rapports domestiques entre femmes et hommes s'enracinent dans le passé familial des conjoints », *Population*, n° 3, 1989.
MENDRAS H., *Éléments de sociologie*, Paris, Armand Colin, 1989.
MERMET G., *Euroscopie. Les Européens : qui sont-ils? comment vivent-ils?*, Paris, Larousse, 1991.

MICHEL A., « The Impact of Children on the Division of Gender Roles », *in* K. Boh *et al.*, *Changing Patterns of European Family Life. A Comparative Study of 14 European Countries*, Londres-New York, Routledge, 1989.
MIKAÏLOFF N., *Les manières de propreté. Du Moyen Âge à nos jours*, Paris, Maloine, 1990.
MORMICHE P., « Les ménages et leurs meubles. Enquête biens durables-ameublement 1988 », *INSEE-résultats*, n° 109 (*Consommation-modes de vie*, n° 18), 1990.
NICOLE-DRANCOURT C., « Stratégies professionnelles et organisations des familles », *Revue française de sociologie*, 30 (1), 1989.
OGIEN R., « Sanctions diffuses. Sarcasmes, rires, mépris... », *Revue française de sociologie*, 31 (4), 1990.
PERROT M., « La ménagère dans l'espace parisien au XIXe siècle », *Les Annales de la recherche urbaine*, n° 9, 1981.
PISSART F., PONCELET M., VOISIN M., « Vivre en chômage. L'installation des jeunes sans emploi dans la vie adulte », *Revue française de sociologie*, 31 (4), 1990.
POITOU J.P., *La dissonance cognitive*, Paris, Armand Colin, 1974.
RIFFAULT M.-C., « De Chaptal à la Mère Denis : histoire de l'entretien du linge domestique », *Culture technique*, n° 3, 1980.
ROCHEBLAVE-SPENLÉ A.-M., *Les rôles masculin et féminin*, Paris, P.U.F., 1964.
ROUSSE H., ROY., « Activités ménagères et cycle de vie », *Économie et Statistique*, n° 131, 1981.
ROUSSEL L., « Deux décennies de mutations démographiques (1965-1985) dans les pays industrialisés », *Population*, 42 (3), 1987.
ROUSSEL L., *La famille incertaine*, Paris, Odile Jacob, 1989.
ROY C., « La gestion du temps des hommes et des femmes, des actifs et des inactifs », *Économie et Statistique*, n° 223, 1989.
SARMA C., « La cohabitation hors mariage : un mode de vie différent », *Économie et Statistique*, n° 179, 1985.
SCHUTZ A., *Le chercheur et le quotidien*, Paris, Méridiens-Klincksieck, 1987.
SCHWARTZ O., *Le monde privé des ouvriers. Hommes et femmes du Nord*, Paris, P.U.F., 1990.
SEGALEN M., *« Être bien dans ses meubles ». Une enquête sur les normes et les pratiques de « consommation » du meuble*, Centre d'ethnologie française (Rapport pour la Mission du patrimoine ethnologique), Paris, 1990.
SENNETT R., *Les tyrannies de l'intimité*, Paris, Le Seuil, 1979.
SINGLY F. de, « La lutte conjugale pour le pouvoir domestique » *Revue française de sociologie*, 17 (1), 1976.
SINGLY F. de, *Fortune et infortune de la femme mariée*, Paris, P.U.F., 1987a.

SINGLY F. de, « Théorie critique de l'homogamie », *L'année sociologique*, n° 37, 1987b.
SINGLY F. de, « Sociologie de la famille conjugale », *Cahiers français,* n° 247, 1990.
SINGLY F. de, CHARRIER G., « Vie commune et pensée célibataire », *Dialogue*, n° 102, 1988.
STROHL H., « Rythmes électro-ménagers », *Sociétés*, n° 9, 1986.
TERRAY E., *Lettres à la fugitive*, Paris, Odile Jacob, 1988.
VEDIER Y., *Façons de dire, façons de faire. La laveuse, la couturière, la cuisinière*, Paris, Gallimard, 1979.
VIGARELLO G., *Le propre et le sale. L'hygiène du corps depuis le Moyen Âge,* Paris, Le Seuil, 1985.
WAITE L.-J., KOBRIN GOLDSCHEIDER F., WITSBERGER C., « Nonfamily Living and the Erosion of Traditional Family Orientations among Young Adults », *American Sociological Review*, vol. 51, 1986.
WINKIN Y., « Goffman et les femmes », *Actes de la recherche en sciences sociales*, n° 83, 1990.
ZARCA B., « La division du travail domestique. Poids du passé et tensions au sein du couple », *Économie et Statistique*, n° 228, 1990.
ZÜCKER E., « Problèmes de comparabilité des enquêtes d'opinion relatives à la famille », Paris, *INSEE méthodes*, n° 8, 1991.

## Table des matières

*Deuxième partie*

## L'INDIVIDU RECOMPOSÉ



*Troisième partie*

## AJUSTEMENTS ET CONTRADICTIONS DANS LE COUPLE

*Quatrième partie*

## HOMMES ET FEMMES

# COLLECTION AGORA

Collection d'essais de Pocket, « Agora » aborde tous les domaines de la pensée : des auteurs du XX$^{e}$ siècle aux grands textes fondateurs regroupés dans « Agora les Classiques ».
Collection dirigée par François Laurent.

*(Les titres suivis d'une puce font partie de la collection « Agora les Classiques ».)*

**ANTHOLOGIES**

Les atomes •
Aux origines de la linguistique française •
Les classiques de l'économie •
La découverte des lois de l'hérédité •
Les discours du corps. Une anthologie •
Droits de l'homme et philosophie. Une anthologie •
Ecrire au XVII$^{e}$ siècle •
L'esthétique romantique •
L'invention de la préhistoire •
La naissance de la vie •
L'Orient au miroir de la philosophie •
Philosopher, tome 1 et tome 2
La République et l'école •
Les théories de l'évolution •

**ARENDT Hannah**
Auschwitz et Jérusalem
Condition de l'homme moderne
Du mensonge à la violence
Rahel Varnhagen

**ARISTOTE**
Ethique à Nicomaque •
Leçons de physique •
La Métaphysique •

**ARON Raymond**
Dimensions de la conscience historique

**BALDRY H.C.**
Le théâtre tragique des Grecs

**Bayle Pierre**
De la tolérance •

**Berlin Isaac**
Trois essais sur la condition juive

**Borges Jorge Luis**
Nouveaux dialogues
Ultimes dialogues

**Brunschwicg Léon**
Descartes et Pascal
lecteurs de Montaigne

**Bukofzer Manfred F.**
La musique baroque

**Butor Michel**
Improvisations sur Flaubert

**Camus Albert/Koestler Arthur**
Réflexions sur la peine capitale

**Cassirer Ernst**
La philosophie des Lumières

**Chaliand Gérard**
Miroirs d'un désastre

**Charbonnier Georges**
Entretiens avec Lévi-Strauss

**Cobb Richard**
La protestation populaire en France (1789-1820)

**Curtius Ernst Robert**
La littérature européenne

**Danielsson Bengt**
Gauguin à Tahiti et aux îles Marquises

**Democrite**
L'atomisme ancien •

**Descartes René**
Discours de la méthode •

**Diderot Denis**
Supplément au voyage de Bougainville •

**Eliade Mircea**
L'Inde

**Eliade Mircea/Couliano I.P.**
Dictionnaire des religions

**Elias Norbert**
La civilisation des mœurs
La dynamique de l'Occident
Qu'est-ce que la sociologie?
Engament et distanciation

**Espagnat Bernard d'**
A la recherche du réel

**Fermigier André**
Toulouse-Lautrec

**Focillon Henri**
Benvenuto Cellini
Piero Della Francesca
Raphaël

**Friedman Milton**
Inflation et systèmes monétaires

**Gould Glenn**
Entretiens avec Jonathan Cott

**Guichard-Meili Jean**
L'art de Matisse

**Hayek Friedrich von**
Scientisme et sciences sociales

**Hegel**
L'esprit du christianisme

**Herder Johann Gottfried**
L'histoire universelle •

**Hildesheimer Wolgang**
Mozart

**Humbert Elie**
Jung

**Isaac Jules**
Genèse de l'antisémitisme

**Jankelevitch Vladimir**
Fauré

**Jaspers Karl**
Les grands philosophes, tome 1, tome 2 et tome 3

**Lachelier Jules**
Fondements de l'induction •

**Leibniz**
Discours de métaphysique •

**Lévi-Strauss Claude**
Anthropologie structurale
Histoire de lynx
La pensée sauvage
La potière jalouse
La voie des masques

**Lewis Bernard**
Istanbul et la civilisation ottomane
Sémites et antisémites

**Maistre Joseph de**
Essai sur le sacrifice

**Malebranche Nicolas de**
De l'imagination •

**Mauriac François**
Le romancier et ses personnages

**Mill John Stuart**
De la liberté

**Montaigne**
Sur l'éducation : trois essais •

**Papaioannou Kostas**
Hegel

**Pascal Pierre**
Dostoïevski, l'homme et l'œuvre

**Patočka Ian**
L'art et le temps
L'écrivain, son « objet »

**Platon**
Apologie de Socrate et le Criton •
Le banquet •
Phédon •
Phèdre •

**Plotin**
Du beau •

**Poe Edgar Allan**
Eurêka •

**Poliakov Léon**
Bréviaire de la haine
Le mythe aryen

**Popper Karl**
Misère de l'historicisme
La quête inachevée

**Poulet Georges**
Etudes sur le temps humain, tome 1, tome 2, tome 3 et tome 4

**Renan Ernest**
Qu'est-ce qu'une nation? •

**Revel Jean-François**
L'absolutisme inefficace

**Robert Marthe**
D'Œdipe à Moïse
Seul, comme Franz Kafka

**Rodinson Maxime**
La fascination de l'islam
L'islam : politique et croyance

**Romilly Jacqueline de**
« Patience, mon cœur ! »
Problèmes de la démocratie grecque

**Rostand Jean**
Confidences d'un biologiste

**Rousseau Jean-Jacques**
Discours sur l'origine et les fondements de l'inégalité parmi les hommes •
Essai sur l'origine des langues •

**Scholem Gershom**
Fidélité et utopie
Le messianisme juif
Walter Benjamin. Histoire d'une amitié

**Schrade Léo**
Monteverdi

**Popper Karl**
Misère de l'historicisme
La quête inachevée

**Poulet Georges**
Études sur le temps humain, tome 1, tome 2, tome 3 et tome 4

**Renan Ernest**
Qu'est-ce qu'une nation ?

**Revel Jean-François**
L'absolutisme inefficace

**Robert Marthe**
D'Œdipe à Moïse
Seul, comme Franz Kafka

**Rodinson Maxime**
La fascination de l'islam
L'islam : politique et croyance

**Romilly Jacqueline de**
Patience, mon cœur
Problèmes de la démocratie grecque

**Rostand Jean**
Confidences d'un biologiste

**Rousseau Jean-Jacques**
Discours sur l'origine et les fondements de l'inégalité parmi les hommes
Essai sur l'origine des langues

**Scholem Gershom**
Fidélité et utopie
Le messianisme juif
Walter Benjamin. Histoire d'une amitié

[illegible]

**Sénèque**
Lettres à Lucilius •

**Spinoza**
Traité de la réforme de l'entendement •

**Strauss Leo**
La cité et l'homme
La persécution et l'art d'écrire

**Sun Tse**
L'art de la guerre •

**Weber Max**
Essais sur la théorie de la science
L'éthique protestante et l'esprit du capitalisme

**Weil Simone**
La pesanteur et la grâce

Sénèque
Lettres à Lucilius •

Spinoza
Traité de la réforme de l'entendement •

Strauss Leo
La cité et l'homme
La persécution et l'art d'écrire

Sun Tse
L'art de la guerre •

Weber Max
Essais sur la théorie de la science
L'éthique protestante et l'esprit du capitalisme

Weil Simone
La pesanteur et la grâce

*Achevé d'imprimer en avril 1997*
*sur les presses de l'Imprimerie Bussière*
*à Saint-Amand (Cher)*

POCKET - 12, avenue d'Italie - 75627 Paris Cedex 13
Tél. : 01-44-16-05-00

— N° d'imp. 878. —
Dépôt légal : avril 1997.

*Imprimé en France*